漫画 マイボートフィッシング入門

# ボート釣り大百科

桜多 吾作 著

お姉▶（中2）
家族と一緒が大好きで、
付き合い程度の
ボートフィッシングの
はずなのに、
無欲で殺気がないせいか
日焼けも気にせず一番よく釣る
◀ぼく

男の子だからお姉ちゃんより
アウトドアライフに強いところを
見せたい気持ちが……
ちょっと理論武装気味

漫画

マイボートフィッシング入門

# ボート釣り大百科

釣りと料理の
ウンチクはすばらしいが……
魚運はそれほどない。
ま、操船しながらだから……
の言い訳も苦しい

面倒なことはパパまかせ。
最初はボートライフに
とまどったけど、
日焼けを気にしつつも
今はアウトドア大好き

## CONTENTS

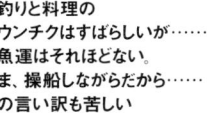

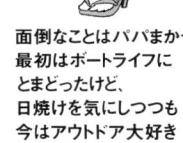

# はじめに

人間というのは、案外、ほかの人のことを見ていないものである。釣りについても同様で、客観的にキチンとほかの人の釣りを見ていたなら、自分との腕の差がわかる。さらに上手な人のテクニックをコピーして追いつくことで、たちまち釣り名人となるに違いないのだ。

見ていたつもりでも、そこに自分の「我」というものが入り、うぬぼれの主観で判断するから始末が悪い。かくいう私自身も進歩のないまま何年かが過ぎ、自信を持ちだしたころガツンという目に遭ったりもした。

それから初めて、悔しさ、釣れなさから、先輩や土地の老人、漁師の話にも耳を傾け始めるようになった。そして最初に手にした入門書をあらためて読み返してみると、今まで気づかなかったことがほとんど入っていたのである。

私自身が理解できるレベルになったからわかるようになったのか、絵があまり入っていないのが理解できない一因だったのか？という思いが、年を経て、この漫画の本を作るきっかけになった。

とはいえ、本があってもモノにならないこともある。昔、絵解きでビミニツイストの作り方を解説しているアメリカの輸入本を購入したところ、二人で作る絵でもあったせいか、15万円もしたのに、最後までチンプンカンプンで理解できなかった。実際に生で教えることとは違う、本の限界も感じている次第である。

ま、雨が降っている日や風の強い日など、休日の所在なげな時間に、本書をパラパラとめくることで癒していただけたら幸いです。

**2006年1月　桜多 吾作**

夏から秋にかけてはボートフィッシング
を楽しむうえで最高の季節となる

## 楽しさ無限大！

# 海のマイボートフィッシング

四方を海に囲まれ、南北に長く、四季の変化に富んだ日本周辺の海は、
ボートフィッシングを楽しむうえで最高のゲレンデである。
マイボートでの釣りなら、仕掛けやポイント移動も自由自在。
状況に応じて、浅場から深場に移動する、
あるいはエサ釣りからルアーに変更する
といったことも可能となる。
ボートフィッシングの最大の魅力は、
さまざまなターゲットを多様なスタイルでねらえる、
この自由度の高さにあるといえるだろう。

Photos：Yuji Futami,Keiko Ito,Hiroaki Ito

冬は冬で
さまざまな釣りが楽しめる

タチウオはルアーでもエサ釣り
でもねらえる人気のターゲット

季節によって浅場、深場と棲息場所を変えるマルイカ。
同じターゲットでも季節によってねらい方も変わる

**桜多 吾作**
（おうた ごさく）

1948年山形県生まれ。石ノ森章太郎門下生の漫画家。『マジンガーZ』『釣りバカ大将』などのほか、釣りの著書も多数あり。かつては磯のヒラマサ釣りに傾倒していたが、同時にルアーフィッシングにも精通し、トラウトやジギングも得意種目のひとつ。現在は沖釣りの取材を中心に、スポーツ新聞や釣り雑誌で活躍。舵社『ボート倶楽部』誌では釣魚料理をテーマにした「直伝！釣れたての食卓」を連載中。二十数年前にボート免許を取得し、ボート釣りの経験も豊富。そのときの経験や、全国のエキスパートや遊漁船の船長から譲り受けたノウハウが本誌には詰まっている。

イシモチは冬の湾内でも手軽に楽しめる。しかも美味！

# 自分の選んだポイントで、自分流の釣りを楽しむ。これぞボートフィッシングの醍醐味だ

ターゲットによっては、ボートの機動性の良し悪しが釣果に影響してくる。タックル同様、自分の釣りのスタイルに合った1艇を選びたい

シロギスは初心者からベテランまで楽しめるボート釣りの定番

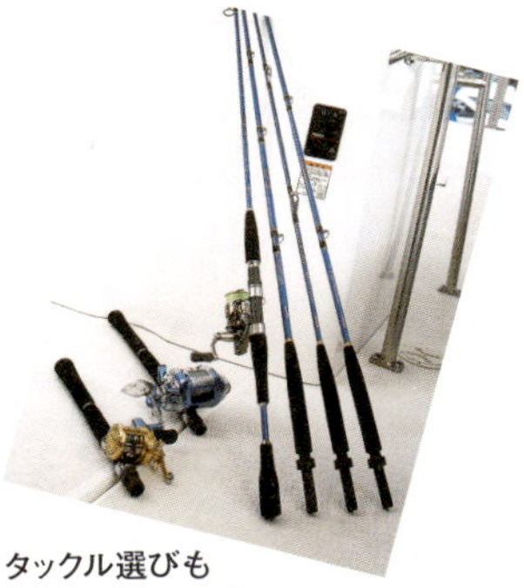
タックル選びもボートフィッシングの重要なテーマだ

海上ではなにが起こるかわからない。エサ釣りのときもルアーを用意しておくと、思わぬビッグチャンスに出合えることも……

## 手漕ぎボートでも十分に楽しめる

# 「浅場の大物五目」

※ボートフィッシングで楽しめる浅場の釣りについては、24ページから解説しています。

前日にTVやインターネットなどで波の高さと風向きを調べましょう
晴れですが
南西の風強し
SONY
風向きによって釣りのできるエリアと危険なエリアがあります。風裏になる釣り場のボート店に予約しましょう
手漕ぎボートの場合釣れているときは予約なしでは乗れないことがあるよ

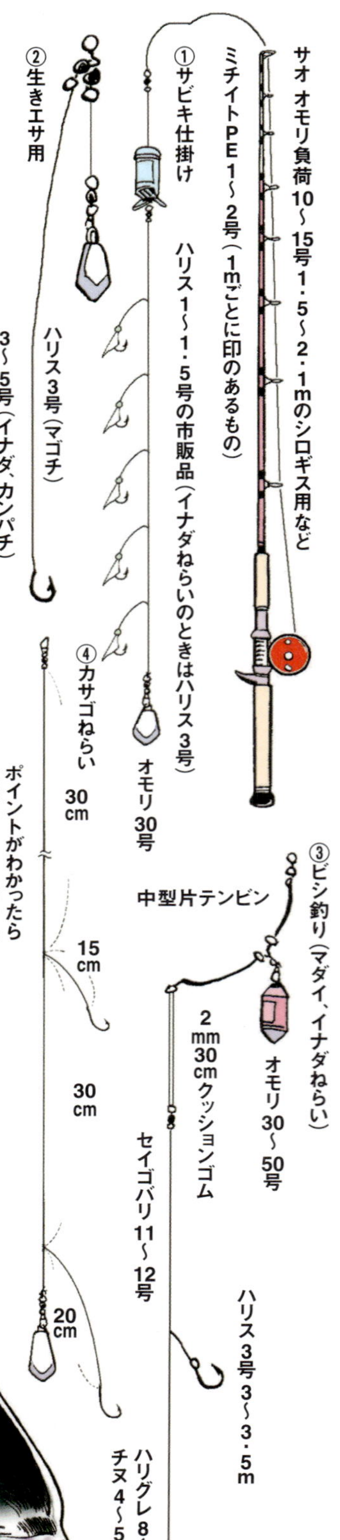

サオ　オモリ負荷10〜15号1・5〜2・1mのシロギス用など
ミチイトPE1〜2号（1mごとに印のあるもの）
①サビキ仕掛け
ハリス1〜1・5号の市販品（イナダねらいのときはハリス3号）
オモリ30号
②生きエサ用
ハリス3号（マゴチ）
3〜5号（イナダ、カンパチ）
④カサゴねらい
30cm
15cm
30cm
20cm
ハリグレ8〜10号
チヌ4〜5号
③ビシ釣り（マダイ、イナダねらい）
中型片テンビン
オモリ30〜50号
2mm30cmクッションゴム
セイゴバリ11〜12号
ハリス3号3〜3・5m

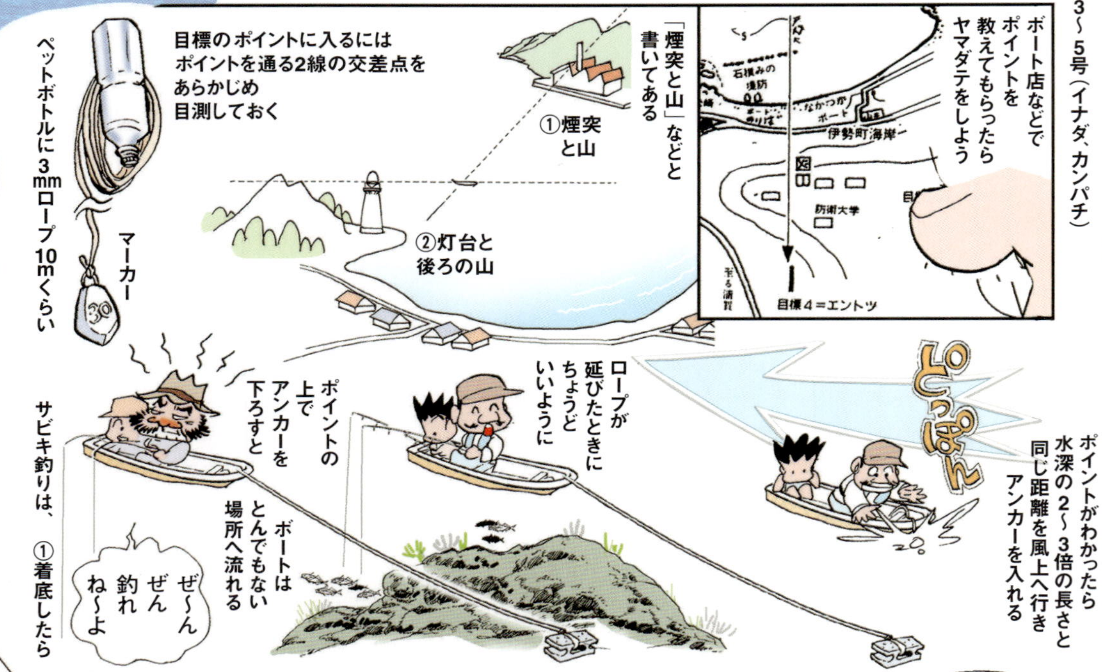

ボート店などでポイントを教えてもらったらヤマダテをしよう
石積みの堤防
なかつかボート
伊勢町海岸
防衛大学
至る浦賀
目標4＝エントツ
「煙突と山」などと書いてある
目標のポイントに入るにはポイントを通る2線の交差点をあらかじめ目測しておく
①煙突と山
②灯台と後ろの山
ペットボトルに3mmロープ10mくらい
マーカー
どっぽん
ポイントがわかったら水深の2〜3倍の長さと同じ距離を風上へ行きアンカーを入れる
ロープが延びたときにちょうどいいように
ポイントの上でアンカーを下ろすと
ボートはとんでもない場所へ流れる
サビキ釣りは、①着底したら
ぜ〜んぜん釣れね〜よ

| 魚名　　月 | | | | | 5 | 6 | 7 | | 9 | 10 | 11 | 12 |
|---|---|---|---|---|---|---|---|---|---|---|---|---|
| マダイ | | | | | ◎ | ○ | | | ◎ | ◎ | ◎ | ○ |
| 青もの | | | | | | | | | ◎ | ◎ | ◎ | ○ |
| マゴチ | | | | | | ◎ | ◎ | | ◎ | ◎ | ○ | |

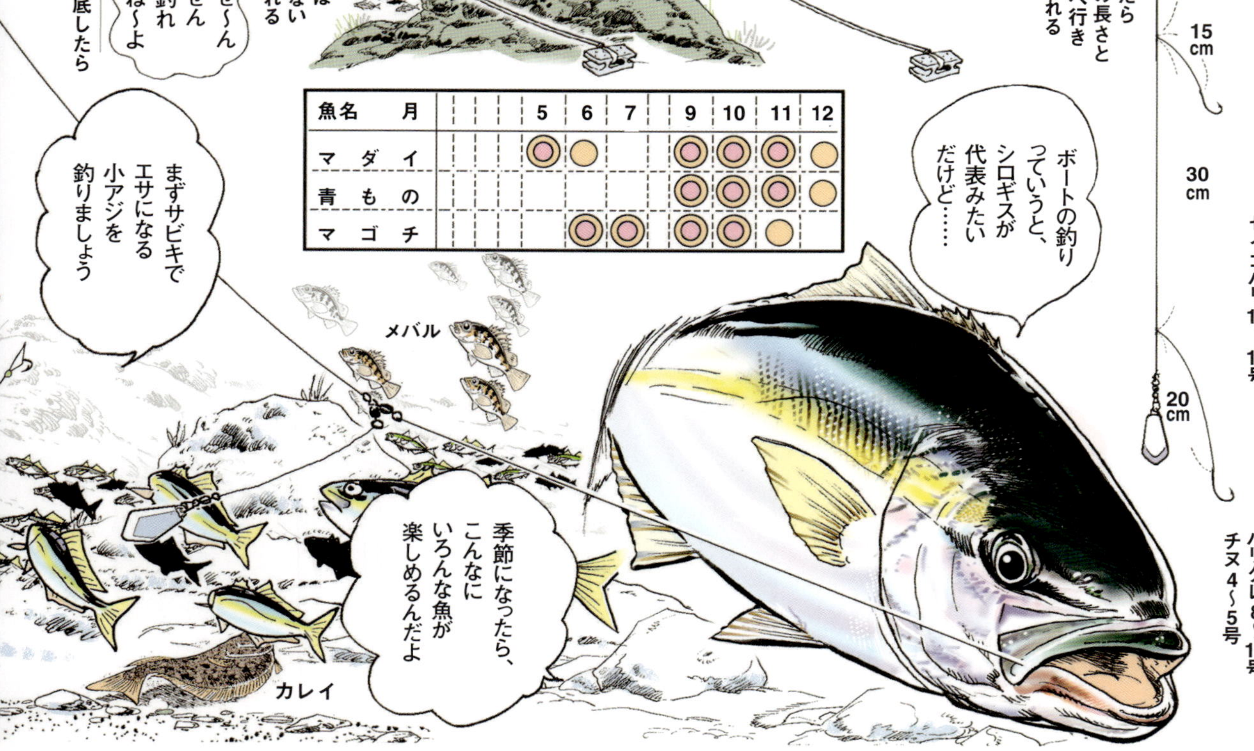

ボートの釣りっていうと、シロギスが代表みたいだけど……
まずサビキでエサになる小アジを釣りましょう
メバル
季節になったら、こんなにいろんな魚が楽しめるんだよ
カレイ

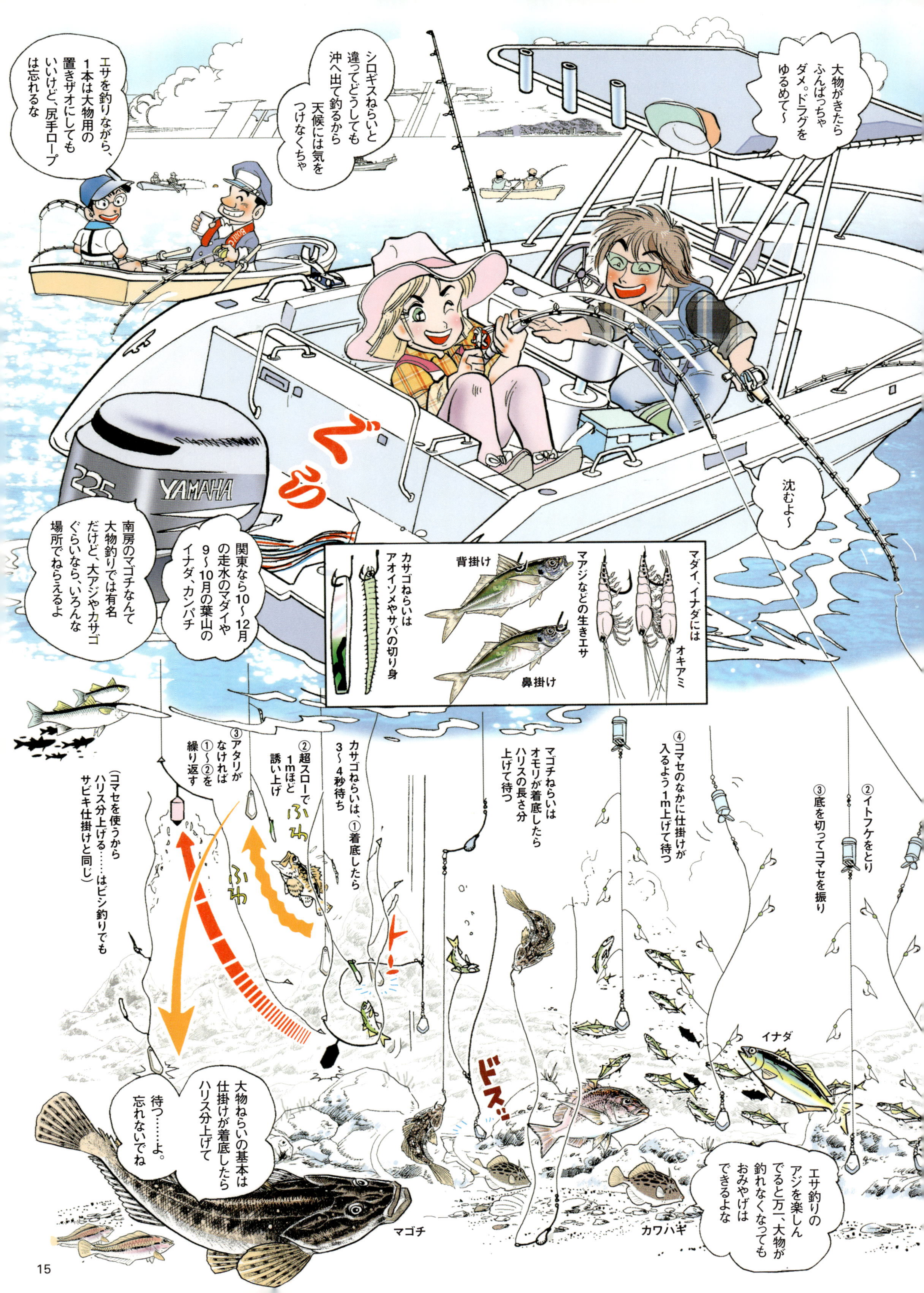
大物がきたら
ふんばっちゃ
ダメ。ドラグを
ゆるめて〜
シロギスねらいと
違ってどうしても
沖へ出て釣るから
天候には気を
つけなくちゃ
エサを釣りながら、
1本は大物用の
置きザオにしても
いいけど、尻手ロープ
は忘れるな
YAMAHA
225
沈むよ〜
関東なら10〜12月
の走水のマダイや
9〜10月の葉山の
イナダ、カンパチ
南房のマゴチなんて
大物釣りでは有名
だけど、大アジやカサゴ
ぐらいなら、いろんな
場所でねらえるよ
マダイ、イナダには
マアジなどの生きエサ
オキアミ
背掛け
鼻掛け
カサゴねらいは
アオイソメやサバの切り身
②イトフケをとり
③底を切ってコマセを振り
④コマセのなかに仕掛けが
入るよう1m上げて待つ
マゴチねらいは
オモリが着底したら
ハリスの長さ分
上げて待つ
カサゴねらいは、①着底したら
3〜4秒待ち
②超スローで
1mほど
誘い上げ
ふわ
ふわ
③アタリが
なければ
①〜②を
繰り返す
(コマセを使うから
ハリス分上げる……はビシ釣りでも
サビキ仕掛けと同じ)
ドス
イナダ
エサ釣りの
アジを楽しん
でると万一、大物が
釣れなくなっても
おみやげは
できるよな
大物ねらいの基本は
仕掛けが着底したら
ハリス分上げて
待つ……よ。
忘れないでね
マゴチ
カワハギ

マリーナに行く前に釣りエサ屋で5～7cmのサルエビかシバエビを1人分15～20匹ぐらい購入します
タイねらいですかい
釣れるといいですね
エビはポンプなどで生かして新鮮に。電池を使わないポンプもあるよ
こんなに大きくシャクったら魚がヒットしても合わせきれないよ
生きたエビが手に入らないときはスーパーなどで7～10cmぐらいの冷凍エビを購入
シャクリは50～70cmぐらい
あんまり大きなシャクリだとアワセが利かなくなりまーす
え、今夜のエビフライじゃないの……
①テンヤに輪ゴムを掛けて
②1回ひねって
③下になったほうを掛けて
④締める

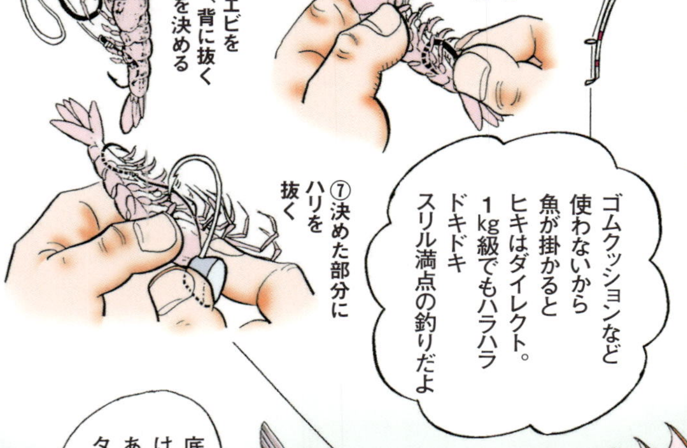
⑤孫バリを尾の部分に刺し
⑥テンヤにエビを乗せてみて、背に抜くハリの位置を決める
⑦決めた部分にハリを抜く
ゴムクッションなど使わないから魚が掛かるとヒキはダイレクト。1kg級でもハラハラドキドキスリル満点の釣りだよ

この釣りは、なだらかに点在する小さな根の魚の通り道として知られるエリアを、潮上から潮に流されながら釣る方法。ある程度流し、ポイントを通過したら再び潮上へ潮回りして流し直す。
高い根に付いた魚をねらうときは、魚探で水深を調べ、根頭よりやや上でシャクリを繰り返すことで釣ることもできるが、高根の釣りはオキアミなどのコマセを使った釣りのほうが効果的

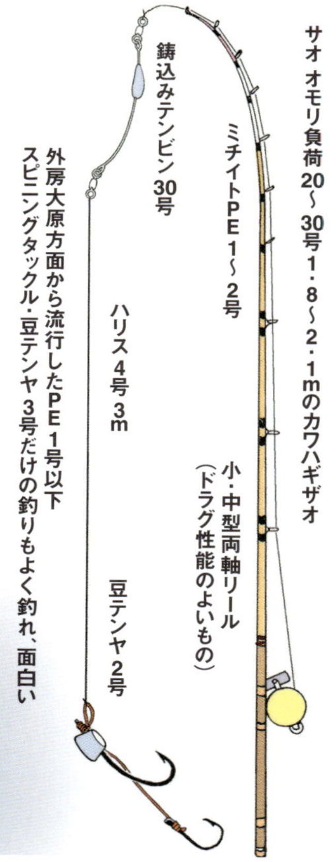
サオ オモリ負荷20～30号1.8～2.1mのカワハギザオ
ミチイトPE1～2号
小・中型両軸リール（ドラグ性能のよいもの）
鋳込みテンビン30号
ハリス4号3m
豆テンヤ2号
外房大原方面から流行したPE1号以下スピニングタックル・豆テンヤ3号だけの釣りもよく釣れ、面白い

春は4～5kgの一発大物もヒットするぞ～
底はけっこう変化があるからマメなタナ取りを

投入はテンヤを軽く前へ投げてやるとやりやすい
お
潮流が速いときは、流れの速い表面の潮（10mぐらい）が過ぎたら一時止めて沈める
き
きた～っ
テンヤが底に着いたままでも釣れるよ
10mくらい沈んだら10秒くらい待つと真っすぐになるから、そうなってから沈めるとオマツリなし

ダイレクトなヒキ味が最高にスリリング

# 「テンヤのシャクリマダイ」

※ボートフィッシングで楽しめる深場の釣りについては、62ページから解説しています。

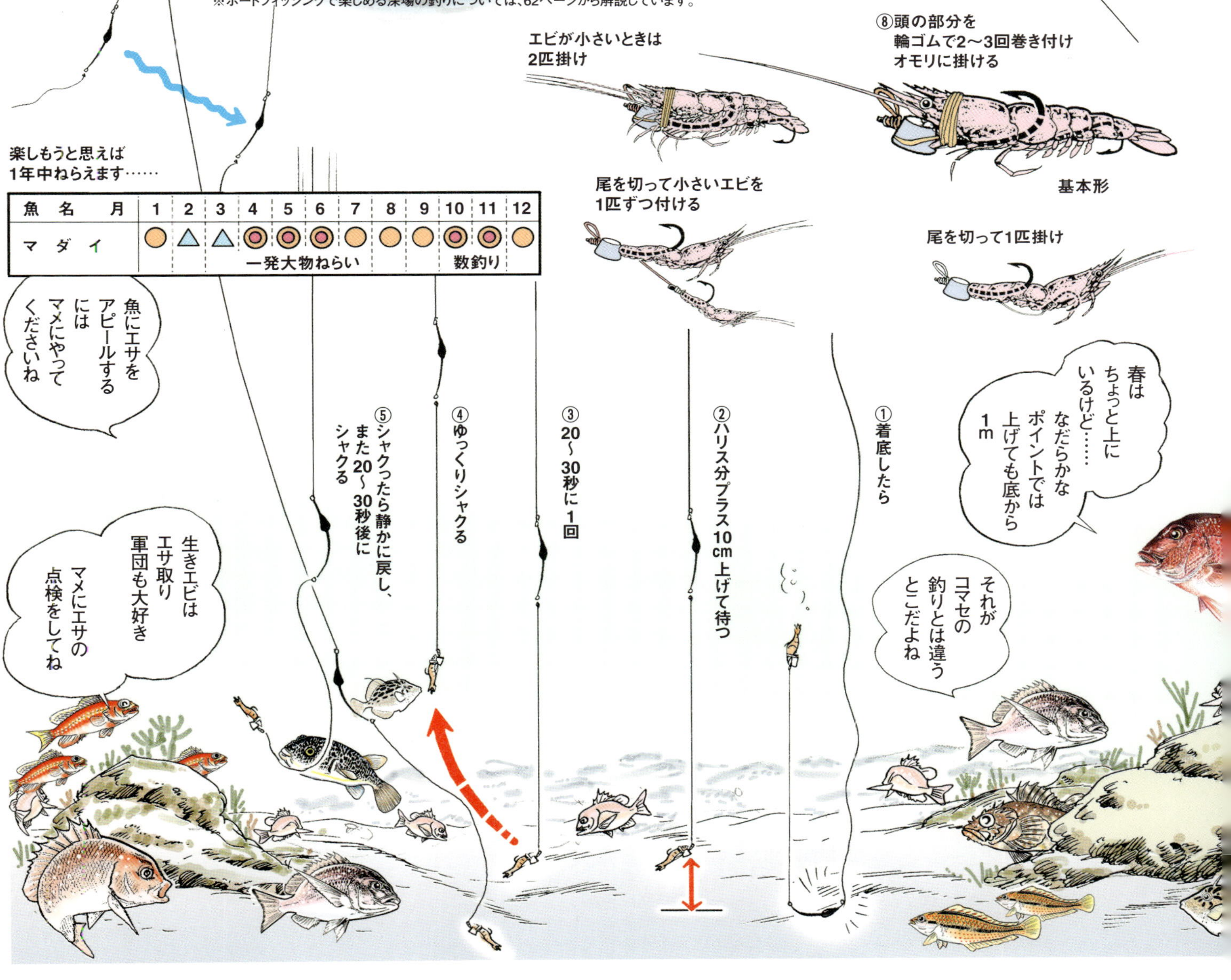
⑧頭の部分を輪ゴムで2～3回巻き付けオモリに掛ける
エビが小さいときは2匹掛け
基本形
尾を切って小さいエビを1匹ずつ付ける
尾を切って1匹掛け
春はちょっと上にいるけど……なだらかなポイントでは上げても底から1m
①着底したら
②ハリス分プラス10cm上げて待つ
③20～30秒に1回
④ゆっくりシャクる
⑤シャクったら静かに戻し、また20～30秒後にシャクる
魚にエサをアピールするにはマメにやってくださいね
それがコマセの釣りとは違うとこだよね
生きエビはエサ取り軍団も大好きマメにエサの点検をしてね

楽しもうと思えば
1年中ねらえます……

| 魚名　月 | 1 | 2 | 3 | 4 | 5 | 6 | 7 | 8 | 9 | 10 | 11 | 12 |
|---|---|---|---|---|---|---|---|---|---|---|---|---|
| マダイ | ○ | △ | △ | ◎ | ◎ | ◎ | ○ | ○ | ○ | ◎ | ◎ | ○ |
| | | | 一発大物ねらい | | | | | | | 数釣り | | |

## ブリ、カンパチ、ヒラマサが青もの御三家

# 「ジギングでねらう青もの」

※ボートフィッシングで楽しめるルアーの釣りについては、
86ページから解説しています。

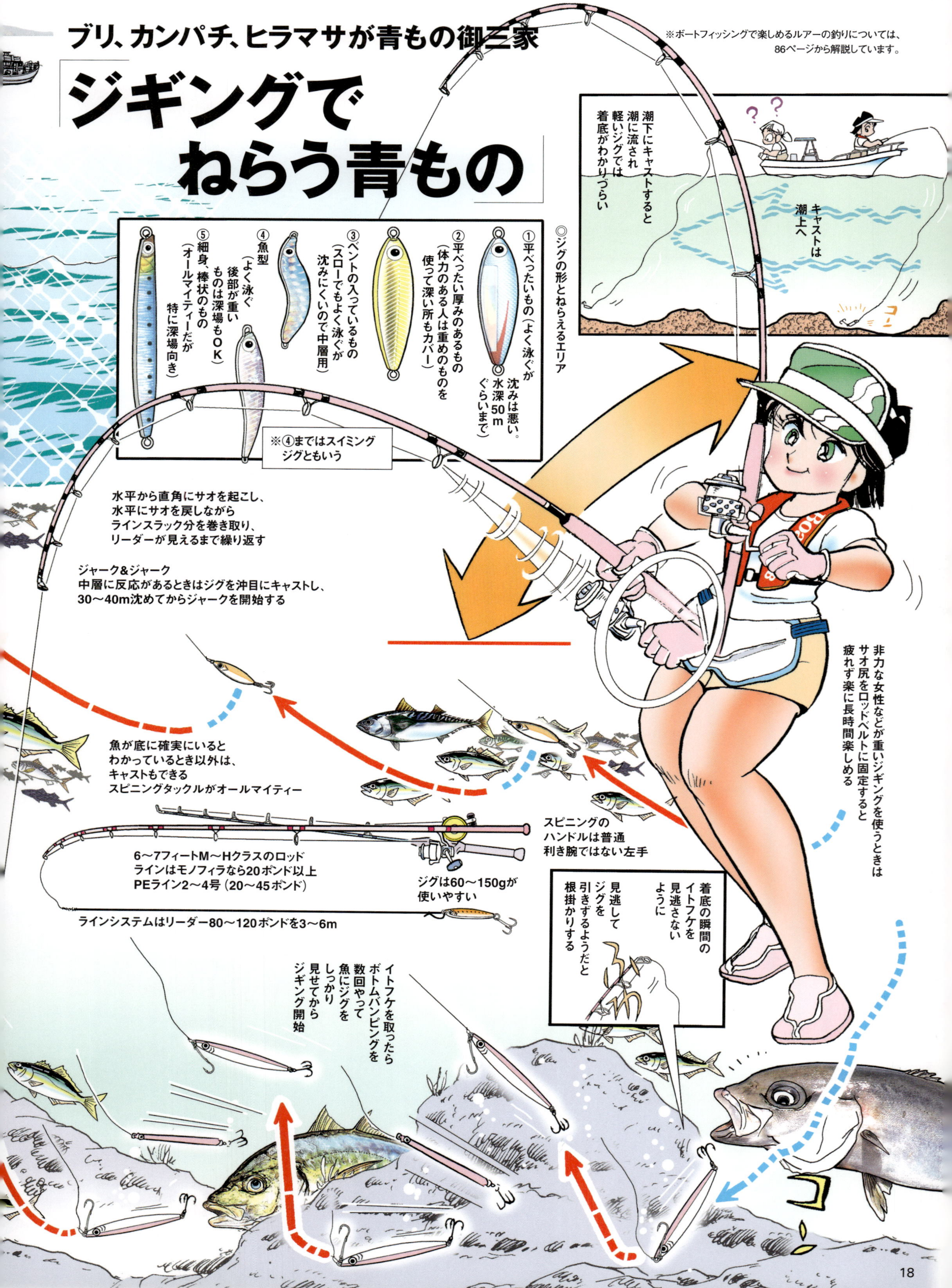

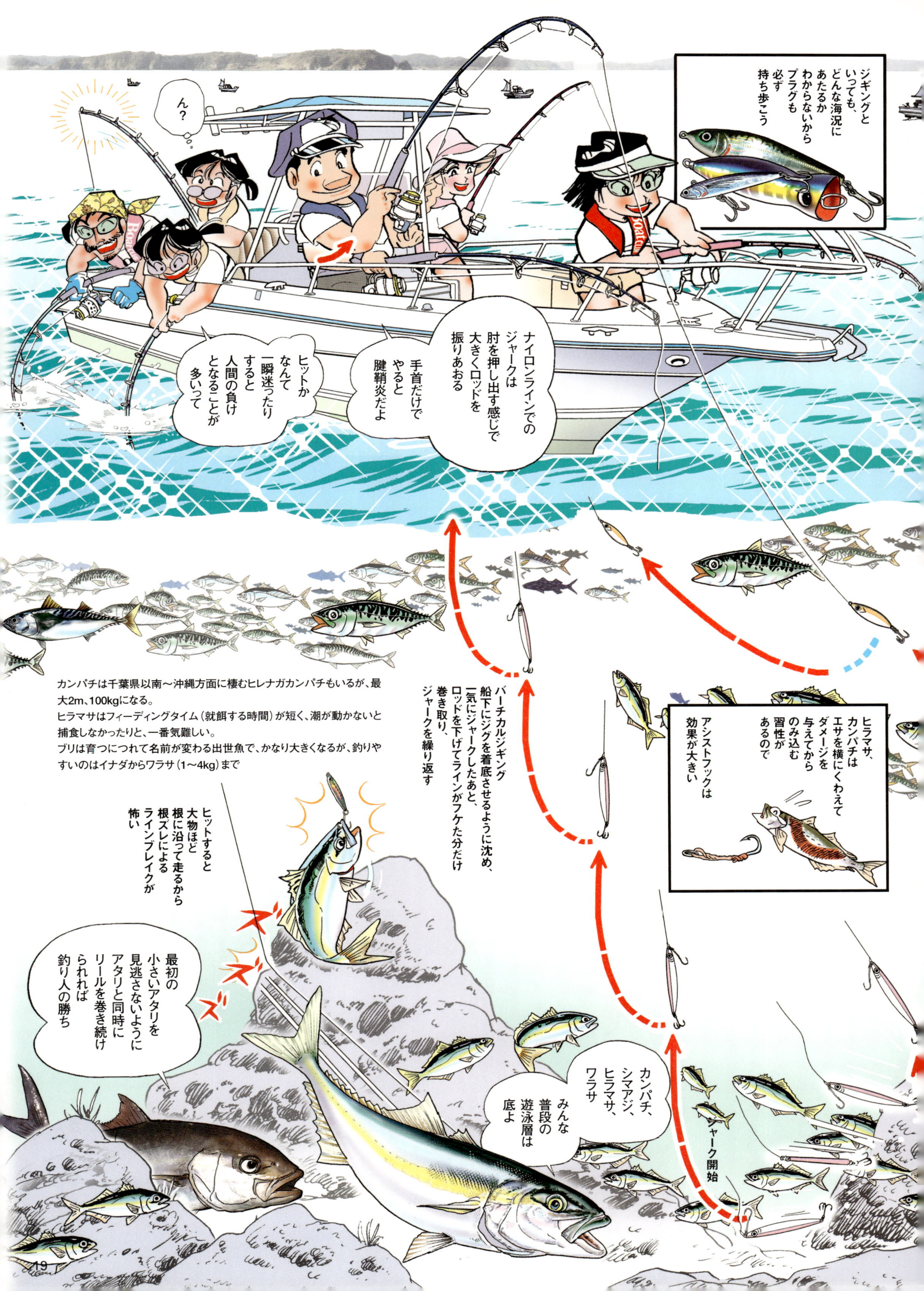

ジギングといってても、どんな海況にあたるかわからないからプラグも必ず持ち歩こう
ん?
ナイロンラインでのジャークは肘を押し出す感じで大きくロッドを振りあおる
手首だけでやると腱鞘炎だよ
ヒットかなんて一瞬迷ったりすると人間の負けとなることが多いって
ヒラマサ、カンパチはエサを横にくわえてダメージを与えてからのみ込む習性があるので
アシストフックは効果が大きい
バーチカルジギング 船下にジグを着底させるように沈め、一気にジャークしたあと、ロッドを下げてラインがフケた分だけ巻き取り、ジャークを繰り返す
ヒットすると大物ほど根に沿って走るから根ズレによるラインブレイクが怖い
ズ
ズ
ズ
カンパチ、シマアジ、ヒラマサ、ワラサ
みんな普段の遊泳層は底よ
最初の小さいアタリを見逃さないようにアタリと同時にリールを巻き続けられれば釣り人の勝ち
ジャーク開始

カンパチは千葉県以南～沖縄方面に棲むヒレナガカンパチもいるが、最大2m、100kgになる。
ヒラマサはフィーディングタイム（就餌する時間）が短く、潮が動かないと捕食しなかったりと、一番気難しい。
ブリは育つにつれて名前が変わる出世魚で、かなり大きくなるが、釣りやすいのはイナダからワラサ（1～4kg）まで

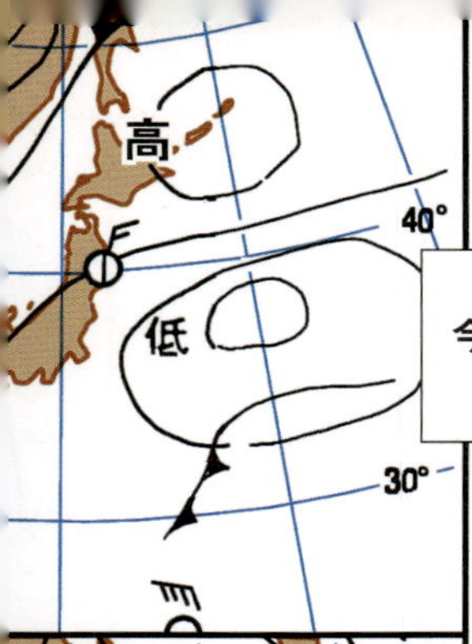
高
低
40°
30°

今

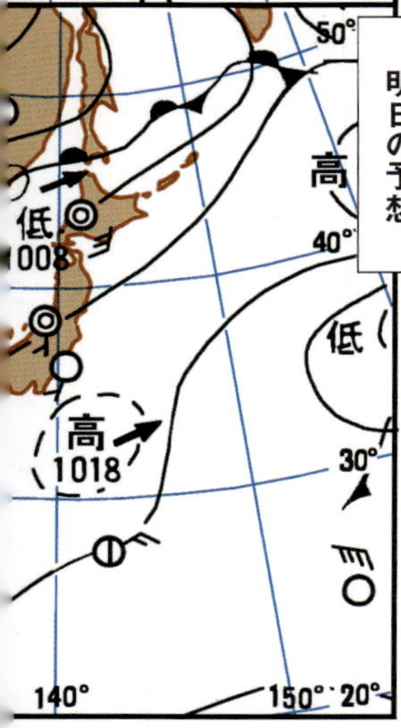
50°
高
低
1008
40°
低
高
1018
30°
140°
150°
20°

明日の予想

天気図を大ざっぱに見ると1日で経線ひとつ分（経度10度分）進んでくるから予想できるんだが……

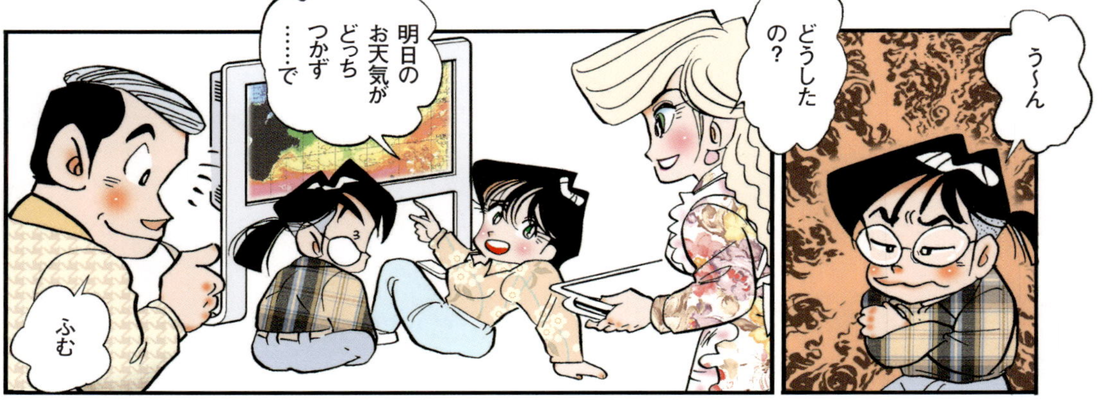
う〜ん
どうしたの？
明日のお天気がどっちつかず……で
ふむ

心静かに観察すればピタリと当たる？

# 「観天望気」

ボートフィッシングを楽しむために必要とされる周辺の知識については、、104ページから解説しています。

## 晴れる

①オレンジ色の夕焼けは、多少雲があっても広がらなければ大丈夫

②夜露が降りる

海岸では波のしぶきとまちがえたりするんだよね

③夕方の虹

④トンビが鳴きながら高く飛ぶ

ピ〜ヒョロロロロ

⑤クモの巣などに朝露が掛かっている

## 雨になる

簡単にわかる目安としてはこんなのがある
ぼわ〜っ

①月に傘が掛かる（巻層雲、ベール雲）

②夕焼けに暗い雲が掛かる

③夜、蒸し暑い

夏なら砂浜からのイシモチ釣りなんか最高〜

④夕焼けが赤すぎたり紫色が強い

⑤星が瞬きすぎる

月が明るいのに周りの星が見える

⑥遠くの音がよく聞こえる

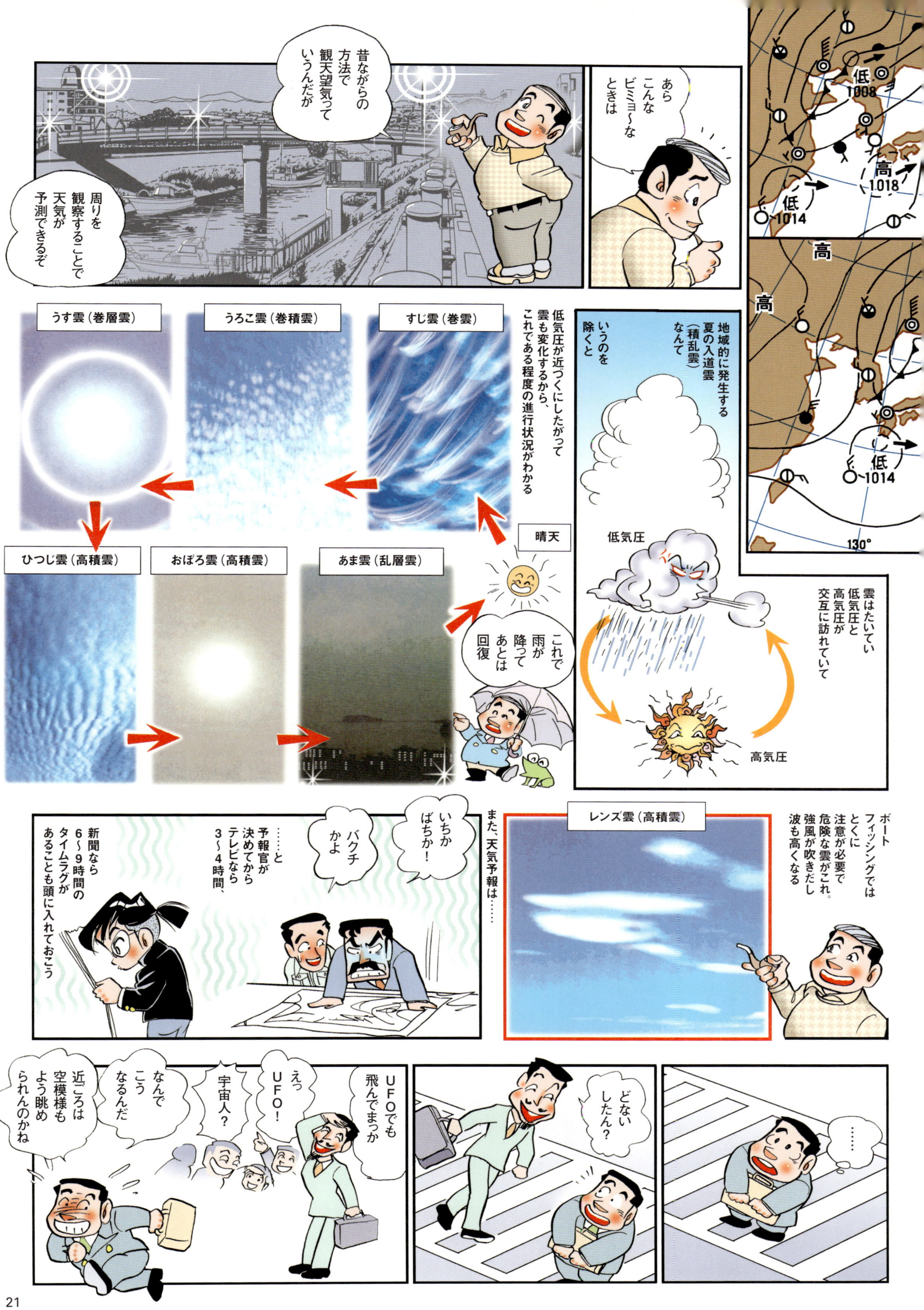
低 1008
高 1018
低 1014
高
高
低 1014
130°
あらこんなビミョ〜なときは
昔ながらの方法で観天望気っていうんだが
周りを観察することで天気が予測できるぞ
雲はたいてい低気圧と高気圧が交互に訪れていて
低気圧
高気圧
地域的に発生する夏の入道雲（積乱雲）なんていうのを除くと
低気圧が近づくにしたがって雲も変化するから、これである程度の進行状況がわかる
晴天
すじ雲（巻雲）
うろこ雲（巻積雲）
うす雲（巻層雲）
ひつじ雲（高積雲）
おぼろ雲（高積雲）
あま雲（乱層雲）
これで雨が降ってあとは回復
ボートフィッシングではとくに注意が必要で危険な雲がこれ。強風が吹きだし波も高くなる
レンズ雲（高積雲）
また、天気予報は……
いちかばちか!
バクチかよ
……と予報官が決めてからテレビなら3〜4時間、
新聞なら6〜9時間のタイムラグがあることも頭に入れておこう
……
どないしたん?
UFOでも飛んでまっか
えっUFO!
宇宙人?
なんでこうなるんだ
近ごろは空模様もよう眺められんのかね

?
ちゅぱ♡

# 浅場編

約20年前にダイニーマ系高分子ポリマーの釣りイト、いわゆるPEラインが発売されてからというもの、釣りの世界も大きく変わってきた。PEラインの特徴は、細くてしなやか、そして丈夫なこと。それまで中・大型リールでしかねらえなかったエリアが小型のリールでも楽しめるようになり、常識だった「水深×1〜3グラム」というオモリの目安にとらわれずにグンと軽いオモリが使えるなど、釣り方そのものが変わってきたのである。

オモリの重さというものは、仕掛けが海底に着いたことがわかる程度でよいので、本書の仕掛け図に記された号数にとらわれることはない。高価ではあるが0・6号などのミチイトを使うことで、表示した半分以下の重さでも十分に楽しめるのである。吾作も勝負時の釣りと普段の釣りとでミチイトを使い分け、お遊び用では、やや太い1・5〜2号も用意して使っている。

このようにミチイトが細くなったおかげで、本来であれば中・深場に分けられていたターゲットもねらえるようになった。ただ、マルイカなどは春には水深100メートルのエリアにいるし、深場に分けたアジも初夏から秋は20〜40メートルの浅場で良型を釣ることができるなど、単純に深場、浅場と分類できないのが海の釣りである。ちなみに、その魚の楽しさ、旬などを考え、マルイカについては、初夏から夏の釣りをイメージして、水深が一桁台となる浅場に分類してある。

# 30センチ級のヒジタタキをねらおう
# 「シロギス」

シロギスは砂泥地が好き。こんな所に隠れ根のあるポイントが最高～! チャートマップがあるとチョー便利～
魚探をかけていてこんな反応が出たら……
空のペットボトルに極細のロープを10mつないだマーカーを落とし
オモリ
マーカーの所に戻ってアンカーを入れる
海底がドロの場所にはほとんどいないよ
オモリ負荷5～8号のシロギス用またはボートロッド
小型スピニングリール
ミチイト ナイロン3号
専門的にやるならPEライン0・8～1号
弓型片テンビン15cm
オモリ6～10号
ハリス1～1・5号（市販の仕掛けでいい）
ハリ 流線7号
◎エサは
隠れ根ねらいはハオコゼが釣れることがあるのでメゴチバサミを忘れずに
ジャリメやアオイソメのクチから刺し
タラシを2cmに
小さいのは1匹掛け
イソメがつかめない人はこんなのも……
さらに人工のエサも……
※ポイント
仕掛けを引いてみてゴリゴリ感じる所や、グッと重く感じる所、そんな所があったらそこでちょっと止めて待つ
雪代の入らない4月ごろは水深10m前後がねらい目よ
探りのスピードはアリンコが歩くぐらいのスピードね～

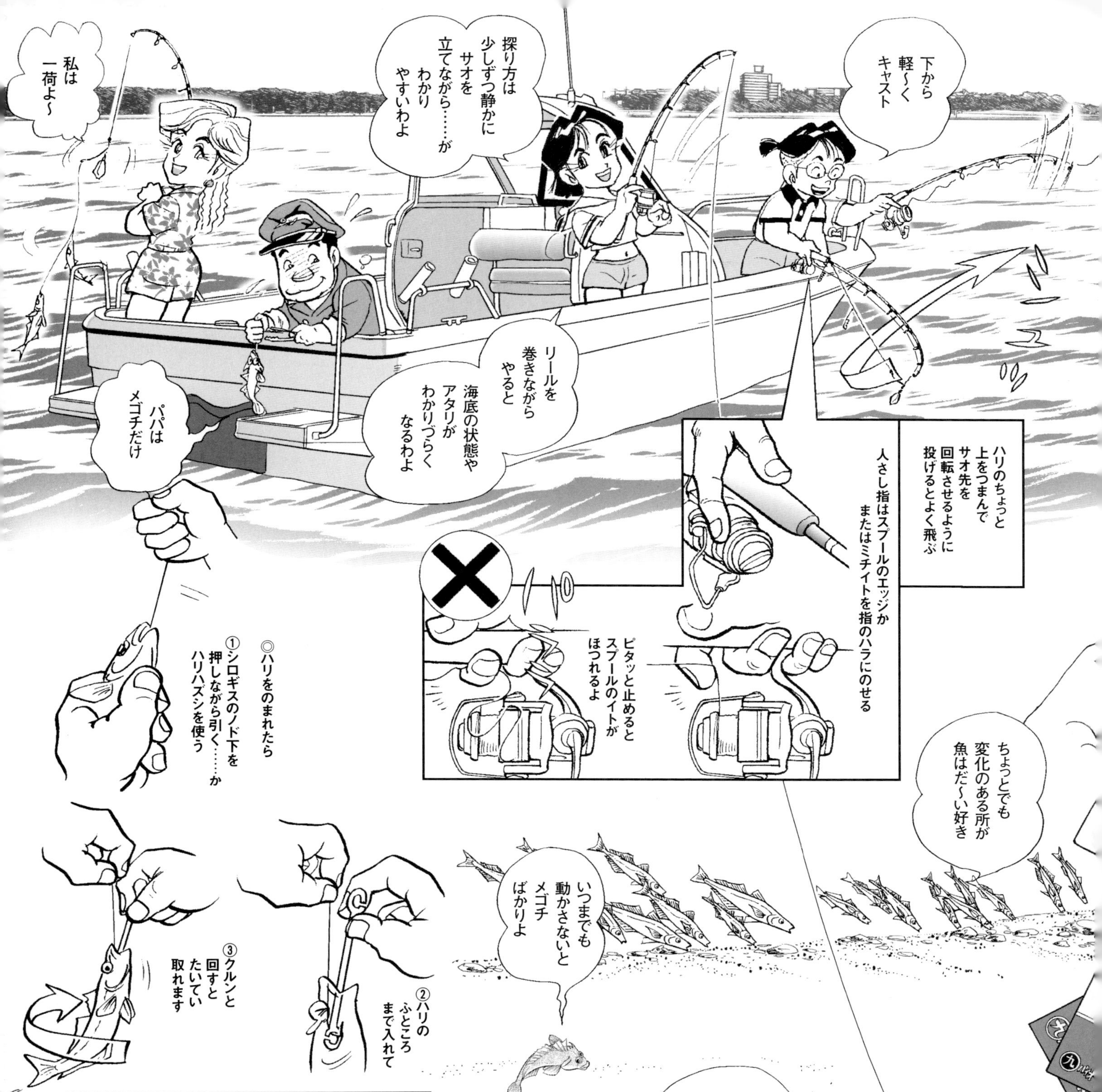

下から 軽〜く キャスト
探り方は 少しずつ静かに サオを 立てながら……が わかり やすいわよ
私は 一荷よ〜
リールを 巻きながら やると
海底の状態や アタリが わかりづらく なるわよ
パパは メゴチだけ
ハリのちょっと 上をつまんで サオ先を 回転させるように 投げるとよく飛ぶ
人さし指はスプールのエッジか またはミチイトを指のハラにのせる
ピタッと止めると スプールのイトが ほつれるよ
◎ハリをのまれたら
①シロギスのノド下を 押しながら引く……か ハリハズシを使う
②ハリの ふところ まで入れて
③クルンと 回すと たいてい 取れます
ちょっとでも 変化のある所が 魚はだ〜い好き
いつまでも 動かさないと メゴチ ばかりよ

根周りは 良型キスが そろうよ
※なにもない 平らな所には 移動のときにしか いないよ

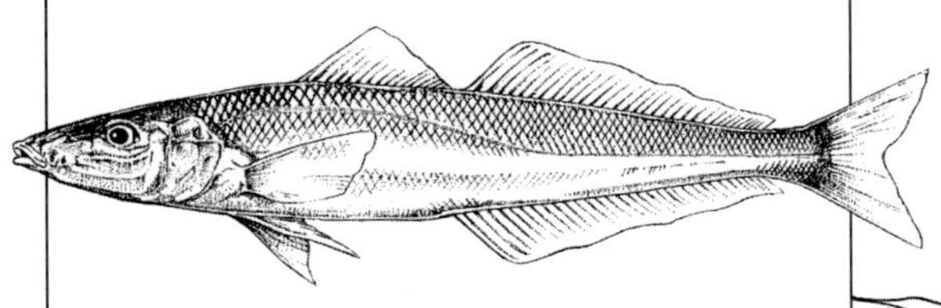

**シロギスのプロフィール**

**■特徴と習性**

北海道以南に分布する、パールピンクの体色が美しいボート釣りの人気ターゲット。おもに沿岸の砂泥地に棲息するが、小さな根が点在するような場所に良型が集まる。産卵期は6〜8月で、最大で30cmほどまで成長。水温が高い時期は数mから十数mの浅場に、低い時期はより深場に移動する。

**■おいしい食べ方**

天ぷらのネタにはもちろん、良型は三枚におろした糸造りや、アサツキのみじん切りと味噌を混ぜた味噌タタキも美味。

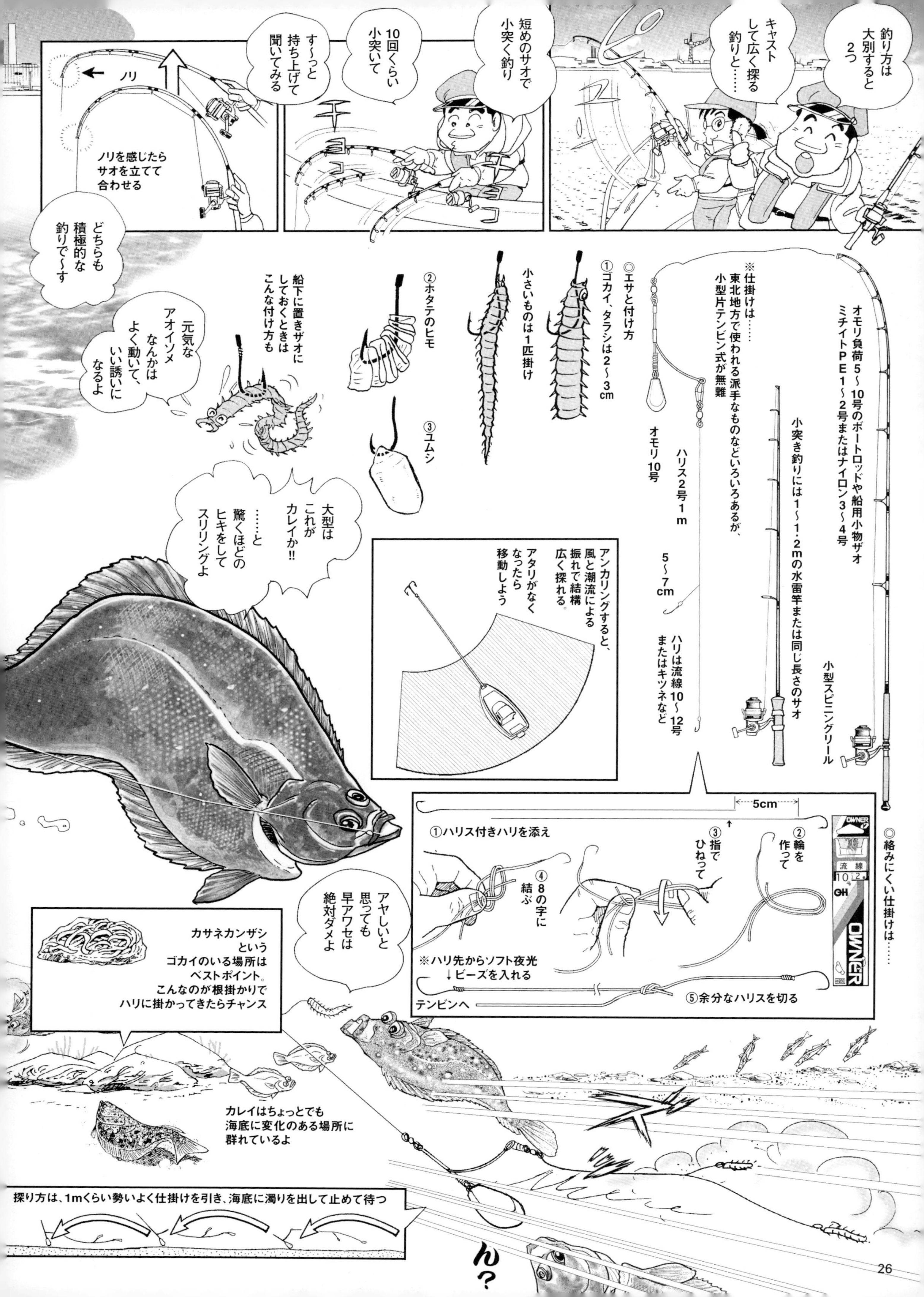
釣り方は大別すると2つ
キャストして広く探る釣りと……
短めのサオで小突く釣り
10回くらい小突いて
す～っと持ち上げて聞いてみる
ノリ
ノリを感じたらサオを立てて合わせる
どちらも積極的な釣りで～す
オモリ負荷5～10号のボートロッドや船用小物ザオ
ミチイトPE1～2号またはナイロン3～4号
小型スピニングリール
小突き釣りには1～1.2mの水雷竿または同じ長さのサオ
※仕掛けは……
東北地方で使われる派手なものなどいろいろあるが、
小型片テンビン式が無難
ハリス2号1m
5～7cm
ハリは流線10～12号またはキツネなど
オモリ10号
◎エサと付け方
①ゴカイ、タラシは2～3cm
小さいものは1匹掛け
②ホタテのヒモ
③ユムシ
船下に置きザオにしておくときはこんな付け方も
元気なアオイソメなんかはよく動いて、いい誘いになるよ
大型はこれがカレイか!!
……と驚くほどのヒキをしてスリリングよ
アンカリングすると、風と潮流による振れで結構広く探れる。
アタリがなくなったら移動しよう
◎絡みにくい仕掛けは……
5cm
①ハリス付きハリを添え
②輪を作って
③指でひねって
④8の字に結ぶ
※ハリ先からソフト夜光ビーズを入れる
テンビンへ
⑤余分なハリスを切る
OWNER
流線
アヤしいと思っても早アワセは絶対ダメよ
カサネカンザシというゴカイのいる場所はベストポイント。
こんなのが根掛かりでハリに掛かってきたらチャンス
カレイはちょっとでも海底に変化のある場所に群れているよ
探り方は、1mくらい勢いよく仕掛けを引き、海底に濁りを出して止めて待つ
ん?

# キャストして探るか 小突いて誘うか 種類も多い砂地の人気者 「カレイ」

**カレイのプロフィール**

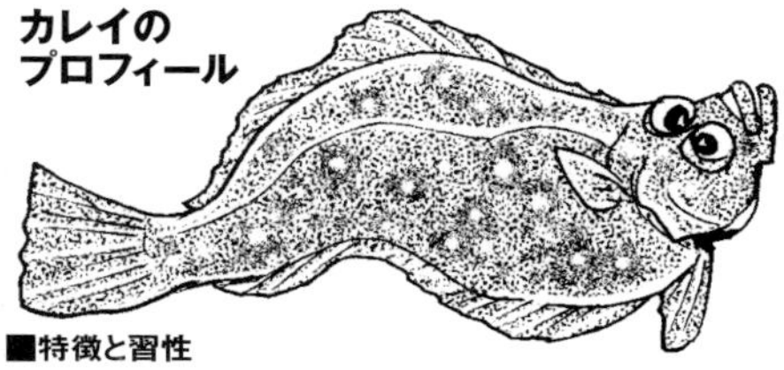

**■特徴と習性**

手軽なタックルで楽しめる、浅場の人気ターゲット。東京湾や常磐、東北、北海道、瀬戸内海などで人気が高く、地域によりいろいろな釣り方がある。日本近海には地域や水深によっておよそ60種類ものカレイがいて、釣りの対象魚としてはマコガレイ、マガレイ、イシガレイ、ホシガレイ、マツカワが代表選手。マコガレイは北海道南部以南、水深100m以浅に棲息し、甲殻類や環虫類を捕食。最大で50cmほどになる。東日本では冬の釣りものだが、西日本では春から夏にかけてが好期。

**■おいしい食べ方**

カレイといえば煮付けが定番。薄めの味付けがカレイ本来の白身の味を引き立てる。また塩焼きや空揚げもおいしい。釣った新鮮なものならば薄造りにした刺身も美味。ヒラメと同じようにカレイにもエンガワがあり、脂の乗ったコリコリとした食感が楽しめる。ブランド魚として名高い城下(しろした)ガレイは、大分県別府湾の淡水の湧き水がある限られたエリアで獲れるマコガレイのこと。

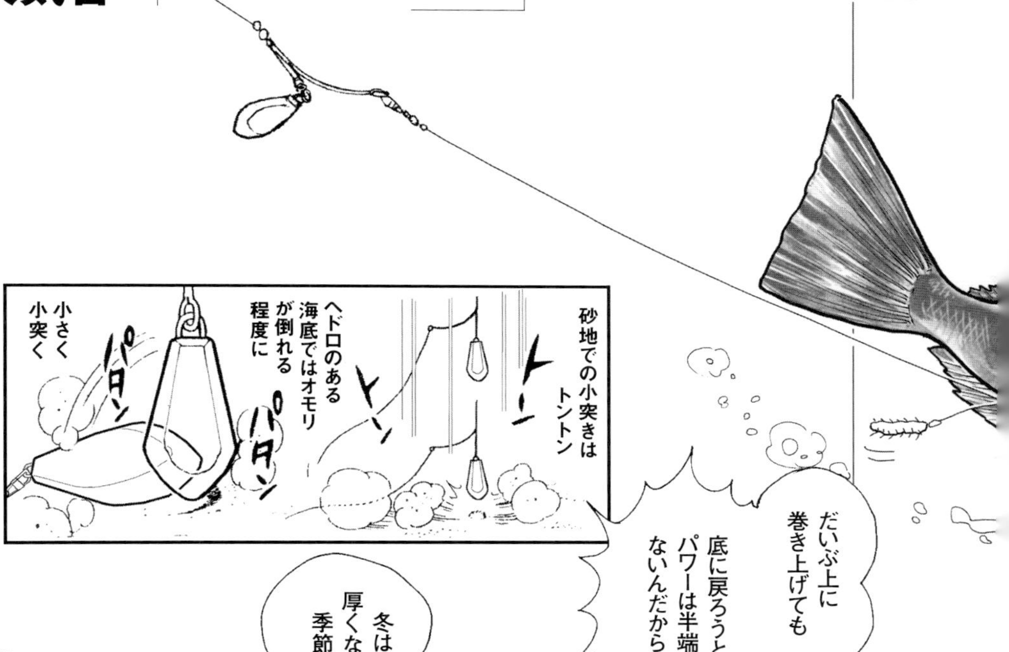

# 「アイナメ」 ねらいはビールビン級の特大サイズ エサでもルアーでも楽しめる

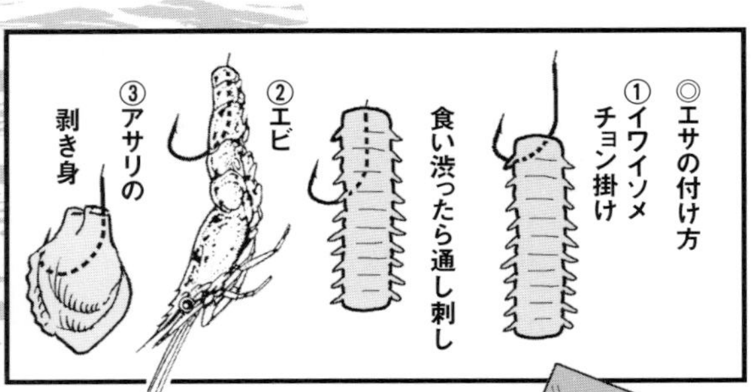

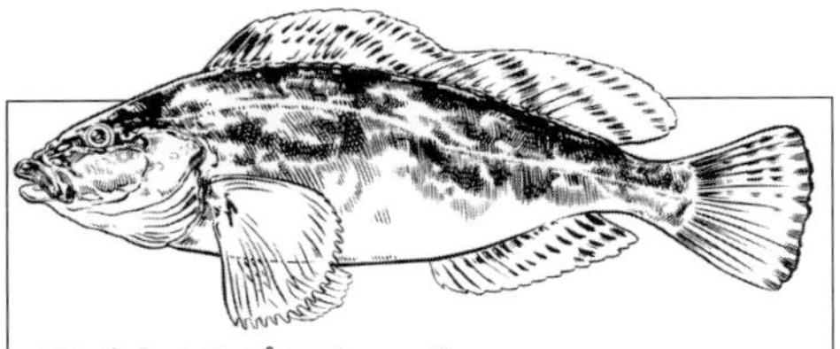

**アイナメのプロフィール**

**■特徴と習性**

北海道から九州まで広く分布。西日本には同科のクジメが多いが、側線が5本のアイナメに対してクジメは1本なので見分けられる。沿岸の岩礁帯や藻場などに棲息。水深数mから70mあたりまでがポイントになる。周年釣れるが、関東では初冬から梅雨前までがベストシーズン。冷水性の魚なので、水温が高くなると深場に落ちていく。

**■おいしい食べ方**

適度な脂肪分を持つ上品な白身の、和風にしても洋風にしても美味な魚。和風なら刺身やあらい、煮付けがうまい。洋風ならバター焼きやブイヤベースなどによく合う。小骨が多いので調理のときには注意。旬は、産卵後に体力が回復する春から初夏とされる。

アイナメはクチに細かい歯がビッシリとあるが、さらにノドの奥にコイと同じような咽頭歯を持ち、のみ込んだエサを瞬時にすりつぶす。そのときの振動が、感度のよい和ザオなどを使っているとゴクン、ゴクンと、まるで首を振っているように伝わってくる。

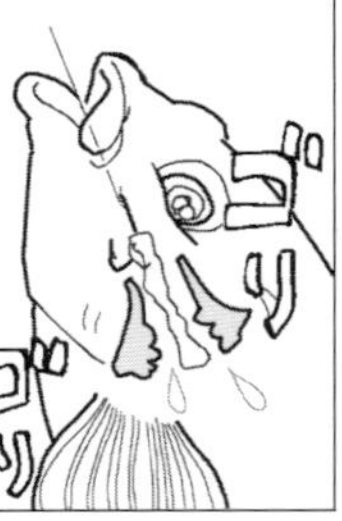


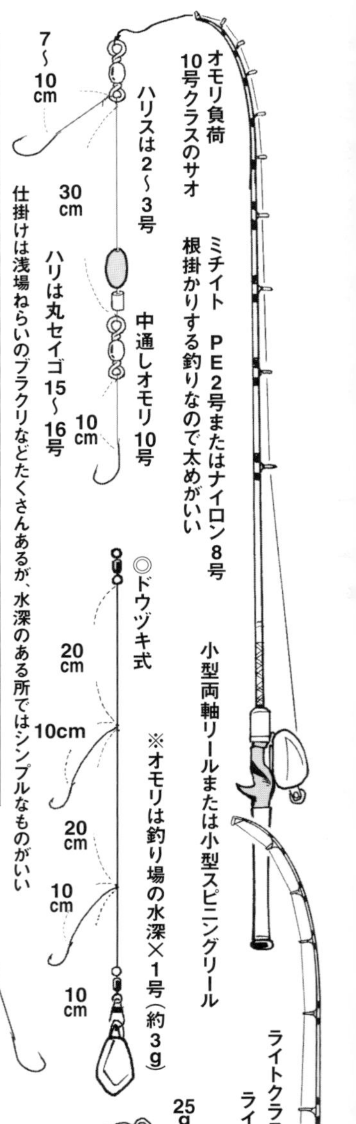


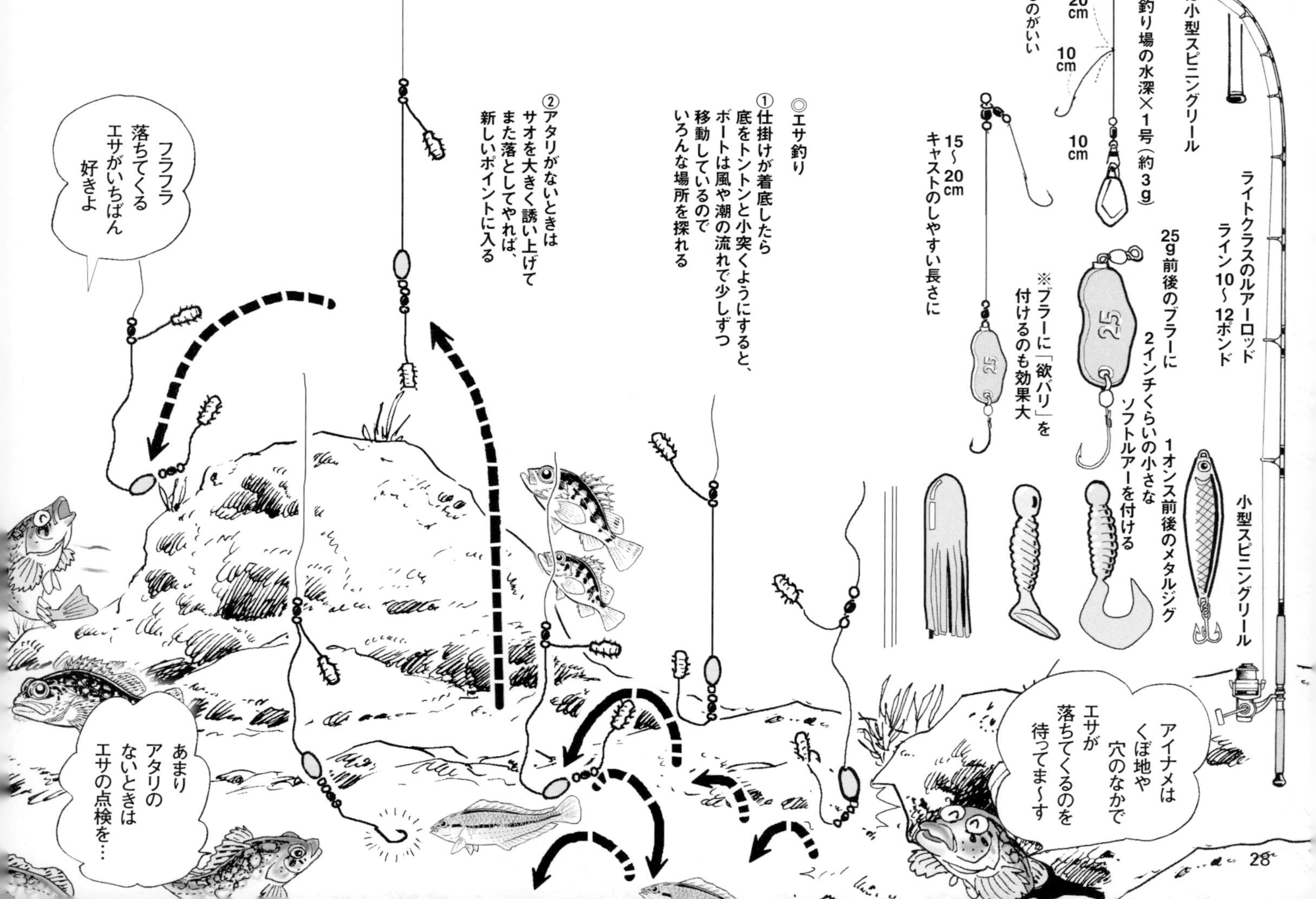

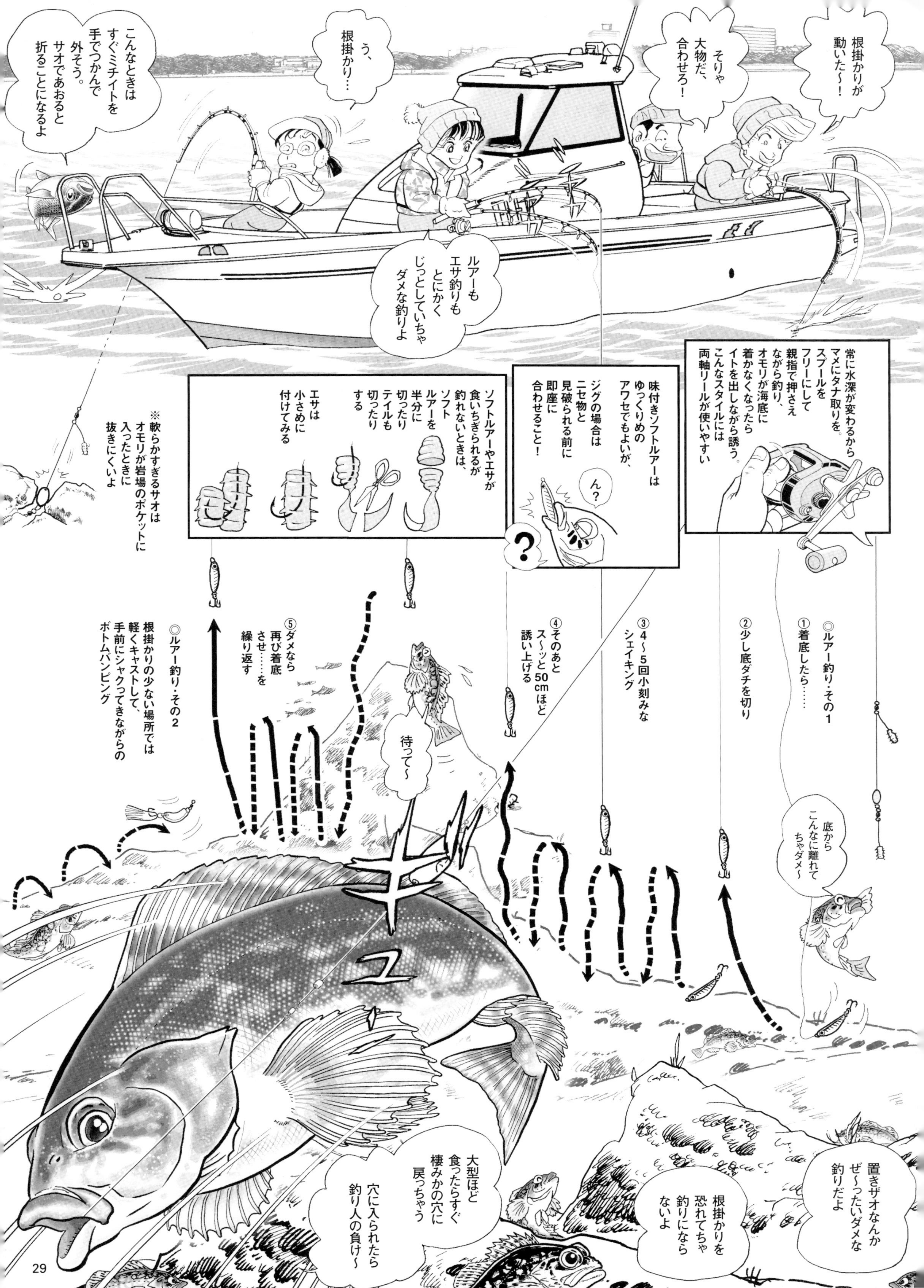
根掛かりが動いた〜！
そりゃ大物だ、合わせろ！
う、根掛かり…
こんなときはすぐミチイトを手でつかんで外そう。サオであおると折ることになるよ
ルアーもエサ釣りもとにかくじっとしていちゃダメな釣りよ
常に水深が変わるからマメにタナ取りを。スプールをフリーにして親指で押さえながら釣り、オモリが海底に着かなくなったらイトを出しながら誘う。こんなスタイルには両軸リールが使いやすい
味付きソフトルアーはゆっくりめのアワセでもよいが、ジグの場合はニセ物と見破られる前に即座に合わせること！
ん？
？
ソフトルアーやエサが食いちぎられるが釣れないときは、ソフトルアーを半分に切ったりテイルも切ったりする
エサは小さめに付けてみる
※軟らかすぎるサオはオモリが岩場のポケットに入ったときに抜きにくいよ
◎ルアー釣り・その1
①着底したら……
②少し底ダチを切り
③4〜5回小刻みなシェイキング
④そのあとス〜ッと50cmほど誘い上げる
⑤ダメなら再び着底させ……を繰り返す
◎ルアー釣り・その2
根掛かりの少ない場所では軽くキャストして、手前にシャクってきながらのボトムバンピング
底からこんなに離れてちゃダメ〜
待って〜
ギュ
置きザオなんかぜ〜ったいダメな釣りだよ
根掛かりを恐れてちゃ釣りにならないよ
大型ほど食ったらすぐ棲みかの穴に戻っちゃう
穴に入られたら釣り人の負け〜

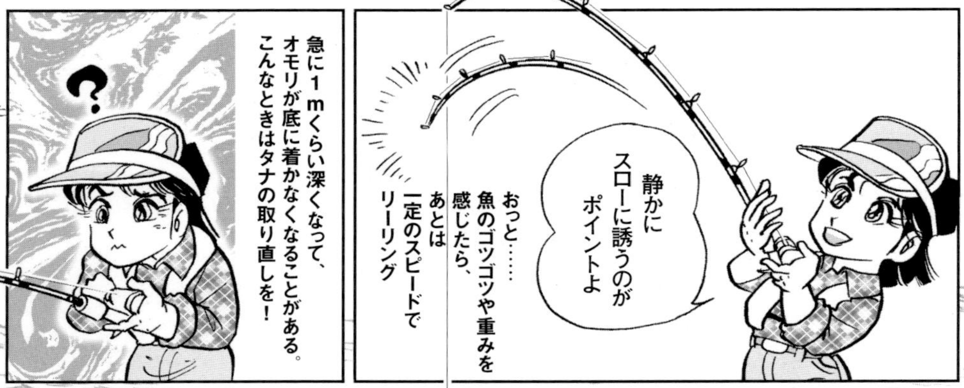
静かにスローに誘うのがポイントよ
おっと……魚のゴツゴツや重みを感じたら、あとは一定のスピードでリーリング
急に1mくらい深くなって、オモリが底に着かなくなることがある。こんなときはタナの取り直しを!

**カサゴのプロフィール**

**■特徴と習性**

北海道以南から沖縄まで広く分布し、水深数mから100m以上までの岩礁帯の穴や割れ目などに棲息。関西ではガシラ、瀬戸内ではホゴ、北九州ではアラカブなどと呼ばれる。周年ねらえるうえ、冬から春がベストシーズンの貴重なターゲット。小魚、甲殻類、貝類などを食べている。釣りで良型といわれるのは30cm前後だが、最大で50cm以上になる。カサゴの仲間は非常に多いが、対象魚になるのは、カサゴ、アヤメカサゴ、フサカサゴ、ユメカサゴなど。目の前にエサがあれば貪欲に飛びついてくるため、ビギナーでも比較的容易に釣れるのが人気の秘密。

**■おいしい食べ方**

カサゴは頭ばかり大きくて身が少ないといわれるが、その締まった白身は高級魚顔負けの味。食の旬は春。小型はよく揚げた空揚げにすると丸のまま食べられ、うまい。紅葉おろしのポン酢がよく合う。良型は薄造りや煮付けにすると、カサゴのうま味を堪能できる。北九州ではアラカブの味噌汁が名物。

# カサゴ

## 根掛かりを恐れず岩礁帯を攻略

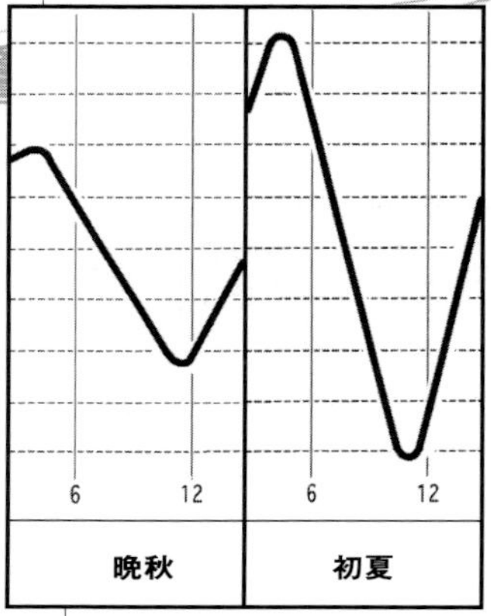
6
12
6
12
晩秋
初夏

季節によって潮の干満の差(潮の速さ)はこんなに違う。②のオモリを底に着けていい時間も違い、潮がゆるい冬は10秒くらいとの~んびりでいい

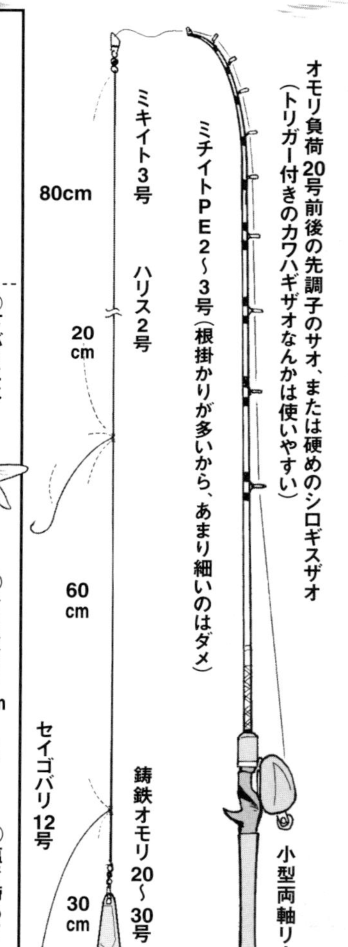
オモリ負荷20号前後の先調子のサオ、または硬めのシロギスザオ(トリガー付きのカワハギザオなんかは使いやすい)
ミチイトPE2~3号(根掛かりが多いから、あまり細いのはダメ)
ミキイト3号
ハリス2号
80cm
20cm
60cm
30cm
セイゴバリ12号
鋳鉄オモリ20~30号
小型両軸リール

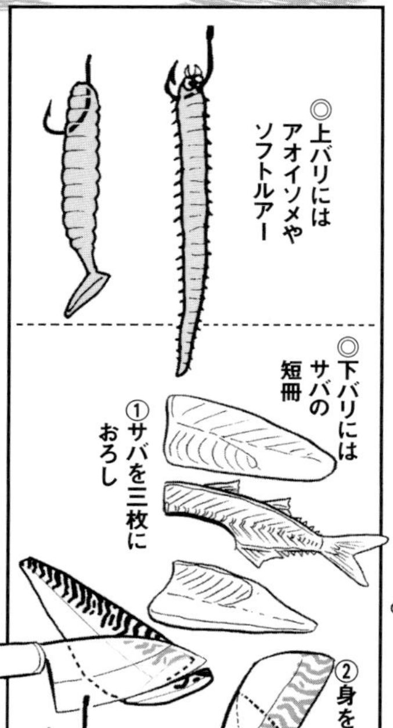
◎上バリにはアオイソメやソフトルアー
◎下バリにはサバの短冊
①サバを三枚におろし
②身を皮に5mmくらい付けて削ぐ
③1cm幅に短冊切りに
④塩で締めて密閉容器などに

①仕掛けが着底したら
②イトフケを取って5つ数え
③1mを10秒くらいの超スロースピードで誘い上げる
④アタリがなければ、再び着底させ②~③を繰り返す
なんせすっごい岩だらけの所に棲んでいるから根掛かりを恐れてちゃ釣りにならないよ
待て~
誘いはできるだけゆっくりのほうが魚の目につきやすい

※オモリの鉛毒が取りざたされる時代になりました。根掛かりは避けられない釣りだから、末永く魚を保護し釣りを楽しむためにも、ちょっと高価だけど魚にやさしい鉄オモリを使いましょう

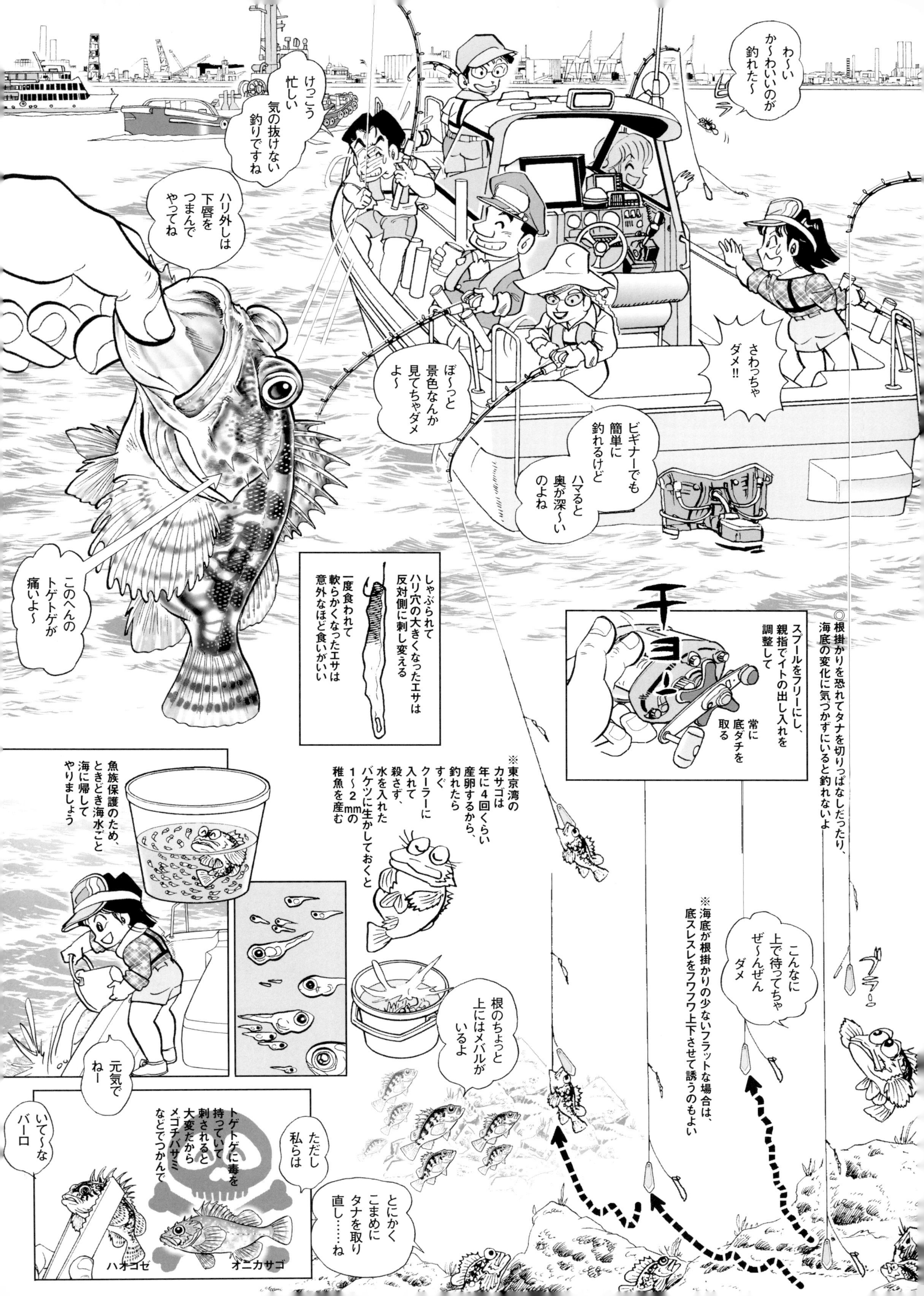
わ～い
か～わいいのが
釣れた～
けっこう
忙しい
気の抜けない
釣りですね
ハリ外しは
下唇を
つまんで
やってね
◎根掛かりを恐れてタナを切りっぱなしだったり、
海底の変化に気づかずにいると釣れないよ
さわっちゃ
ダメ!!
ビギナーでも
簡単に
釣れるけど
ハマると
奥が深～い
のよね
ぼ～っと
景色なんか
見てちゃダメ
よ～
このへんの
トゲトゲが
痛いよ～
スプールをフリーにし、
親指でイトの出し入れを
調整して
常に
底ダチを
取る
しゃぶられて
ハリ穴の大きくなったエサは
反対側に刺し変える
一度食われて
軟らかくなったエサは
意外なほど食いがいい
※東京湾のカサゴは年に4回くらい産卵するから、釣れたらすぐクーラーに入れて殺さず、水を入れたバケツに生かしておくと1～2㎜の稚魚を産む
魚族保護のため、
ときどき海水ごと
海に帰して
やりましょう
※海底が根掛かりの少ないフラットな場合は、
底スレスレをフワフワ上下させて誘うのもよい
こんなに
上で待ってちゃ
ぜ～んぜん
ダメ
根のちょっと
上にはメバルが
いるよ
元気で
ねー
とにかく
こまめに
タナを取り
直し……ね
ただし
私らは
トゲトゲに毒を
持っていて
刺されると
大変だから
メゴチバサミ
などでつかんで
いて～な
バーロ
ハオコゼ
オニカサゴ

島がで〜きちゃった〜
べちゃん
や〜ん またハリのまれてる〜

# 「ハゼ」

## 夏はお手軽に
## 初冬はマニアックに
## シーズンごとに釣趣が変わる

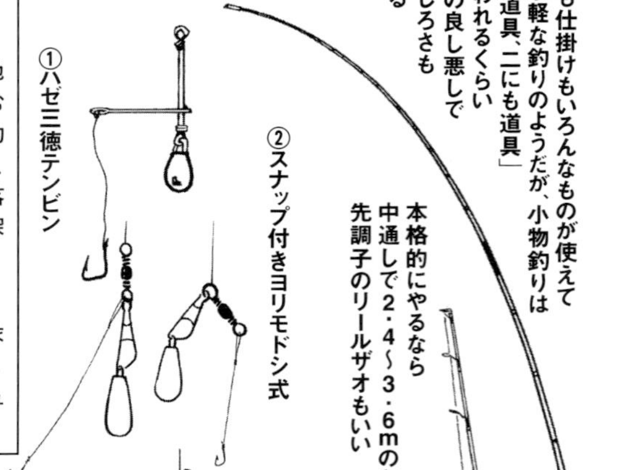
◎サオも仕掛けもいろんなものが使えて一番手軽な釣りのようだが、小物釣りは「一に道具、二にも道具」といわれるくらい道具の良し悪しでおもしろさも変わる
本格的にやるなら中通しで2・4〜3・6mの和ザオ。先調子のリールザオもいい
①ハゼ三徳テンビン
②スナップ付きヨリモドシ式

### ハゼのプロフィール

**■特徴と習性**

北海道南部以南の全国の沿岸に分布。内湾、河口など、汽水域の砂泥地に棲息している。産卵期は冬で、大きな巣穴を掘ってその内部に卵を産む性質を持つ。手軽な小物釣りの代表的なターゲットだが、江戸前伝統の釣りでもあり、マニアックなファンも多い。夏は水深3mくらいまでの浅場で、陸からでも簡単に釣れるが、秋を過ぎ、水深20mほどの深場に移動する落ちハゼになると、ぐんと賢く、手強くなってくる。真冬の越冬期には水深50mほどまで落ちる。

**■おいしい食べ方**

釣りものとしては身近だが、食材としては高級魚のハゼ。小型はそのまま空揚げ、大型は開いて天ぷらがおいしい。また、大型は糸造りなども美味。宮城県では素焼きにして干した「焼き干し」からダシをとるお雑煮がポピュラーで、お正月には欠かせない郷土の味となっている。甘露煮もおいしい。

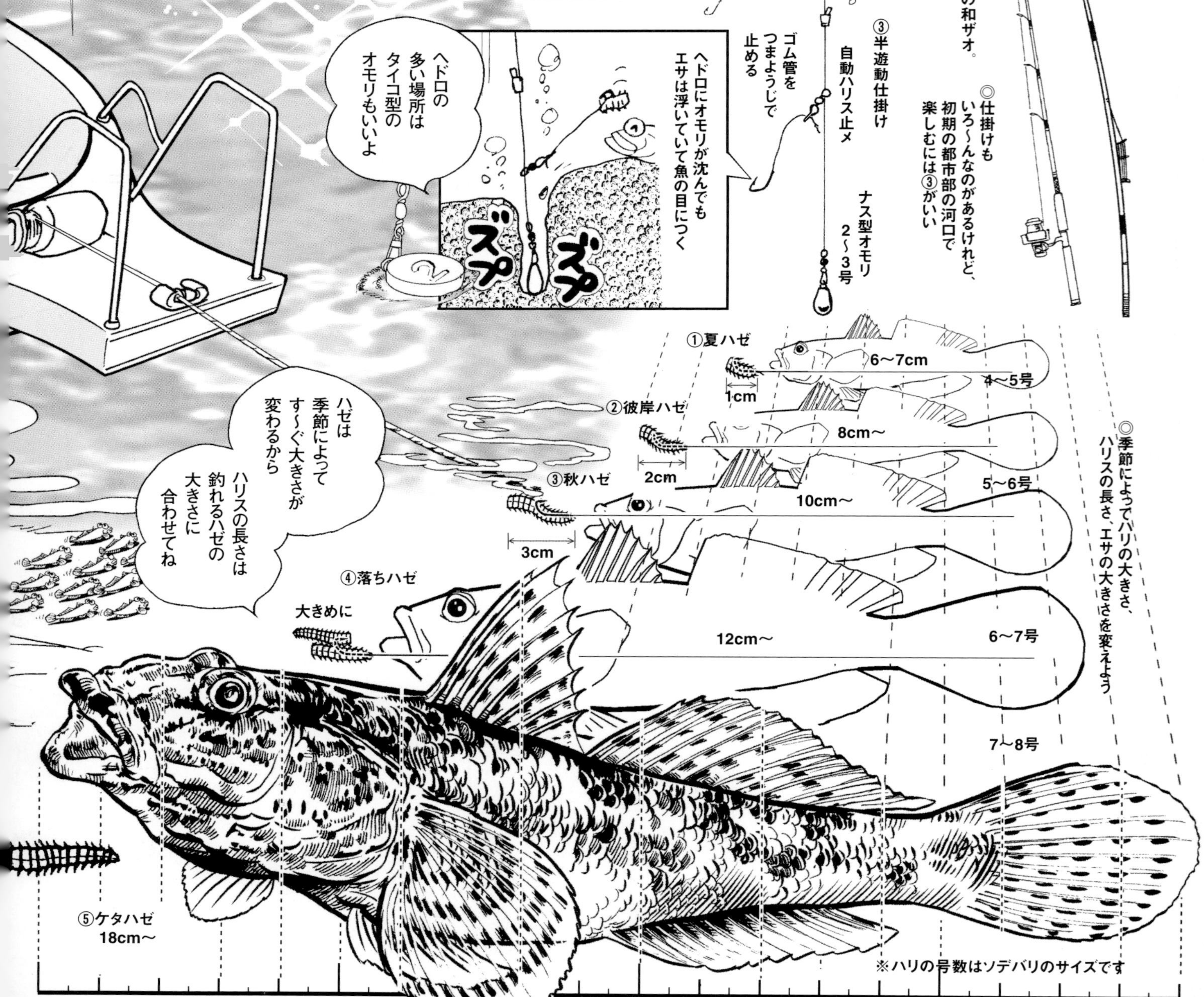
③半遊動仕掛け
自動ハリス止メ
ゴム管をつまようじで止める
ナス型オモリ 2〜3号
◎仕掛けもいろ〜んなのがあるけれど、初期の都市部の河口で楽しむには③がいい
ヘドロにオモリが沈んでもエサは浮いていて魚の目につく
ヘドロの多い場所はタイコ型のオモリもいいよ
ズプ
ズプ
ハゼは季節によってす〜ぐ大きさが変わるから
ハリスの長さは釣れるハゼの大きさに合わせてね
①夏ハゼ
6〜7cm
1cm
4〜5号
②彼岸ハゼ
8cm〜
2cm
③秋ハゼ
10cm〜
3cm
5〜6号
④落ちハゼ
大きめに
12cm〜
6〜7号
7〜8号
⑤ケタハゼ
18cm〜
◎季節によってハリの大きさ、ハリスの長さ、エサの大きさを変えよう
※ハリの号数はソデバリのサイズです

干潟っていうのよ
あんまり浅い所で遊んでいると潮が引いたらこんなことも……。アンカリングの前に魚探で水深をチェック!!
夏は夕立に注意よ
盛期は乗合船も出てるよ
ハゼも15cmを超えるとこれがハゼか！って驚くくらいのヒキをみせるよ
ぶるる
ぶるる
エサはしゃぶられて軟らかくなったほうが食うから、皮だけになるまでいちいち付け替えなくていいよ
お〜きたきた〜
わ〜い、大きい〜!!
わ〜
そんなにいきおいよくはね上げげんなよ〜
ビギナーでもわかりやすいこのアタリは、ハゼがエサを食いちぎって逃げようとしているアタリなのです
プッツン
だからこのとき合わせると、エサがちぎれたり……ちょっとグズなハゼしか釣れません
ほ
◎夏はわかりやすかったアタリも、ケタのころからちょっとむずかしくなる。
エサをかじったときの、この前アタリがわかると……
モグモグ
前アタリのノリを感じたら手首で軽く合わせる
ス
ハリスが短いと食いが悪くなるし
長すぎるといつエサを食われたかわからない
真っ平らよりはちょっとでも変化のある場所がいいよ
ぞろ
ぞろ
エサが逃げると思ったハゼがあわてて食いついてくる。
そんな動きを演出できたらベスト
ボ〜ッと待っててオモリを全然動かさないのはダメ。
……かといってあまりにせっかちな探りもダメ。
10cmくらいずつ引きずる感じがいいのだが、揺れのあるボートでは仕掛けを止めておいて数秒ごとにやさしく聞くのがいい
バコ
頭を切って1匹掛け
※エサはゴカイがポピュラー。ミミズやアオイソメも使える

## 軟体系ターゲットのお手軽度ナンバーワン浅場の見釣りも楽しめる

# 「イイダコ」

小さくっても形は立派なタコ！ウマいよ～
偏光グラスは必需品
シロギスザオorアナゴザオ
ミチイト ナイロン2～3号
PEなら1号
小型スピニングまたは小型両軸リール
5～8号テンヤ
軽いほうがノリがわかりやすい
4号20cm
中通しオモリ6～8号
マルイカ用7～9cm浮きスッテ
◎浮きスッテの釣りはビギナー・ベテラン腕の差に関係なく釣れる新しい釣りだ
ときどきサオを持ち上げるような「聞く」という誘いをしましょう
乗ったとき
誘い上げるときや聞く動作は、リールを巻きながらではダメ。繊細なアタリやノリがわかりにくい
①テンヤのタコイトの端に輪ゴムを付ける
②テンヤの竹串に塩ラッキョウを刺し
③付属のタコイトと輪ゴムで巻き付ける
④最後に輪ゴムをオモリに巻き付けてからインターロックサルカンに付ける
指1本分、間をあける
白い陶磁器のかけら
すっげ～！！ テンヤの釣りはこんな物も代用エサとして使える
大根
ブタの脂身
パール玉
◎浮きスッテの釣り
①仕掛けを降ろして着底したら
②イトフケを取り2～3回ゆすってアピール
③ミチイトを張らず緩めず10秒待って
④聞き合わせを……
⑤重みを感じたらリーリング
⑥10秒待たなくっても
あんまり動かしっぱなしだと乗れないのよね
オモリだけ浮かすとグニーっと感じるよ
おっととなんだい3つくらい数えた後合わせて
いてて
バ～ロ
①キャストしたら
②5～10cmくらいサオ先を動かすつもりで誘う
（実際はもっと大きく動いている）
足広げてふんばってやら～

ラッキョウテンヤの釣りは白く見えていたラッキョウが見えなくなったら合わせる
なんで塩ラッキョウ……とかの白い物がエサになるの?
ヤドカリみたいに死んだ貝に住みつく習性があってね
マイホーム
貝の内側って白いだろ
わ〜い
新しいおうちめ〜っけ……って近づいて釣られちゃうんだ
死んだ貝に見立てているのになんで小突いて動かさなければならないの?
軽くキャストして探り釣りもいいよ
置きザオでたま〜に誘い上げるのもいいよ
乗ったら合わせて一定のスピードでリーリング
穂先を小さく動かしているつもりでも、けっこう大きく動いてしまうからゆ〜ったりやさしく……ね
バケツに水を1/3くらい入れ、ハゼ用の目の細かいフラシを吊り下げて、そのなかにイイダコを入れる
悪徳不動産屋にダマされたような気分べち
浅い所は潮の流れがきついから貝が転がって……
わーん待ってくれ〜な〜んてのを演出しているんじゃないの
とにかくテンヤは大きく動かしすぎちゃダメだぞ
すべてゆ〜ったりとやってね
◎ボート下にテンヤがあるときは
①イトフケを取って
②オモリが浮く程度に数回小突き
(慣れると乗ったときに小突くリズムが間延びするからわかる)
③聞き上げる
待て〜……なんて焦って乗るのかも
あ〜ん
パタパタ
③乗ったかどうか1mくらい一定のスピードで引いてみる(引くスピードが変わると重みも変わってわからな

**イイダコのプロフィール**

**■特徴と習性**

全長10〜15cm程度の小型のタコ。マダコ科。北海道南部から九州にまで分布。内湾の浅場や砂地がおもな棲息地で、アサリやアオヤギなどの二枚貝が棲息しているエリアに多い。釣りのシーズンは、イイダコが浅場に集まってくる9〜11月。盛期のポイントは3m前後の超浅場。シロギス仕掛けに掛かってくることもあるので、そんな場所で専門にねらってみると面白い。食材として人気の高い、イイダコの語源でもあるイイ(飯粒状の卵塊)が入った良型は、シーズン終盤から12月にかけて釣れる。

**■おいしい食べ方**

塩ゆで、空揚げ、天ぷら、煮付け、田楽など、いろんな料理法でおいしくいただける。塩もみしたイイダコをぶつ切りにしてポン酢で食べるのもうまい。夏目漱石は胃潰瘍にもかかわらず、講演先でイイダコを食べすぎて病院に運ばれたという。クーラーに入れて持ち帰るときは、氷が溶けた真水に浸からないようにすること。

# 「アナゴ」

## ボートに慣れてきたら夜釣りにもチャレンジ 釣りたて新鮮の味は格別

小突くリズムは日によって違うけど、1秒間に1回くらいが目安
10回くらい小突いたら、そ～っとサオを上げてみる
アナゴのクチは硬いから、重みを感じたら強めのアワセ
これがストレス解消になるくらい、気持ちいいのよ～
ちょこちょこ
アナゴ専用ザオ、またはオモリ負荷10～15号で1m前後の短ザオ
小型両軸リール（スピニングでもよい）
ミチイトPE1～2号
ケミホタル（アナゴ用）
ツリガネオモリ15～25号
20
ウナギバリ11号
エサはアオイソメ タラシは3cmくらいで2～3本付ける

釣り場には明るいうちに入りましょう
明るいうちはポツポツの食いも
オモリはハリをダブルで付けられるものや、テンビンタイプなど各種あるが、小さなアタリの取りやすいツリガネ型がよい
ハリスにはビーズ玉タイプと夜光パイプ式があるが、パイプ式のほうがひどい絡みにはなりにくい
◎釣り方
①サオ先を10cmくらい上下させ、オモリがパタパタ倒れるくらいに小突く
②10回くらい小突いたら、そ～っと聞き上げてアタリを確認
③重みを感じたら鋭く合わせる
※日並みと時間帯によってもこんなにいろいろなアタリがあるよ
Ⓐサオを持ち上げるとブルブルと感じる
中骨はカラッと骨せんべい！
1日時間をおいたアナゴはヌルも刃先でこそいでね

### アナゴのプロフィール

**■特徴と習性**

成魚は北海道以南の内湾の砂泥地に棲息。釣りのシーズンは例年4～7月で、"梅雨アナゴ"の名のとおり6月からが最盛期。日中でも釣れないことはないが、夜行性なので夜釣りがメイン。東京湾では夜釣りの乗合船が初夏の風物詩になっており、好ポイントの神奈川県富岡沖などには航海灯やデッキライトをつけたプレジャーボートも集まる。西日本では食材として人気が高いものの、専門にねらう遊漁船はない。エサはアオイソメが一般的で、食いもよく、活性が高いときなどは、細く切ったイカの短冊などもエサ持ちがよく、使いやすい。

**■おいしい食べ方**

船頭さんがさばいてくれる遊漁船と違い、釣ったあとの処理が大変だが、苦労してさばくだけの価値は十分にあるおいしい魚。釣りたては天ぷら、蒲焼き、白焼きなどどんな調理法でもイケるが、2日ほど経つと皮が青臭くなる。寿司屋で味の濃い甘辛のタレを付けて出すのは、匂いをごまかすためとか。

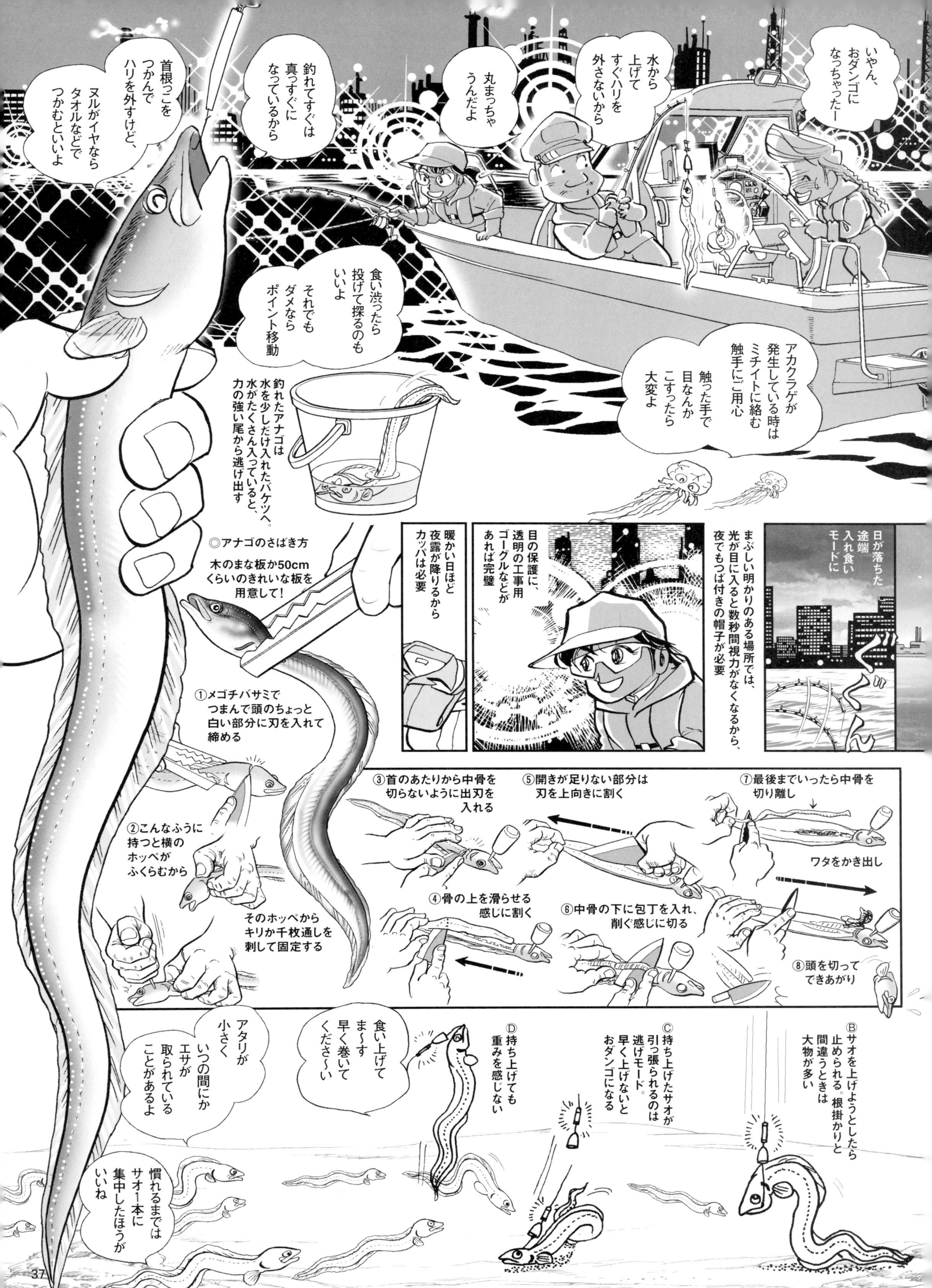

いやん、おダンゴになっちゃったー
水から上げてすぐハリを外さないから
丸まっちゃうんだよ
釣れてすぐは真っすぐになっているから
首根っこをつかんでハリを外すけど、ヌルがイヤならタオルなどでつかむといいよ
アカクラゲが発生している時はミチイトに絡む触手にご用心
触った手で目なんかこすったら大変よ
食い渋ったら投げて探るのもいいよ
それでもダメならポイント移動
釣れたアナゴは水を少しだけ入れたバケツへ。水がたくさん入っていると、力の強い尾から逃げ出す
日が落ちた途端入れ食いモードに
ぐぐん
まぶしい明かりのある場所では、光が目に入ると数秒間視力がなくなるから、夜でもつば付きの帽子が必要
目の保護に、透明の工事用ゴーグルなどがあれば完璧
暖かい日ほど夜露が降りるからカッパは必要
◎アナゴのさばき方
木のまな板か50cmくらいのきれいな板を用意して!
①メゴチバサミでつまんで頭のちょっと白い部分に刃を入れて締める
②こんなふうに持つと横のホッペがふくらむから
そのホッペからキリか千枚通しを刺して固定する
③首のあたりから中骨を切らないように出刃を入れる
④骨の上を滑らせる感じに割く
⑤開きが足りない部分は刃を上向きに割く
⑥中骨の下に包丁を入れ、削ぐ感じに切る
⑦最後までいったら中骨を切り離し
ワタをかき出し
⑧頭を切ってできあがり
Ⓑサオを上げようとしたら止められる。根掛かりと間違うときは大物が多い
Ⓒ持ち上げたサオが引っ張られるのは逃げモード。早く持ち上げないとおダンゴになる
Ⓓ持ち上げても重みを感じない
食い上げてま～す 早く巻いてくださ～い
アタリが小さく いつの間にかエサが取られていることがあるよ
慣れるまではサオ1本に集中したほうがいいね

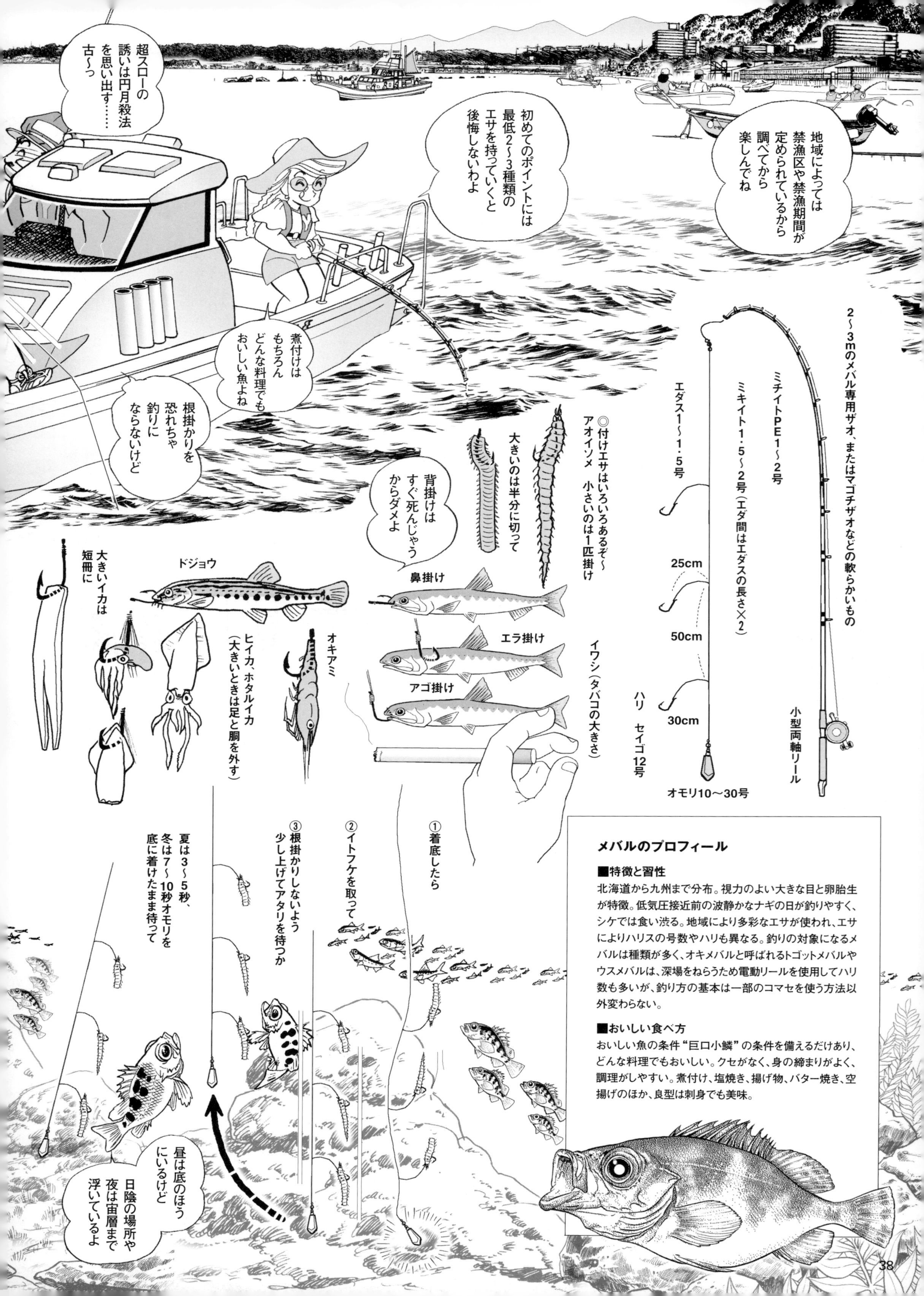

地域によっては禁漁区や禁漁期間が定められているから調べてから楽しんでね
初めてのポイントには最低2～3種類のエサを持っていくと後悔しないわよ
超スローの誘いは円月殺法を思い出す……古～っ
煮付けはもちろんどんな料理でもおいしい魚よね
根掛かりを恐れちゃ釣りにならないけど
2～3mのメバル専用ザオ、またはマゴチザオなどの軟らかいもの
ミチイトPE1～2号
ミキイト1・5～2号（エダ間はエダスの長さ×2）
エダス1～1・5号
25cm
50cm
30cm
ハリ　セイゴ12号
小型両軸リール
オモリ10～30号
◎付けエサはいろいろあるぞ～
アオイソメ　小さいのは1匹掛け
大きいのは半分に切って
背掛けはすぐ死んじゃうからダメよ
鼻掛け
エラ掛け
アゴ掛け
イワシ（タバコの大きさ）
ドジョウ
オキアミ
ヒイカ、ホタルイカ（大きいときは足と胴を外す）
大きいイカは短冊に
①着底したら
②イトフケを取って
③根掛かりしないよう少し上げてアタリを待つか
夏は3～5秒、冬は7～10秒オモリを底に着けたまま待って
昼は底のほうにいるけど日陰の場所や夜は宙層まで浮いているよ

### メバルのプロフィール

**■特徴と習性**

北海道から九州まで分布。視力のよい大きな目と卵胎生が特徴。低気圧接近前の波静かなナギの日が釣りやすく、シケでは食い渋る。地域により多彩なエサが使われ、エサによりハリスの号数やハリも異なる。釣りの対象になるメバルは種類が多く、オキメバルと呼ばれるトゴットメバルやウスメバルは、深場をねらうため電動リールを使用してハリ数も多いが、釣り方の基本は一部のコマセを使う方法以外変わらない。

**■おいしい食べ方**

おいしい魚の条件“巨口小鱗”の条件を備えるだけあり、どんな料理でもおいしい。クセがなく、身の締まりがよく、調理がしやすい。煮付け、塩焼き、揚げ物、バター焼き、空揚げのほか、良型は刺身でも美味。

## 軟調ザオで味わうシャープなヒキ味
## ナギの日がチャンス大

# 「メバル」

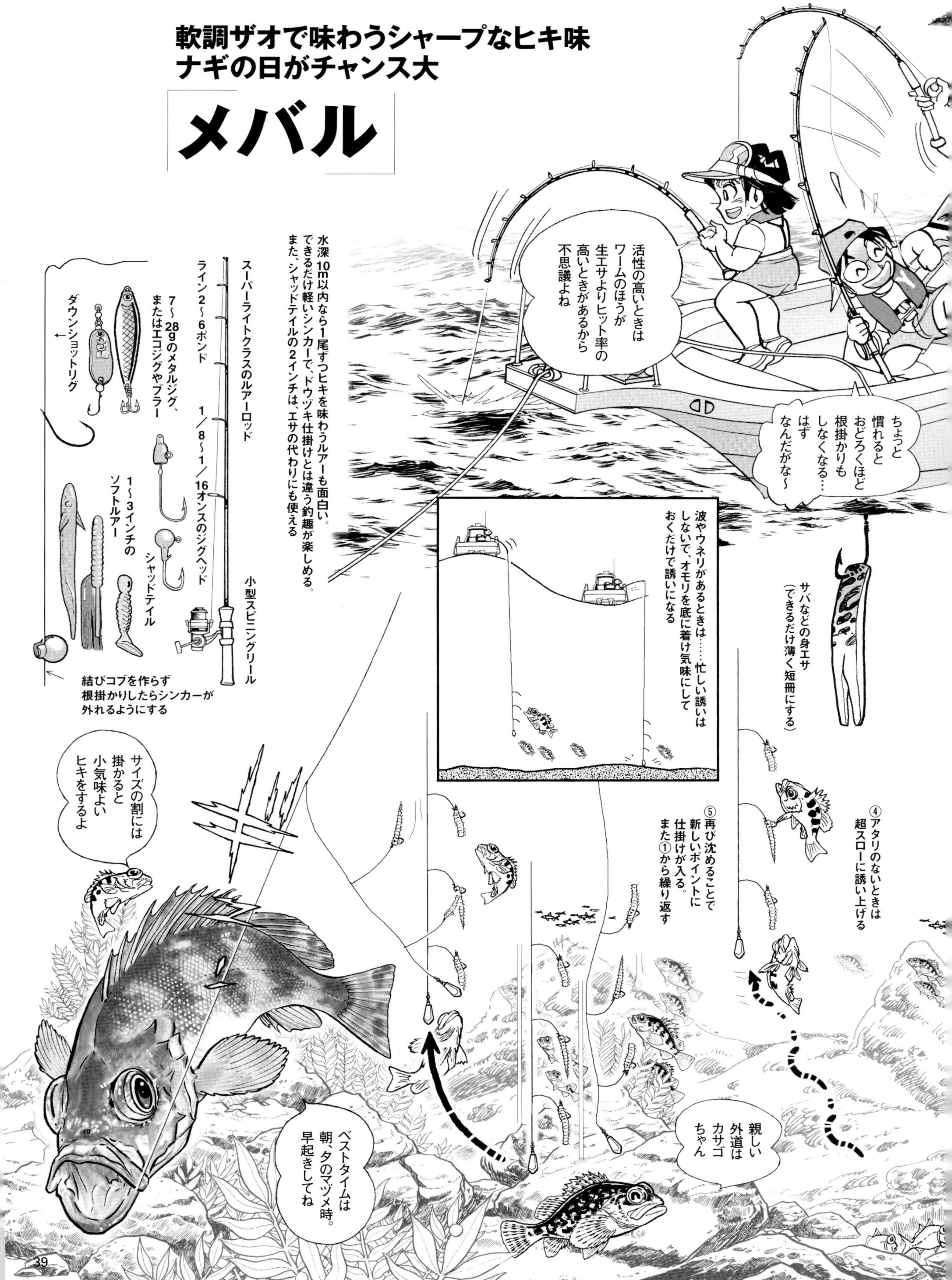
ちょっと慣れるとおどろくほど根掛かりもしなくなる…はずなんだがな～
活性の高いときはワームのほうが生エサよりヒット率の高いときがあるから不思議よね
水深10m以内なら1尾ずつヒキを味わうルアーも面白い。できるだけ軽いシンカーで、ドウヅキ仕掛けとは違う釣趣が楽しめる。また、シャッドテイルの2インチは、エサの代わりにも使える
スーパーライトクラスのルアーロッド
ライン2～6ポンド
小型スピニングリール
1／8～1／16オンスのジグヘッド
7～28gのメタルジグ、またはエコジグやブラー
シャッドテイル
1～3インチのソフトルアー
ダウンショットリグ
結び コブを作らず根掛かりしたらシンカーが外れるようにする
サバなどの身エサ（できるだけ薄く短冊にする）
波やウネリがあるときは……忙しい誘いはしないで、オモリを底に着け気味にしておくだけで誘いになる
④アタリのないときは超スローに誘い上げる
⑤再び沈めることで新しいポイントに仕掛けが入る。また①から繰り返す
サイズの割には掛かると小気味よいヒキをするよ
親しい外道はカサゴちゃん
ベストタイムは朝、夕のマヅメ時。早起きしてね

# 「カワハギ」

## エサ取り名人との勝負は誘いと食わせのテクニックが決め手

特上
アサリ
ムキ身
420g
寒い中でアサリを剥きながらの釣りは慣れないとたいへん……
プリンとしてエサ持ちがよくメンバー全員で使えば釣れるが、生エサを使う乗合船では釣果に差がついてしまう
こんな便利エサも
市販されているけれど、
仲間で楽しむなら
意外とよいのが
ミソ汁にしたあとの身

ここに集魚板を付けるのが一般的だが感度は悪くなる
タルマセ釣りをしたければ中通しオモリの2号で十分
2


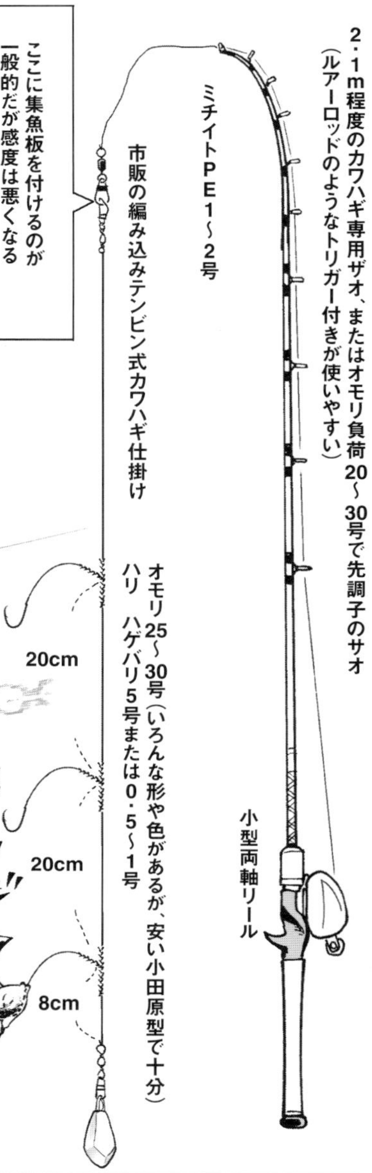

2・1m程度のカワハギ専用ザオ、またはオモリ負荷20～30号で先調子のサオ
（ルアーロッドのようなトリガー付きが使いやすい）
ミチイトPE1～2号
市販の編み込みテンビン式カワハギ仕掛け
オモリ25～30号（いろんな形や色があるが、安い小田原型で十分）
ハリ　ハゲバリ5号または0・5～1号
20cm
20cm
8cm
小型両軸リール

エサの付け方
◎アサリ
①水管からハリを刺し
②ワタの中にハリを入れ
③身をねじってハリ先をベロ（足）に刺す
食いの悪いときは水管やベロを切ってワタだけ
◎イソメ
短く切って通し刺し
◎ネリックス（アミ）
練り直して小指のツメくらいの大きさに付ける
NERIX
ネリックス
¥500

宙層にあるエサは軍用ヘリ並みに機敏に動いて食べちゃうエサ取りの名人だけど……
ドドドドドドド
カカカ

底に着いているエサは大胆に食べちゃう習性があるよ
①着底したらまずは空アワセ
冬は水深40～50mの深場にいるからサオは硬めがいいよ


### カワハギのプロフィール

**■特徴と習性**

ほぼ日本全国に分布。水深50～60m以浅の岩礁帯や岩礁帯周りの砂礫帯に棲息し、普段は海底の貝類、甲殻類、環形多毛類を捕食している。魚には珍しくバックができるため、エサ取りが非常にうまい。10月ごろは良型がそろってヒキを楽しめるが、キモはまだ小さい。本格的に“キモパン”がねらえるようになるのは11月以降。秋には底から1m以上にまで泳いでいるが、冬に水温が下がると深場のくぼみなどにたまるようになり、底から離れなくなるので、誘い上げても50cmくらいまで。

**■おいしい食べ方**

海のフォアグラと称されるキモがこの魚の醍醐味。キモをたたいて滑らかにし、身とあえる“肝あえ”は、身を柵状に切るが、キモを醤油に溶かした肝醤油で食べる刺身は薄造りも美味。夏場はキモが小さいものの、身だけならば夏が美味という意見もある。船上でしっかり血抜きをすると半透明の真っ白な身になり、臭みは完全に消える。鍋や煮付けはもちろん、一夜干しなどの干物もうまい。

スーパーマーケットで親指のツメよりちょっと大きなクズアサリがあったらしめたもの
貝剥き器を用意して……
厚く硬いものは使いにくい。意外によいのはペインティングナイフ（下部にテープを巻く）
①くぼみのあるほうを上にして
②すき間から貝剥き器を刺し入れる
③貝柱を切る
④もう一方の貝柱を切る
※身がバラバラになるようではダメ、少し練習しよう
釣ろうとすると釣れなくてエサを食わせまいとすると釣れるんだよなあ
誘いとタルマセをミックスしたのがサオ先で「の」の字を描く方法なのね
あら、軽くなっちゃった
これは熱くなっちゃうゼイ
誘い上げるときにくることが多いわ……
あ〜、またエサがない
もう釣れていたりする
②普段はゆ〜っくり上下の誘いをして、ときどき大きくサオを上げて聞いてみる
※テンポの速いタタキ釣りでも数回たたいたら誘い上げて聞いてみる
上に向かって泳いでいるんだよ〜ん 油断するなって
煮物は臭みの原因となる目とクチ、エラを取り、ワタ、キモだけ腹の中に残して煮る
カワハギのキモは鍋によく、刺身にあえてよし
キモなんて……という人は熱湯をサッとかけてすぐに冷水で冷やして召し上がれ
いつまでもアタリがなかったらとにかくエサの点検……ね

# 前アタリから食い込むまでのドキドキが魅力「マゴチ」

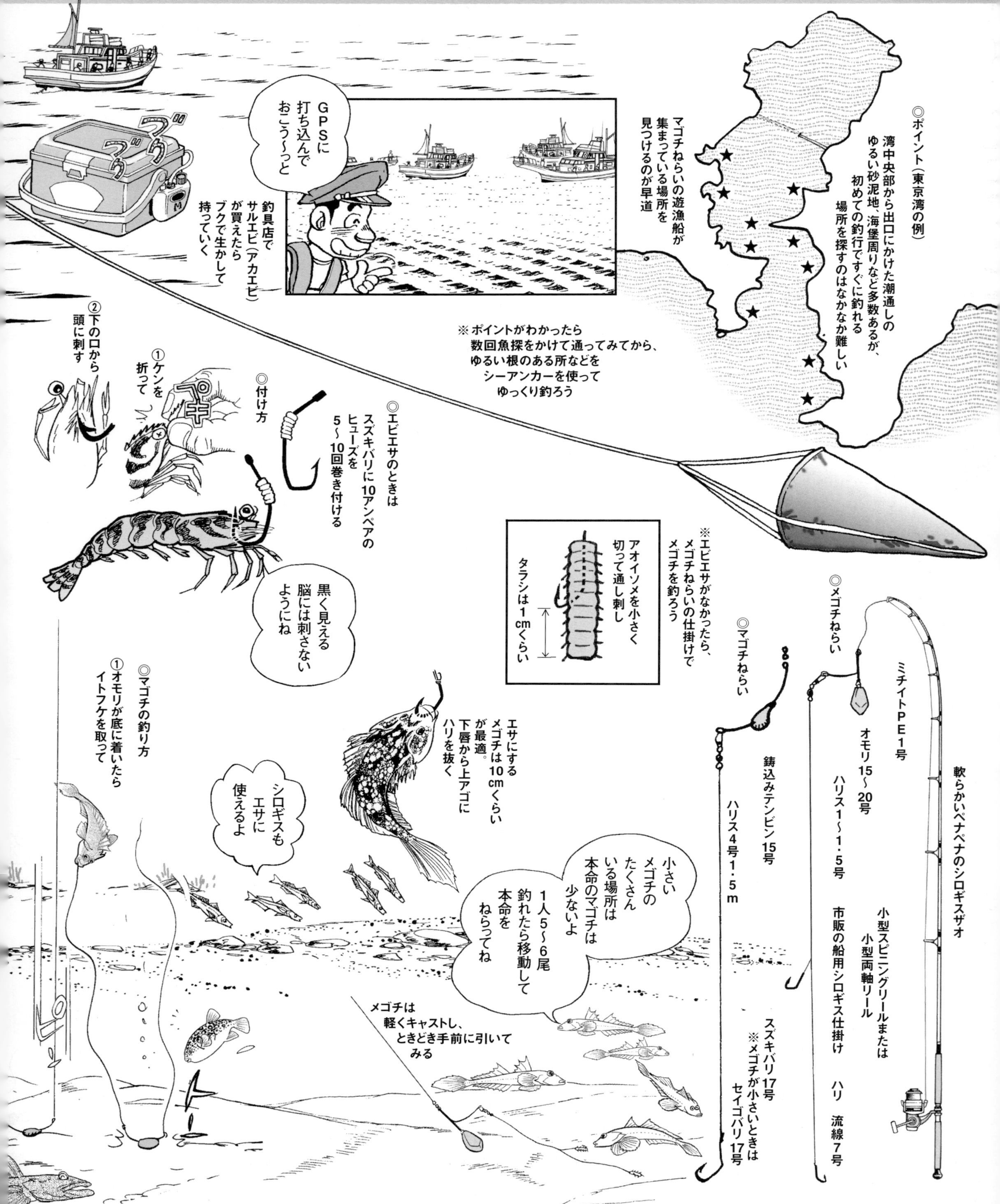
◎ポイント（東京湾の例）
湾中央部から出口にかけた潮通しのゆるい砂泥地、海堡周りなど多数あるが、初めての釣行ですぐに釣れる場所を探すのはなかなか難しい
マゴチねらいの遊漁船が集まっている場所を見つけるのが早道
GPSに打ち込んでおこう～っと
釣具店でサルエビ（アカエビ）が買えたらブクで生かして持っていく
ぶくぶく
※ポイントがわかったら数回魚探をかけて通ってみてから、ゆるい根のある所などをシーアンカーを使ってゆっくり釣ろう
②下の口から頭に刺す
①ケンを折って
パキ
◎付け方
◎エビエサのときはスズキバリに10アンペアのヒューズを5～10回巻き付ける
黒く見える脳には刺さないようにね
※エビエサがなかったら、メゴチねらいの仕掛けでメゴチを釣ろう
アオイソメを小さく切って通し刺し
タラシは1cmくらい
◎メゴチねらい
ミチイトPE1号
軟らかいペナペナのシロギスザオ
オモリ15～20号
ハリス1～1・5号
小型スピニングリールまたは小型両軸リール
市販の船用シロギス仕掛け　ハリ　流線7号
◎マゴチねらい
鋳込みテンビン15号
ハリス4号1・5m
スズキバリ17号
※メゴチが小さいときはセイゴバリ17号
エサにするメゴチは10cmくらいが最適。下唇から上アゴにハリを抜く
シロギスもエサに使えるよ
小さいメゴチのたくさんいる場所は本命のマゴチは少ないよ
1人5～6尾釣れたら移動して本命をねらってね
◎マゴチの釣り方
①オモリが底に着いたらイトフケを取って
メゴチは軽くキャストし、ときどき手前に引いてみる

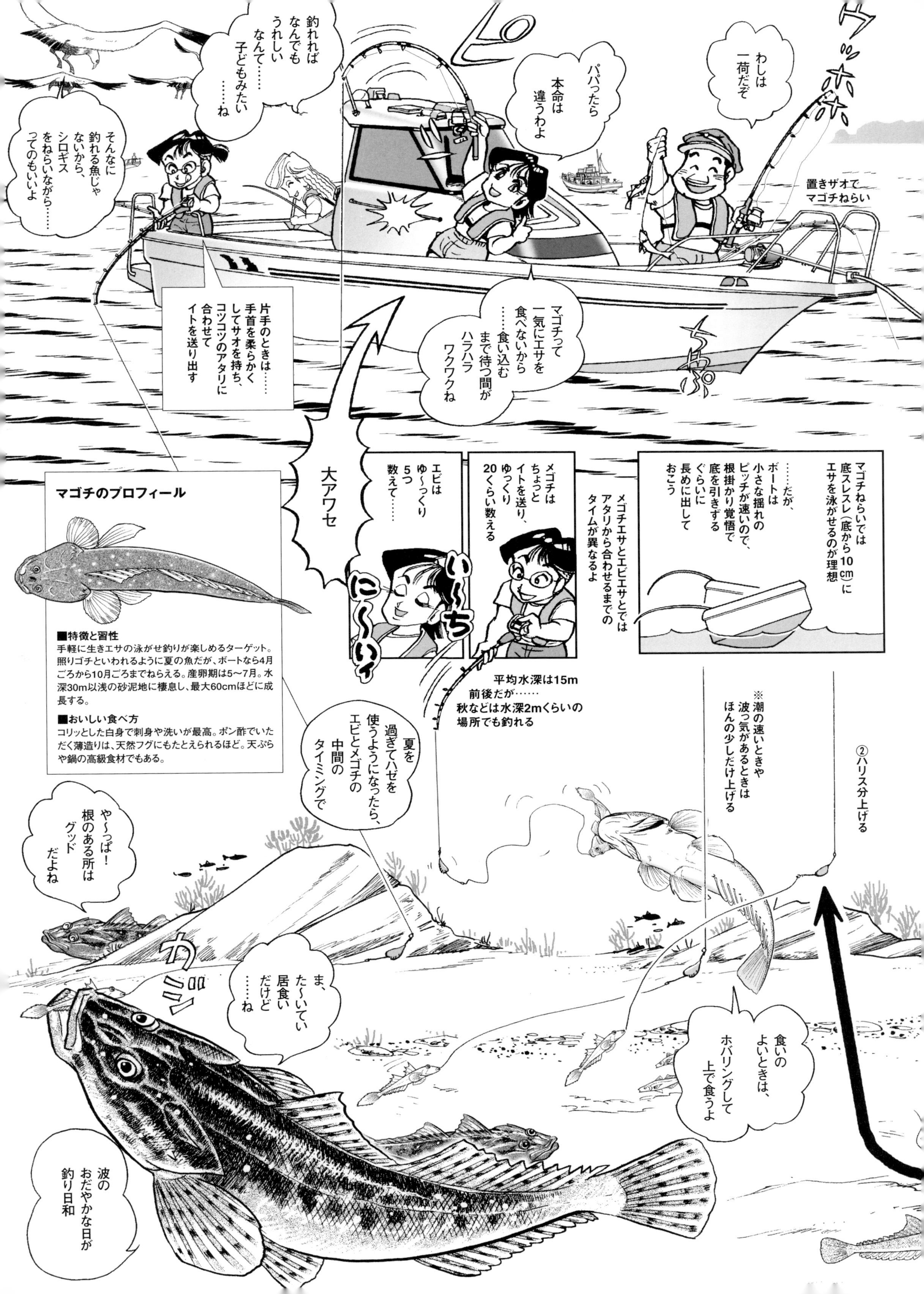
ウッホホ
わしは一荷だぞ
置きザオで
マゴチねらい
パパったら本命は違うわよ
ピ
釣れればなんでもうれしいなんて……子どもみたい……ね
そんなに釣れる魚じゃないから、シロギスをねらいながら……ってのもいいよ
片手のときは……手首を柔らかくしてサオを持ち、コツコツのアタリに合わせてイトを送り出す
マゴチって一気にエサを食べないから……食い込むまで待つ間がハラハラワクワクね
大アワセ
マゴチねらいでは底スレスレ（底から10㎝）にエサを泳がせるのが理想
……だが、ボートは小さな揺れのピッチが速いので、根掛かり覚悟で底を引きずるぐらいに長めに出しておこう
メゴチエサとエビエサとではアタリから合わせるまでのタイムが異なるよ
メゴチはちょっとイトを送り、ゆっくり20くらい数える
エビはゆ～っくり5つ数えて……
い～ち
に～い
平均水深は15m
前後だが……
秋などは水深2mくらいの
場所でも釣れる
夏を過ぎてハゼを使うようになったら、エビとメゴチの中間のタイミングで
※潮の速いときや波っ気があるときはほんの少しだけ上げる
②ハリス分上げる
や～っぱ！根のある所はグッドだよね
ま、た～いてい居食いだけど……ね
食いのよいときは、ホバリングして上で食うよ
波のおだやかな日が釣り日和

**マゴチのプロフィール**

■特徴と習性
手軽に生きエサの泳がせ釣りが楽しめるターゲット。照りゴチといわれるように夏の魚だが、ボートなら4月ごろから10月ごろまでねらえる。産卵期は5～7月。水深30m以浅の砂泥地に棲息し、最大60cmほどに成長する。

■おいしい食べ方
コリッとした白身で刺身や洗いが最高。ポン酢でいただく薄造りは、天然フグにもたとえられるほど。天ぷらや鍋の高級食材でもある。

# 水深10メートル以下の浅場に来たらチャンス魚のようなヒキも楽しいぞ

# 「マルイカ」

マルイカ専用のサオには水深50m以上の深場用と、初夏のころから使える浅瀬用の極軟らかめのサオがあるので、購入のときは気をつけよう（浅場は軟らかいシロギスザオやマゴチザオでも代用できる）
ミチイト　PE1～2号
100～130cm
10cm
5～7cmのウキスッテ（ボートで扱いやすい5～7本の市販仕掛けなど）
小型電動リールや中型両軸リール
オモリ20～30号
ランチャー（イカヅノ投入器）があると便利


## マルイカのプロフィール

### ■特徴と習性

標準和名はケンサキイカ。マルイカはケンサキイカの小型の通称。地方によってはメトウイカやジンドウイカとも呼ばれる。大型はアカイカと呼ばれ、地域にもよるが伊豆の離島周りでは胴長70cmオーバーも釣れる。関東近海を北限とし、南日本へ広く分布。春は水深100m程度の深場にいるのでヤリイカ用などのタックルを使うが、初夏ごろから水深30mぐらいの浅場へ移動。夏には10m以下の超浅場がポイントとなり、足にもヒレがあるので、これがイカかと驚く、魚のようなヒキが楽しめる。ただし、身が軟らかいので、ビギナーは取り込みで半分くらいはバラしてしまう。産卵は春から夏にかけて砂地で行う。例年、6～7月が絶好調で、9月の初めごろまで楽しめる。比較的砂地にも多く、夏場のシロギス釣りのハモノねらいで泳がせている生きエサに、丸い噛み跡を残していくのはこのマルイカの仕業。春から夏にかけて混じって釣れてくる、エンペラが短く色の濃いイカは、ムギイカと呼ばれるスルメイカの小型。

### ■おいしい食べ方

超高級イカで名高いアカイカの小型のため、身が軟らかく甘みがあって、すこぶる美味。マルイカならではの甘みを最も堪能できるのは刺身などの生食だが、沖漬け、一夜干し、煮付け、天ぷら、丸焼きなど、どんな調理でもおいしくいただける。

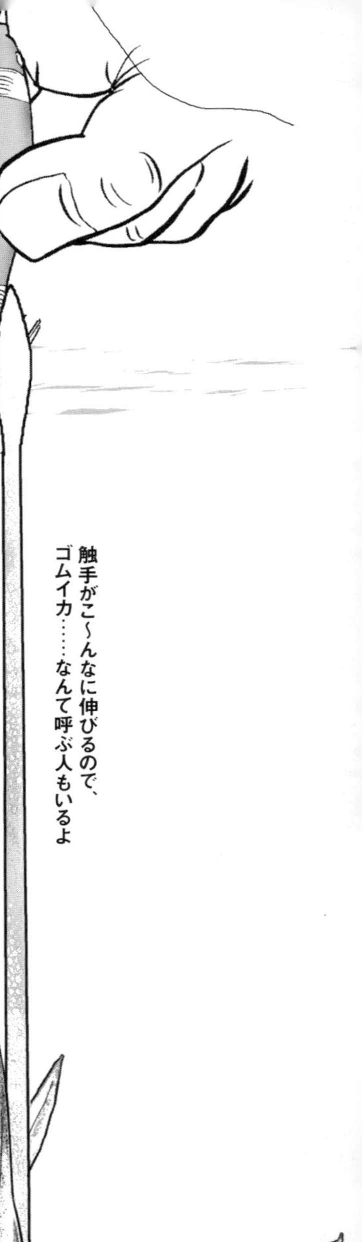

触手がこ～んなに伸びるので、ゴムイカ……なんて呼ぶ人もいるよ


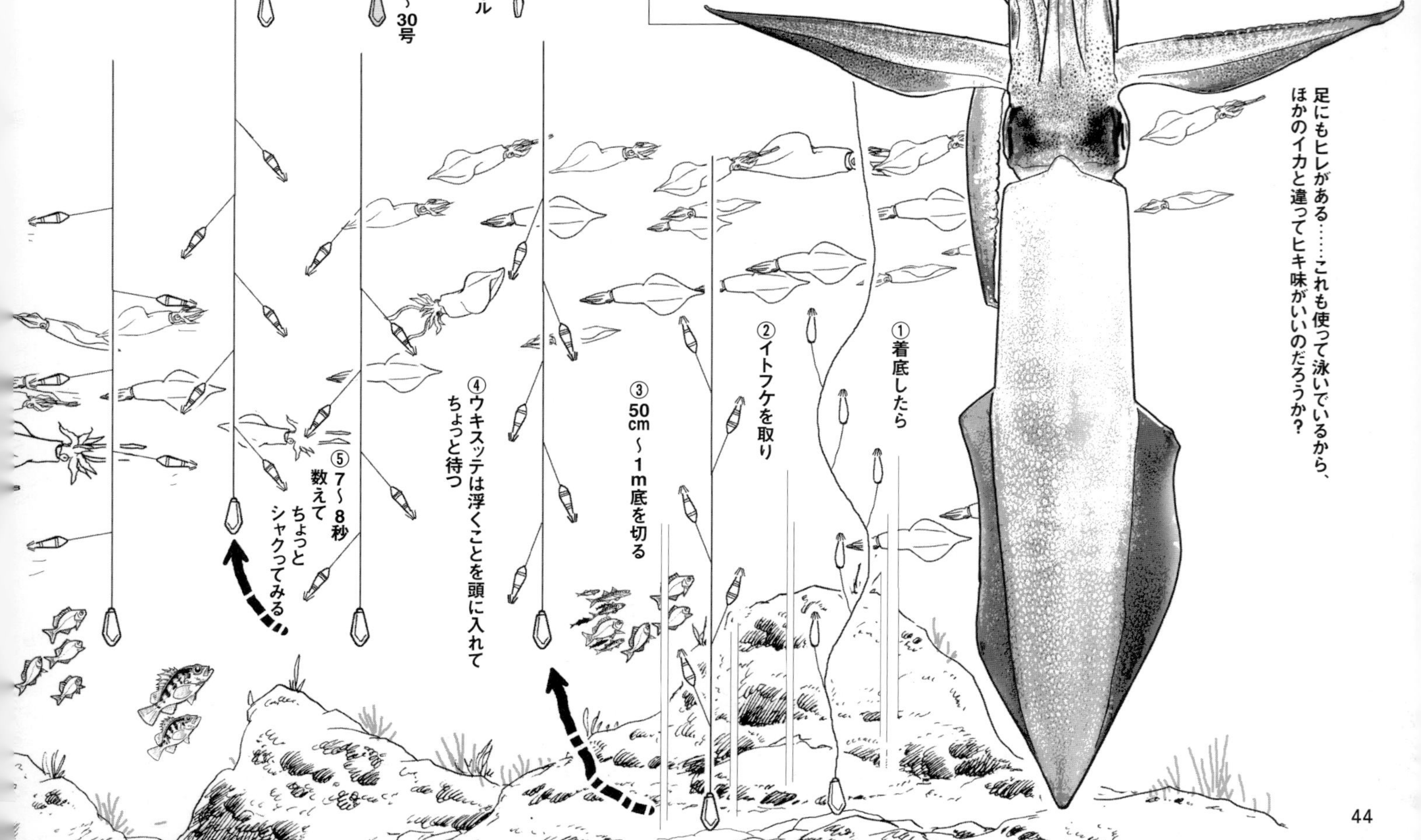

だいたい底から10mくらい上を泳いでいるけど……魚探にビッシリの反応が出ていても潮が動かないとまったく乗らない、という気まぐれな一面を持っているよ
足にもヒレがある……これも使って泳いでいるから、ほかのイカと違ってヒキ味がいいのだろうか？
①着底したら
②イトフケを取り
③50cm～1m底を切る
④ウキスッテは浮くことを頭に入れてちょっと待つ
⑤7～8秒数えてちょっとシャクってみる

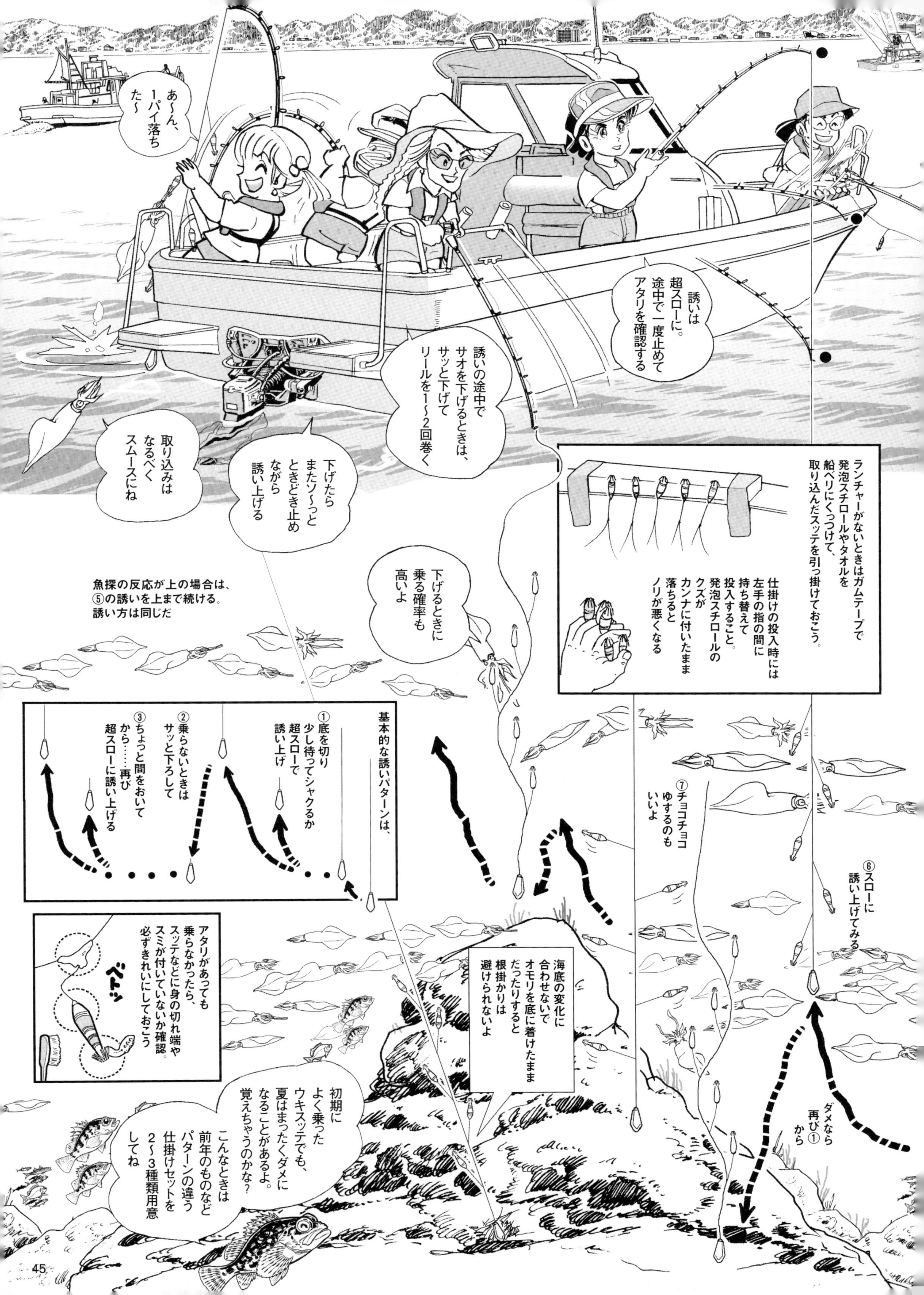

あ〜ん、1パイ落ちた〜
誘いは超スローに。途中で一度止めてアタリを確認する
誘いの途中でサオを下げるときは、サッと下げてリールを1〜2回巻く
下げたらまたソ〜っとときどき止めながら誘い上げる
取り込みはなるべくスムースにね
ランチャーがないときはガムテープで発泡スチロールやタオルを船べりにくっつけて、取り込んだスッテを引っ掛けておこう。
仕掛けの投入時には左手の指の間に持ち替えて投入すること。発泡スチロールのクズがカンナに付いたまま落ちるとノリが悪くなる
下げるときに乗る確率も高いよ
魚探の反応が上の場合は、⑤の誘いを上まで続ける。誘い方は同じだ
基本的な誘いパターンは、
①底を切り少し待ってシャクるか超スローで誘い上げ
②乗らないときはサッと下ろして
③ちょっと間をおいてから……再び超スローに誘い上げる
⑦チョコチョコゆするのもいいよ
⑥スローに誘い上げてみる
ダメなら再び①から
海底の変化に合わせないでオモリを底に着けたままだったりすると根掛かりは避けられないよ
アタリがあっても乗らなかったら、スッテなどに身の切れ端やスミが付いていないか確認。必ずきれいにしておこう
ベトッ
初期によく乗ったウキスッテでも、夏はまったくダメになることがあるよ。覚えちゃうのかな？
こんなときは前年のものなどパターンの違う仕掛けセットを2〜3種類用意してね

# ボートなら餌木だけの手軽な仕掛けでOK

# 「スミイカ」

ハリスが短いからタナ取りも楽ですよ
釣りってタナ取りが肝心で難しいけど……このやり方ならか〜んたん
わわ、よせよこっちに向けるな〜
まったく平らな海底にはいない。所々に岩があったり、砂泥地でも潮の加減で凹凸のある場所がいい
13.0
①イトフケを取るとき、サオ先を海面近くにして行い
②サオ先を水平に戻すと1mくらいは上がることになる
③海面近くにミチイトの（1mごとの）印があったら、それを海面に合わせるようにして余分を巻き……
④サオ先を下げたままの待機となる

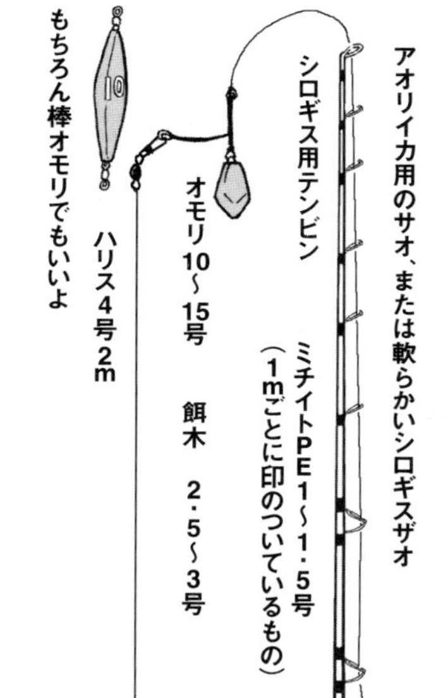

アオリイカ用のサオ、または軟らかいシロギスザオ
シロギス用テンビン
ミチイトPE1〜1・5号（1mごとに印のついているもの）
オモリ10〜15号
餌木 2・5〜3号
ハリス4号2m
もちろん棒オモリでもいいよ

## スミイカのプロフィール

### ■特徴と習性

本名はコウイカ。イカ類のなかでもズバ抜けて大量のスミを吐くので、スミイカと呼ばれる。取り込み時に衝撃を与えると、白いボートが真っ黒になるので要注意。秋から冬にかけてのターゲットで、初期は浅場でコロッケサイズと呼ばれる小型ねらい、後期は深場でパイナップルサイズと呼ばれるような大型ねらいになる。東京湾ではシャコをエサにした専用のテンヤを使って釣るのが伝統釣法だが、最近は餌木やトトスッテなどの擬似エサだけでねらう釣りも手軽で人気が高い。

### ■おいしい食べ方

甘みが強く、ねっとりとした食感が特徴。刺身や寿司ダネはもちろん、てんぷらなど火を通してもおいしい。大量のスミを利用してイカ墨料理もお勧め。

| 9月 | 10月 | 11月 | 12月 | 1月 | 2月 |
|---|---|---|---|---|---|
| ○ | ◎ | ◎ | ◎ | ○ | ○ |

9〜10月はコロッケサイズながら数釣り

2月になると身は硬くなり終盤

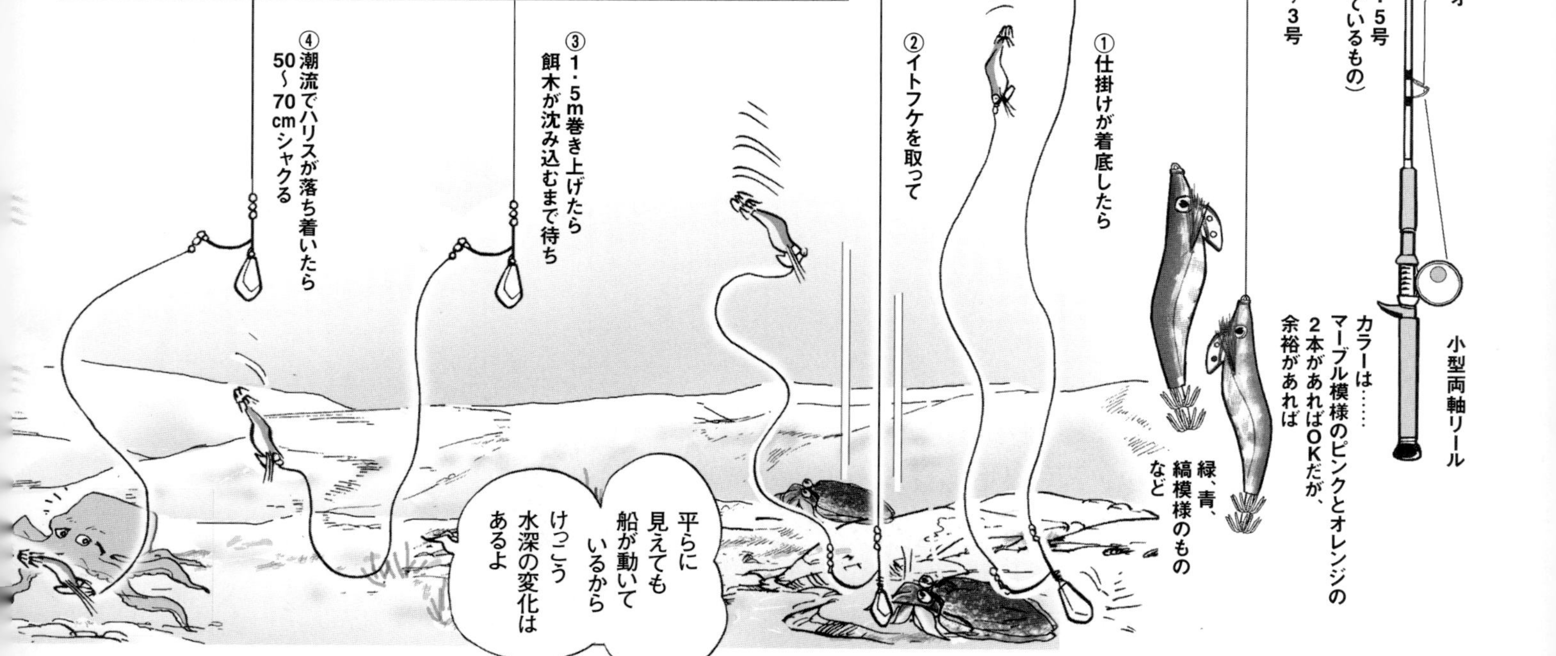

①仕掛けが着底したら
②イトフケを取って
③1・5m巻き上げたら餌木が沈み込むまで待ち
④潮流でハリスが落ち着いたら50〜70cmシャクる
小型両軸リール
カラーは……マーブル模様のピンクとオレンジの2本があればOKだが、余裕があれば
緑、青、縞模様のものなど
平らに見えても船が動いているからけっこう水深の変化はあるよ

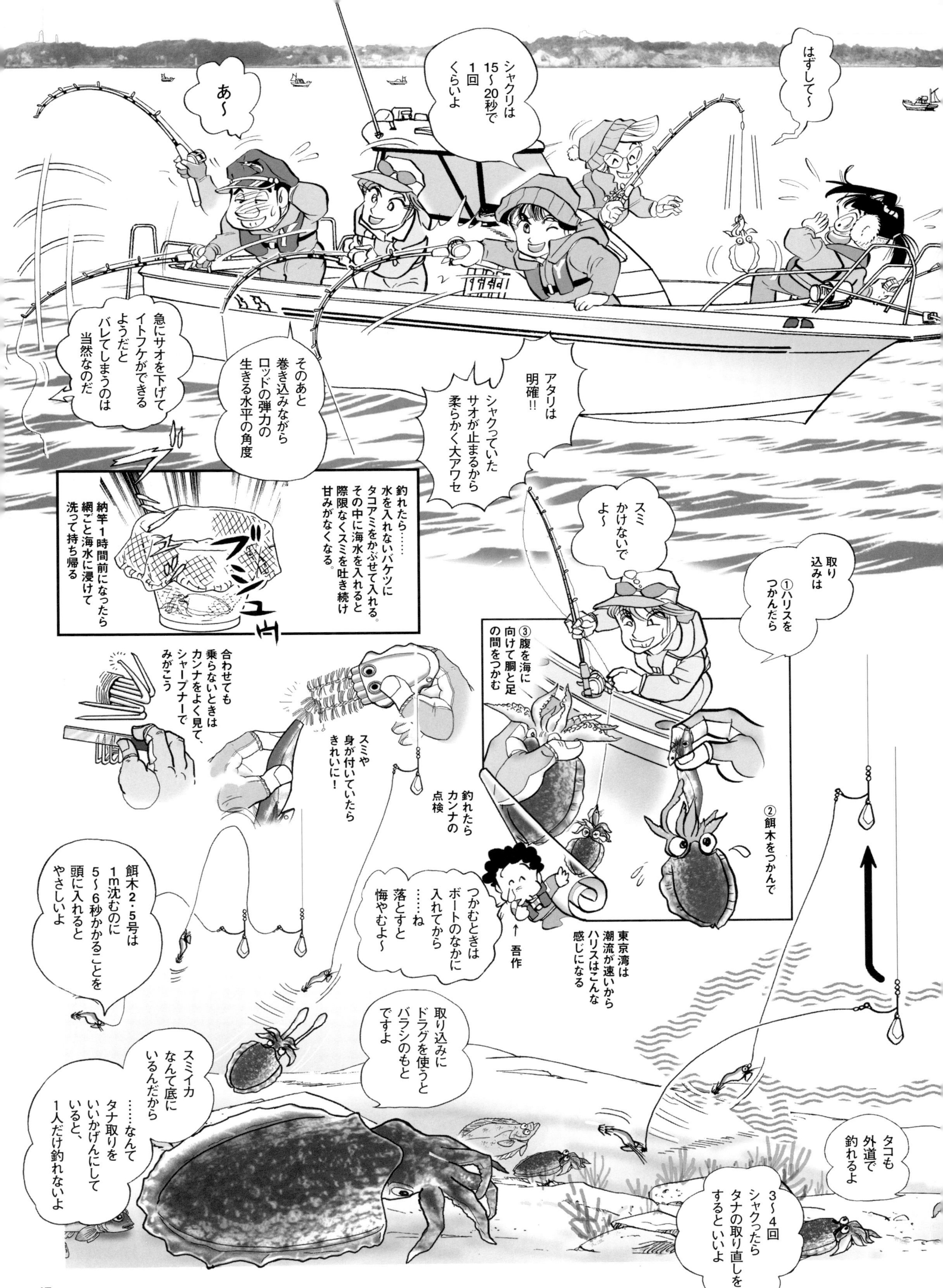
はずして～
シャクリは15～20秒で1回くらいよ
あ～
アタリは明確!!
シャクっていたサオが止まるから柔らかく大アワセ
そのあと巻き込みながらロッドの弾力の生きる水平の角度
急にサオを下げてイトフケができるようだとバレてしまうのは当然なのだ
取り込みは①ハリスをつかんだら
スミかけないでよ～
釣れたら……水を入れないバケツにタコアミをかぶせて入れる。その中に海水を入れると際限なくスミを吐き続け甘みがなくなる。
納竿1時間前になったら網ごと海水に浸けて洗って持ち帰る
ブシュ
③腹を海に向けて胴と足の間をつかむ
②餌木をつかんで
東京湾は潮流が速いからハリスはこんな感じになる
つかむときはボートのなかに入れてから……ね落とすと悔やむよ～
↑吾作
釣れたらカンナの点検
スミや身が付いていたらきれいに!
合わせても乗らないときはカンナをよく見て、シャープナーでみがこう
餌木2・5号は1m沈むのに5～6秒かかることを頭に入れるとやさしいよ
タコも外道で釣れるよ
3～4回シャクったらタナの取り直しをするといいよ
取り込みにドラグを使うとバラシのもとですよ
スミイカなんて底にいるんだから……なんてタナ取りをいいかげんにしていると、1人だけ釣れないよ

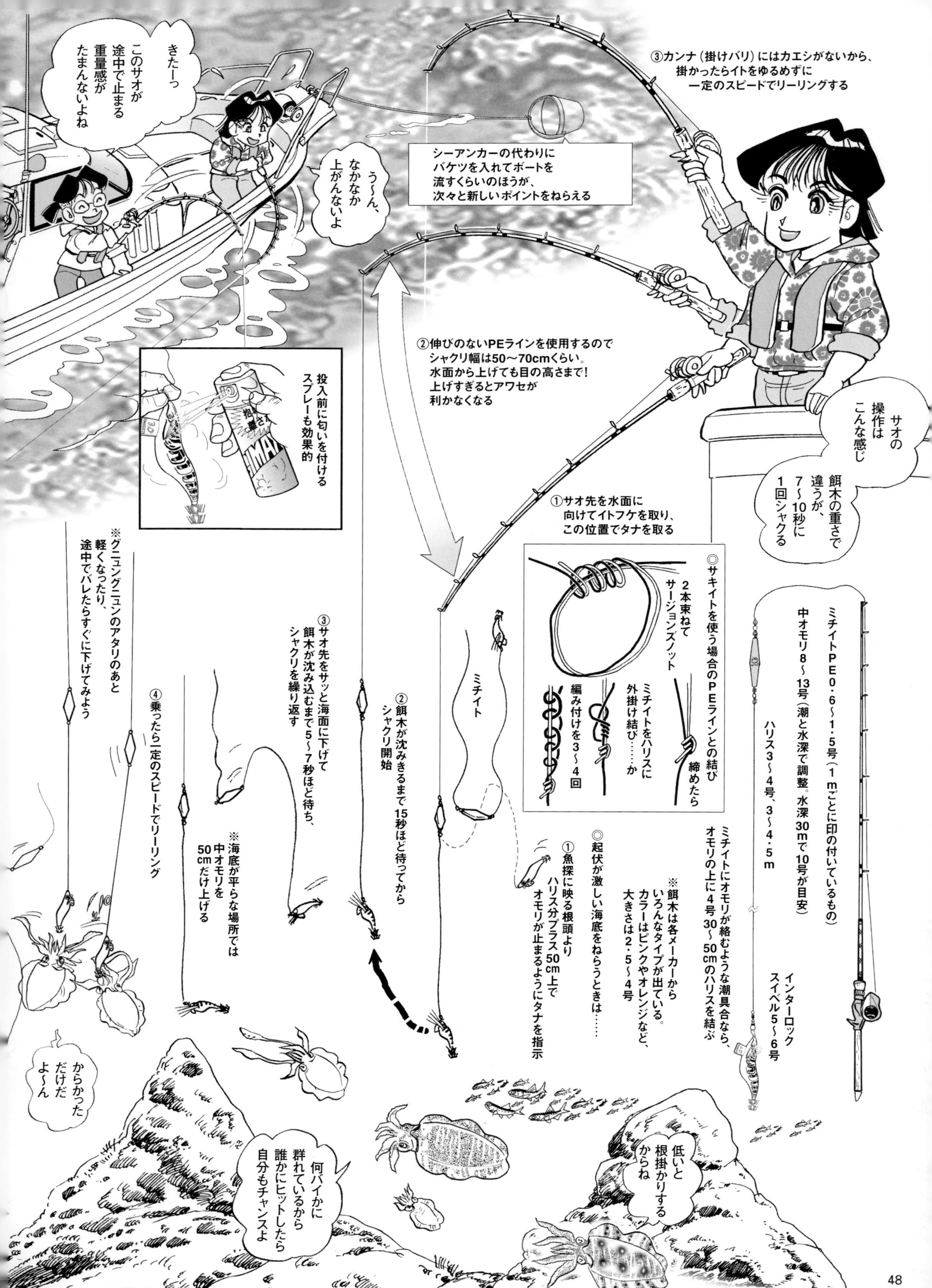
③カンナ（掛けバリ）にはカエシがないから、掛かったらイトをゆるめずに一定のスピードでリーリングする
シーアンカーの代わりにバケツを入れてボートを流すくらいのほうが、次々と新しいポイントをねらえる
う〜ん、なかなか上がんないよ
きたーっ このサオが途中で止まる重量感がたまんないよね
サオの操作はこんな感じ 餌木の重さで違うが、7〜10秒に1回シャクる
②伸びのないPEラインを使用するので シャクリ幅は50〜70cmくらい。水面から上げても目の高さまで！上げすぎるとアワセが利かなくなる
投入前に匂いを付けるスプレーも効果的
①サオ先を水面に向けてイトフケを取り、この位置でタナを取る
ミチイトPE0・6〜1・5号（1mごとに印の付いているもの）
中オモリ8〜13号（潮と水深で調整。水深30mで10号が目安）
ハリス3〜4号、3〜4・5m
インターロックスイベル5〜6号
ミチイトにオモリが絡むような潮具合なら、オモリの上に4号30〜50cmのハリスを結ぶ
◎サキイトを使う場合のPEラインとの結び
2本束ねてサージョンズノット
締めたら
ミチイトをハリスに外掛け結び……か
編み付けを3〜4回
※餌木は各メーカーからいろんなタイプが出ている。カラーはピンクやオレンジなど、大きさは2・5〜4号
◎起伏が激しい海底をねらうときは……
①魚探に映る根頭よりハリス分プラス50cm上でオモリが止まるようにタナを指示
ミチイト
②餌木が沈みきるまで15秒ほど待ってからシャクリ開始
③サオ先をサッと海面に下げて餌木が沈み込むまで5〜7秒ほど待ち、シャクリを繰り返す
※海底が平らな場所では中オモリを50cmだけ上げる
④乗ったら一定のスピードでリーリング
※グニュングニュンのアタリのあと軽くなったり、途中でバレたらすぐに下げてみよう
低いと根掛かりするからね
何バイかに群れているから誰かにヒットしたら自分もチャンスよ
からかっただけだよ〜ん

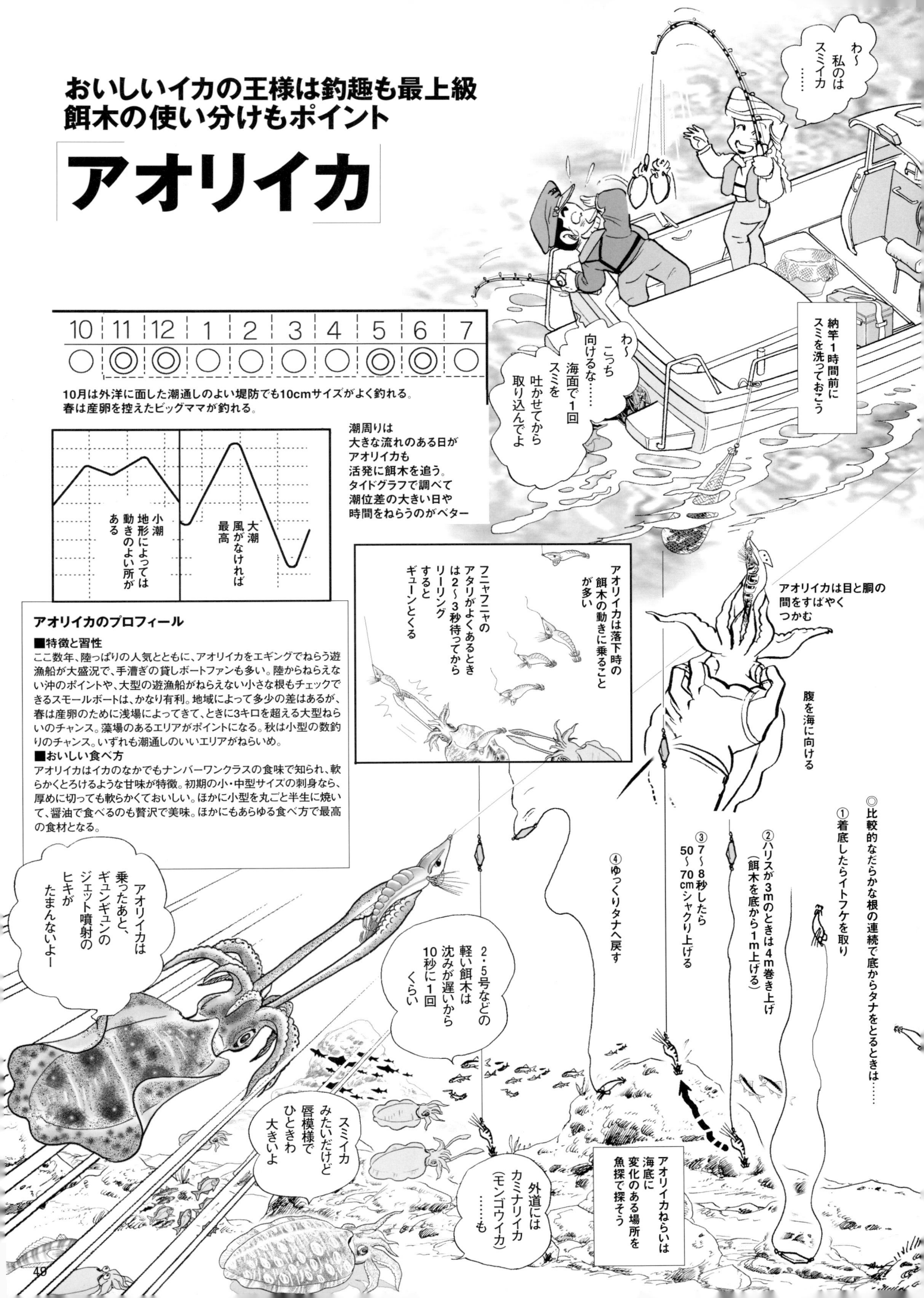

## おいしいイカの王様は釣趣も最上級
## 餌木の使い分けもポイント

# 「アオリイカ」

わ〜 私のは スミイカ ……
わ〜 こっち向けるな…… 海面で1回 スミを 吐かせてから 取り込んでよ
納竿1時間前に スミを洗っておこう


| 10 | 11 | 12 | 1 | 2 | 3 | 4 | 5 | 6 | 7 |
|---|---|---|---|---|---|---|---|---|---|
| ○ | ◎ | ◎ | ○ | ○ | ○ | ○ | ◎ | ◎ | ○ |

**10月は外洋に面した潮通しのよい堤防でも10cmサイズがよく釣れる。春は産卵を控えたビッグママが釣れる。**

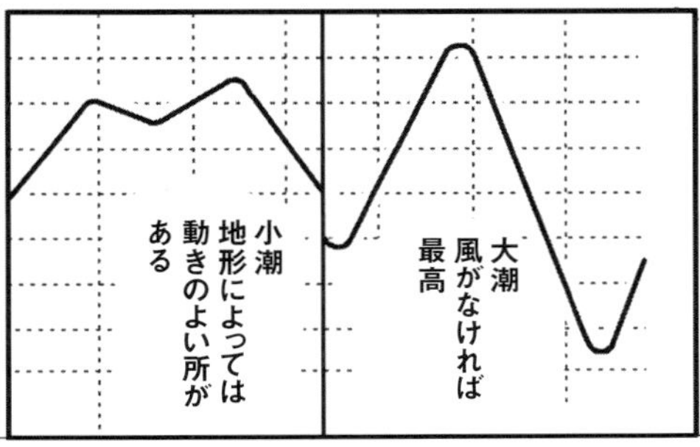

小潮 地形によっては 動きのよい所が ある
大潮 風がなければ 最高


**潮周りは大きな流れのある日がアオリイカも活発に餌木を追う。タイドグラフで調べて潮位差の大きい日や時間をねらうのがベター**

### アオリイカのプロフィール

**■特徴と習性**

ここ数年、陸っぱりの人気とともに、アオリイカをエギングでねらう遊漁船が大盛況で、手漕ぎの貸しボートファンも多い。陸からねらえない沖のポイントや、大型の遊漁船がねらえない小さな根もチェックできるスモールボートは、かなり有利。地域によって多少の差はあるが、春は産卵のために浅場によってきて、ときに3キロを超える大型ねらいのチャンス。藻場のあるエリアがポイントになる。秋は小型の数釣りのチャンス。いずれも潮通しのいいエリアがねらいめ。

**■おいしい食べ方**

アオリイカはイカのなかでもナンバーワンクラスの食味で知られ、軟らかくとろけるような甘味が特徴。初期の小・中型サイズの刺身なら、厚めに切っても軟らかくておいしい。ほかに小型を丸ごと半生に焼いて、醤油で食べるのも贅沢で美味。ほかにもあらゆる食べ方で最高の食材となる。

アオリイカは落下時の餌木の動きに乗ることが多い
フニャフニャのアタリがよくあるときは2〜3秒待ってからリーリングするとギューンとくる

アオリイカは目と胴の間をすばやくつかむ
腹を海に向ける
◎比較的なだらかな根の連続で底からタナをとるときは……
①着底したらイトフケを取り
②ハリスが3mのときは4m巻き上げ（餌木を底から1m上げる）
③7〜8秒したら50〜70cmシャクリ上げる
④ゆっくりタナへ戻す


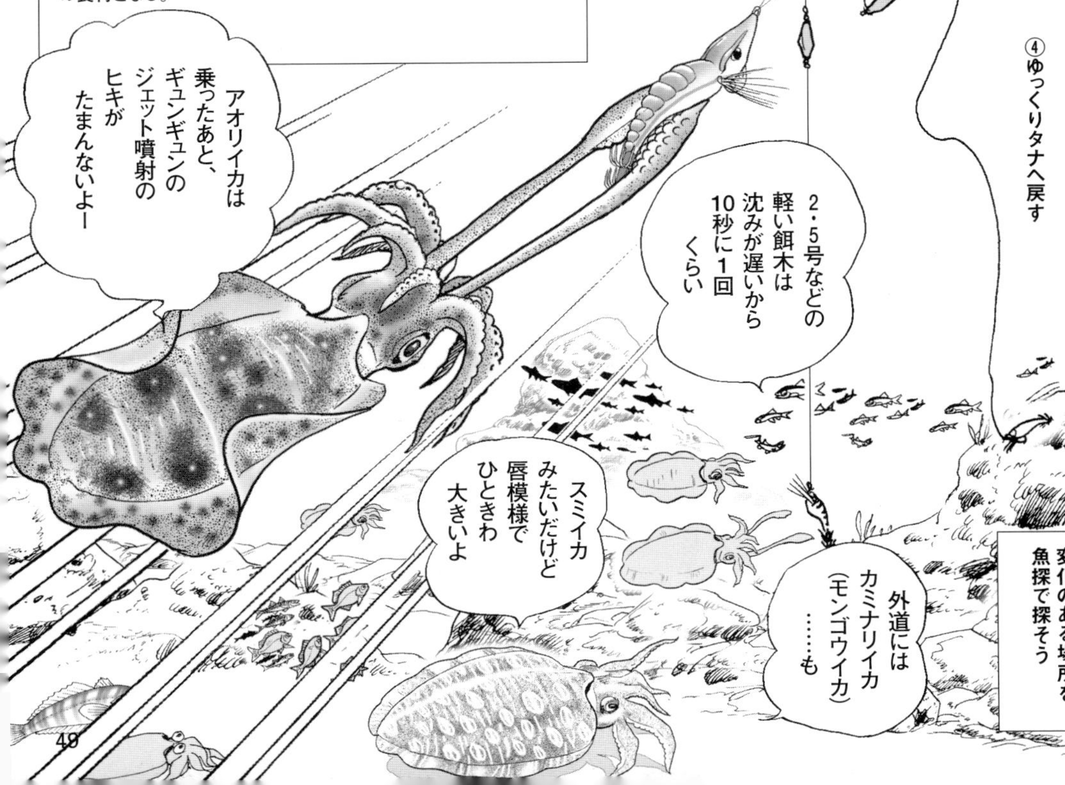

アオリイカは乗ったあと、ギュンギュンのジェット噴射のヒキがたまんないよー
2・5号などの軽い餌木は沈みが遅いから10秒に1回くらい
スミイカみたいだけど唇模様でひときわ大きいよ
外道にはカミナリイカ（モンゴウイカ）……も
アオリイカねらいは海底に変化のある場所を魚探で探そう

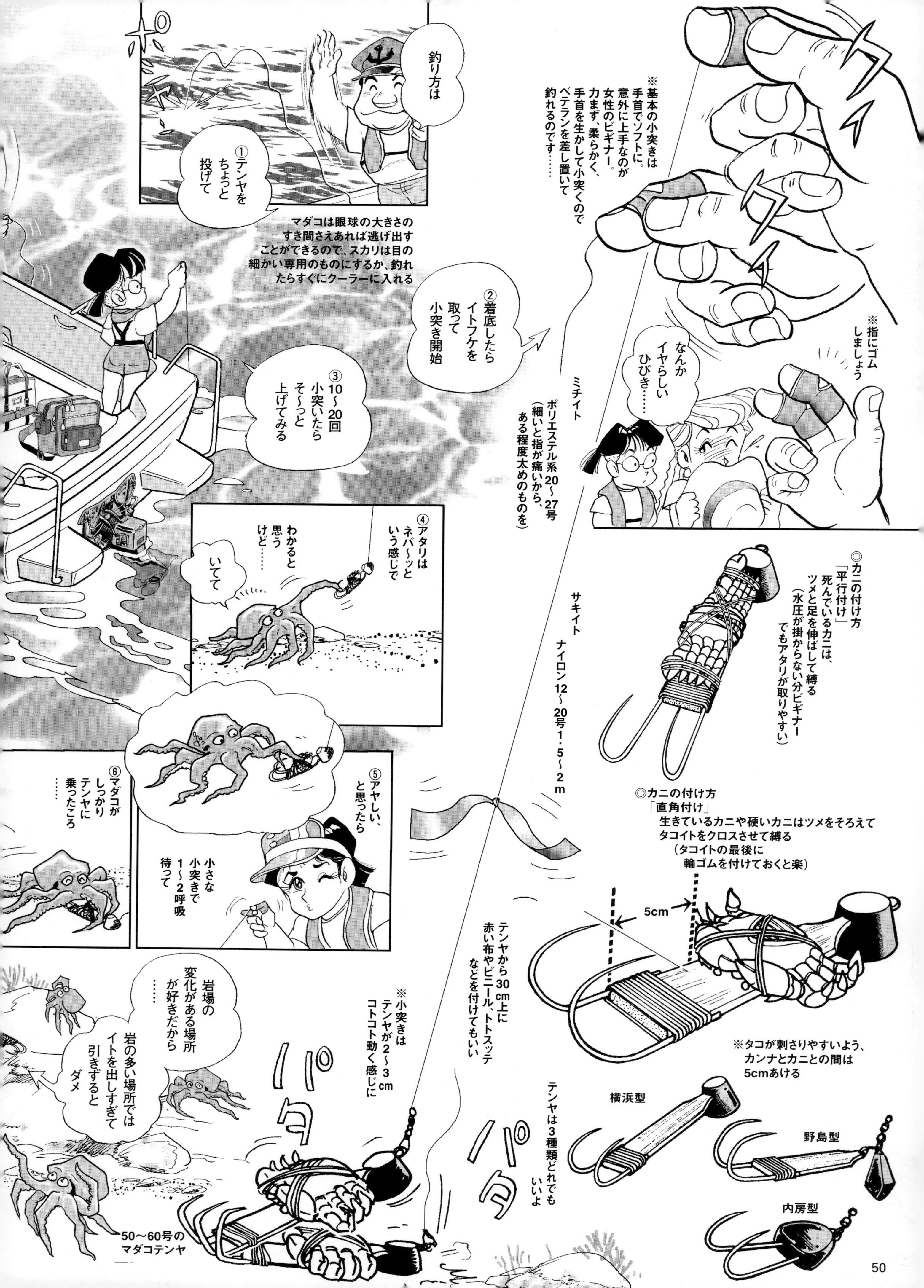

※基本の小突きは手首でソフトに。意外に上手なのが女性のビギナー。力まず、柔らかく、手首を生かして小突くのでベテランを差し置いて釣れるのです……
釣り方は
①テンヤをちょっと投げて
マダコは眼球の大きさのすき間さえあれば逃げ出すことができるので、スカリは目の細かい専用のものにするか、釣れたらすぐにクーラーに入れる
②着底したらイトフケを取って小突き開始
③10～20回小突いたらそ～っと上げてみる
※指にゴムしましょう
なんかイヤらしいひびき……
ミチイト
ポリエステル系20～27号（細いと指が痛いから、ある程度太めのものを）
④アタリはネバ～ッという感じでわかると思うけど……
いてて
◎カニの付け方「平行付け」
死んでいるカニは、ツメと足を伸ばして縛る（水圧が掛からない分ビギナーでもアタリが取りやすい）
サキイト
ナイロン12～20号1・5～2m
⑤アヤしい、と思ったら
小さな小突きで1～2呼吸待って
⑥マダコがしっかりテンヤに乗ったころ……
◎カニの付け方
「直角付け」
生きているカニや硬いカニはツメをそろえてタコイトをクロスさせて縛る
（タコイトの最後に輪ゴムを付けておくと楽）
5cm
テンヤから30cm上に赤い布やビニール、トトスッテなどを付けてもいい
※小突きはテンヤが2～3cmコトコト動く感じに
岩場の変化がある場所が好きだから……
岩の多い場所ではイトを出しすぎて引きずるとダメ
※タコが刺さりやすいよう、カンナとカニとの間は5cmあける
横浜型
野島型
内房型
テンヤは3種類どれでもいいよ
パタ
パタ
50～60号のマダコテンヤ

マダコは若返りの素タウリンがた〜っぷりのありがたいターゲットなんじゃよ〜
潮上でパパのような大きな小突きは絶対ダメよ〜
あ〜ん
……で、なんで俺だけ乗らんの?
はがれないよ〜ん
※風や潮流でボートが流れすぎるときはシーアンカーなどを入れる
上げるときは腕いっぱいに伸ばして船べりにくっつかないように……ね
潮下になったら手首で柔らかく、1秒に1〜2回大きめに小突く
⑧あとは一定のスピードでたぐ……
れない?
大きい!!
⑦大アワセ!!
ふわ
ふわ
こんなふうにテンヤが浮いていたらダメ
大潮のときは気をつけてテンヤを重くしようね
い〜ってて バーロー
石を抱いて底から離れないのもいるし……
時には4kg級の大物もくるから指ゴムは忘れるなよ


# 細かい小突きで魅力的な動きを演出プラスチックのカニでもOK

# 「マダコ」

### マダコのプロフィール

**■特徴と習性**

茨城県および富山県以南の沿岸に棲息。4〜12月ごろまで釣れるが、ベストシーズンは夏。エリアごとに禁漁期間が設定されている。真水に弱く、湾口などの潮通しのいい岩礁や砂利を好む。ポイントは数mから40〜50m前後が目安。ツルリとしたゆでダコ状態のイメージがあるが、自然での彼らは体中に大小の突起を出していて、まるで怪物のように海藻や岩に擬態している。急所は目と目の間。

**■おいしい食べ方**

塩を振り、手でもんだりしごいたりしてヌメリを落としてから調理する。生の刺身は釣りたての新鮮なマダコならではの味。ゆでてから調理する酢の物や酢味噌あえなども、ゆですぎないことがおいしくいただくコツ。

# 「イナダ」

## カッタクリは手返しのよさが決め手
## バケの選択も釣果を左右する

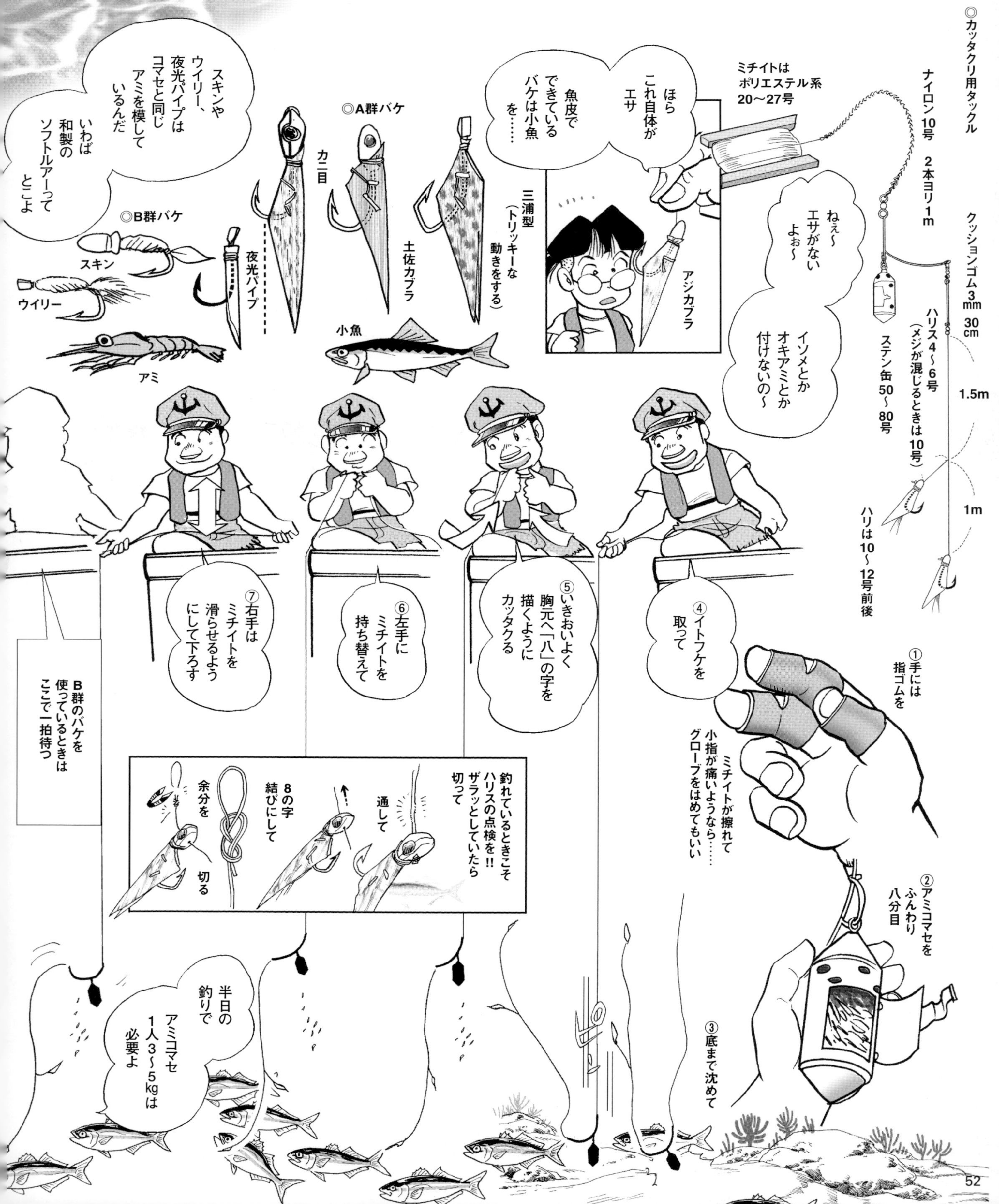

◎カッタクリ用タックル
ナイロン10号　2本ヨリ1m
クッションゴム3mm 30cm
ハリス4～6号（メジが混じるときは10号）
ステン缶50～80号
1.5m
1m
ハリは10～12号前後
ミチイトはポリエステル系20～27号
ほら これ自体がエサ
魚皮でできているバケは小魚を……
アジカブラ
ねぇ～エサがないよぉ～
イソメとかオキアミとか付けないの～
◎A群バケ
カニ目
土佐カブラ
三浦型（トリッキーな動きをする）
夜光パイプ
小魚
スキンやウイリー、夜光パイプはコマセと同じアミを模しているんだ
いわば和製のソフトルアーってとこよ
◎B群バケ
スキン
ウイリー
アミ
①手には指ゴムを
ミチイトが擦れて小指が痛いようなら……グローブをはめてもいい
②アミコマセをふんわり八分目
③底まで沈めて
④イトフケを取って
⑤いきおいよく胸元へ「八」の字を描くようにカッタクる
⑥左手にミチイトを持ち替えて
⑦右手はミチイトを滑らせるようにして下ろす
B群のバケを使っているときはここで一拍待つ
釣れているときこそハリスの点検を!! ザラッとしていたら切って
通して
8の字結びにして
余分を切る
半日の釣りでアミコマセ1人3～5kgは必要よ

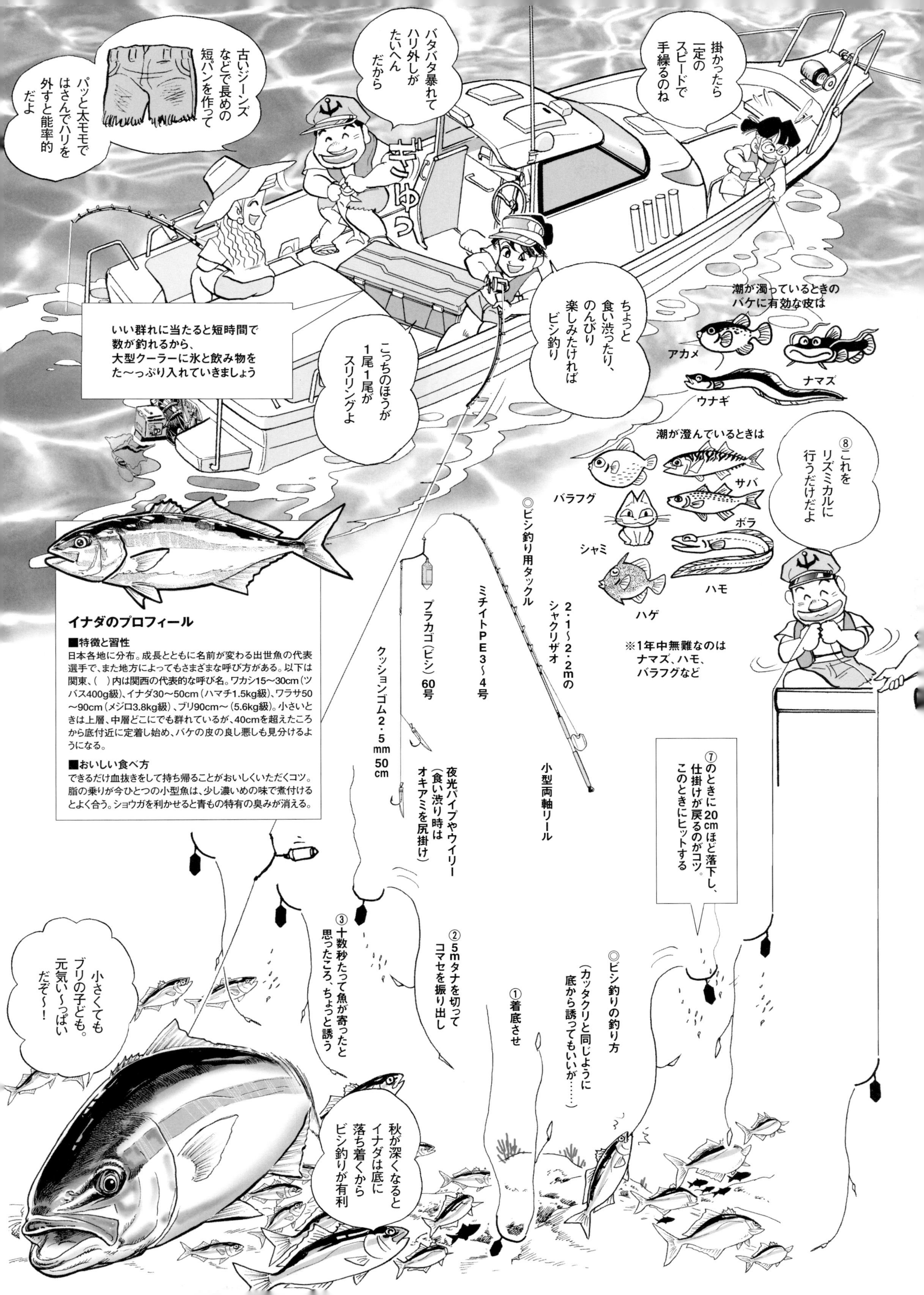
掛かったら一定のスピードで手繰るのね
バタバタ暴れてハリ外しがたいへんだから
古いジーンズなどで長めの短パンを作って
パッと太モモではさんでハリを外すと能率的だよ
ちょっと食い渋ったり、のんびり楽しみたければビシ釣り
こっちのほうが1尾1尾がスリリングよ
いい群れに当たると短時間で数が釣れるから、大型クーラーに氷と飲み物をた〜っぷり入れていきましょう
潮が濁っているときのバケに有効な皮は
アカメ
ナマズ
ウナギ
潮が澄んでいるときは
バラフグ
サバ
ボラ
シャミ
ハモ
ハゲ
※1年中無難なのはナマズ、ハモ、バラフグなど
⑧これをリズミカルに行うだけだよ
◎ビシ釣り用タックル
2・1〜2・2mのシャクリザオ
ミチイトPE3〜4号
プラカゴ（ビシ）60号
クッションゴム2・5mm 50cm
小型両軸リール
夜光パイプやウイリー（食い渋り時はオキアミを尻掛け）
⑦のときに20cmほど落下し、仕掛けが戻るのがコツ。このときにヒットする
◎ビシ釣りの釣り方
（カッタクリと同じように底から誘ってもいいが……）
①着底させ
②5mタナを切ってコマセを振り出し
③十数秒たって魚が寄ったと思ったころ、ちょっと誘う
秋が深くなるとイナダは底に落ち着くからビシ釣りが有利
小さくてもブリの子ども。元気い〜っぱいだぞ〜！

## イナダのプロフィール

**■特徴と習性**

日本各地に分布。成長とともに名前が変わる出世魚の代表選手で、また地方によってもさまざまな呼び方がある。以下は関東、(　)内は関西の代表的な呼び名。ワカシ15〜30cm（ツバス400g級）、イナダ30〜50cm（ハマチ1.5kg級）、ワラサ50〜90cm（メジロ3.8kg級）、ブリ90cm〜（5.6kg級）。小さいときは上層、中層どこにでも群れているが、40cmを超えたころから底付近に定着し始め、バケの皮の良し悪しも見分けるようになる。

**■おいしい食べ方**

できるだけ血抜きをして持ち帰ることがおいしくいただくコツ。脂の乗りが今ひとつの小型魚は、少し濃いめの味で煮付けるとよく合う。ショウガを利かせると青もの特有の臭みが消える。

出掛ける前に……
前日出掛けた人から情報収集
（釣れて、よい思いをした人は詳しく話してくれるかも）
ただし！ カツオは足が速く、
1日に50㎞も移動してしまうことがある
ひたすら
目印のトリヤマ探し、
見つけたとなると……
我先にの釣りとなるので
アミコマセも
付けエサも
いつでも
投入
できるよう
スタンバイ
付けエサはオキアミ。1匹目は尾を切って3〜4節刺し
2〜3匹目はチョン掛けしてたっぷり大きく付ける
魚探に、それらしき反応が映ったら、その少し上を全員でねらう
もう
釣れたの〜

# アミコマセ&オキアミエサで群れを足止めすれば船上はお祭り騒ぎ！

# 「カツオ」

## コマセ釣法

※カツオのプロフィールはルアー編の92ページ参照

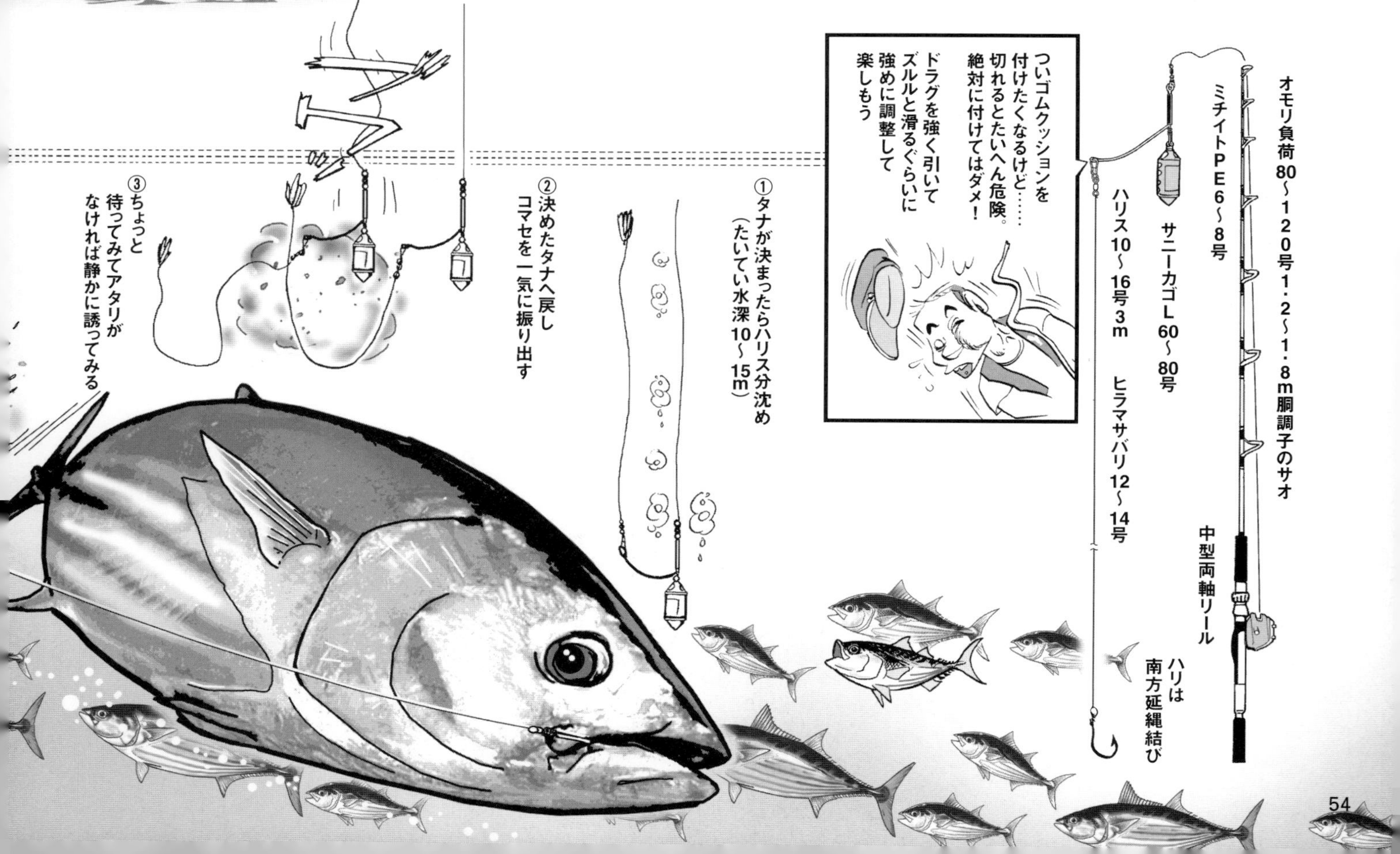
オモリ負荷80〜120号1.2〜1.8m胴調子のサオ
ミチイトPE6〜8号
サニーカゴL60〜80号
ハリス10〜16号3m
ヒラマサバリ12〜14号
中型両軸リール
ハリは南方延縄結び
ついゴムクッションを付けたくなるけど……切れるとたいへん危険。絶対に付けてはダメ！
ドラグを強く引いてズルルと滑るぐらいに強めに調整して楽しもう
①タナが決まったらハリス分沈め（たいてい水深10〜15m）
②決めたタナへ戻しコマセを一気に振り出す
③ちょっと待ってみてアタリがなければ静かに誘ってみる

足の速い カツオの 足を止めて 釣ろうって いうのが アミコマセを 使った カツオ釣りだよ
この釣りは ヒットするときは 何人か同時 だから 忙しいのよ
いってて タマキン つぶれる〜
遅れると 1人 蚊帳の外だよ
水でふやけた手でハリスをつかむと 手を切りやすいから 取り込みは指ゴムか グローブを着けましょう
ドルフィン (シイラ) ベルト なんかが ないと つらいわね
釣れる大きさ によって 使うハリスも 変えよう 1・5kgクラス なら10号 4kgクラスが 混じるなら 12号以上
つい夢中になっていると 周りは飛び散ったカツオの血が クワンクワンなんてことに…… 乾いた血は落としにくいから 釣れたら血が乾いて こびりつく前に 海水で洗い ましょう
コマセに誘われて 魚が上がって くるときは タナを浅く修正
何尾かお土産が できたら ドラグをゆるめ 細いハリスで 楽しんで みませんか？ スリル満点！ 楽しいですよ
ちなみにJGFAでは 2kgクラスラインで 4kgオーバーの カツオが 釣れてますよ
切られて バラすと みんなそいつに ついていって 沈んでしまうよ

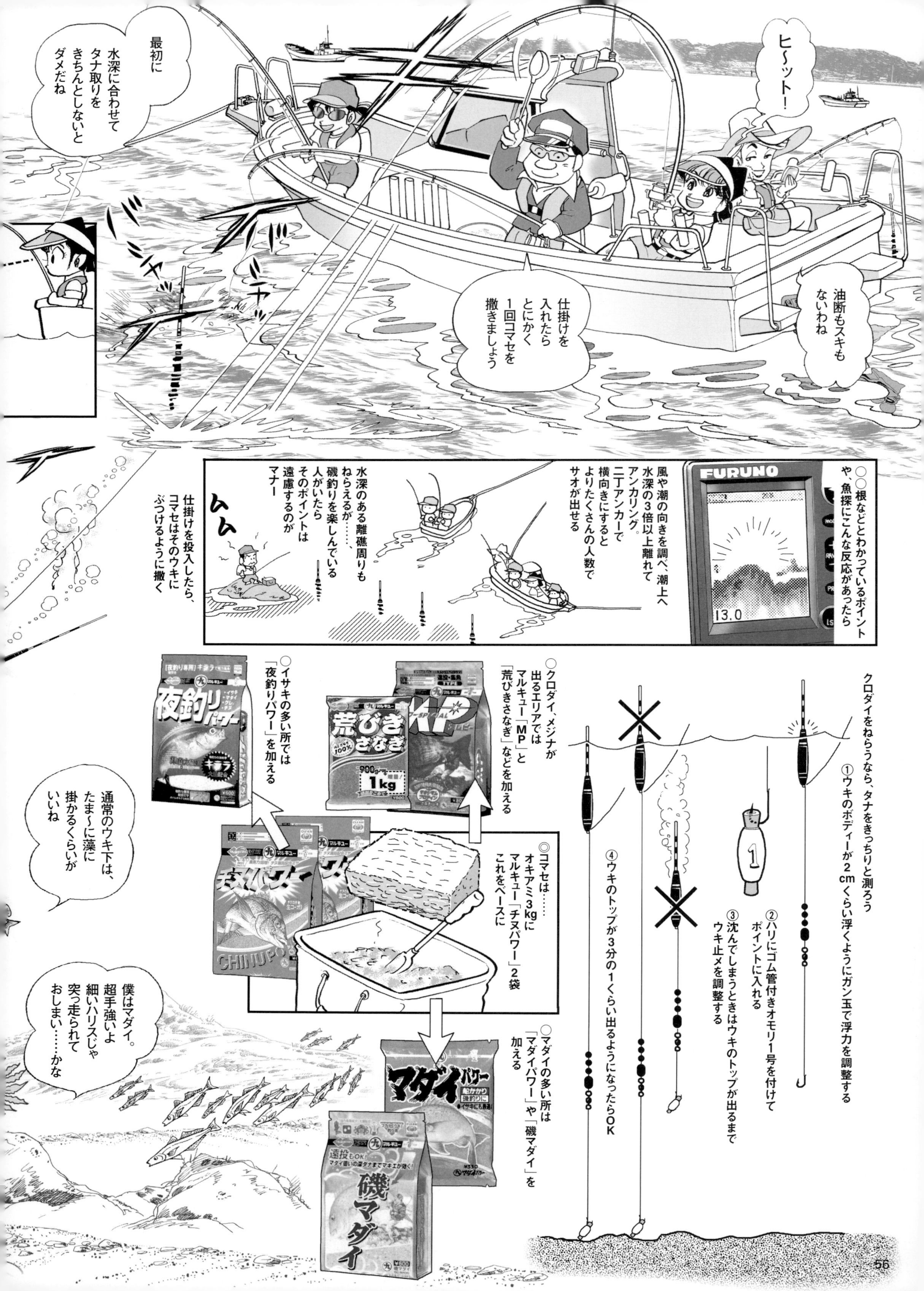

ヒ〜ットー！
油断もスキもないわね
仕掛けを入れたらとにかく1回コマセを撒きましょう
最初に水深に合わせてタナ取りをきちんとしないとダメだね
バシャッ
バシャッ
○根などとわかっているポイントや、魚探にこんな反応があったら
FURUNO
13.0
風や潮の向きを調べ、潮上へ水深の3倍以上離れてアンカリング。二丁アンカーで横向きにするとよりたくさんの人数でサオが出せる
水深のある離礁周りもねらえるが……、磯釣りを楽しんでいる人がいたらそのポイントは遠慮するのがマナー
ムム
仕掛けを投入したら、コマセはそのウキにぶつけるように撒く
クロダイをねらうなら、タナをきっちりと測ろう
①ウキのボディーが2cmくらい浮くようにガン玉で浮力を調整する
②ハリにゴム管付きオモリ1号を付けてポイントに入れる
③沈んでしまうときはウキのトップが出るまでウキ止メを調整する
④ウキのトップが3分の1くらい出るようになったらOK
○クロダイ、メジナが出るエリアではマルキュー「MP」と「荒びきさなぎ」などを加える
○イサキの多い所では「夜釣りパワー」を加える
◎コマセは……オキアミ3kgにマルキュー「チヌパワー」2袋これをベースに
○マダイの多い所は「マダイパワー」や「磯マダイ」を加える
通常のウキ下は、たま〜に藻に掛かるくらいがいいね
僕はマダイ。超手強いよ細いハリスじゃ突っ走られておしまい……かな

# 「ウキフカセ」棒ウキで多彩なターゲットのアタリを満喫しよう

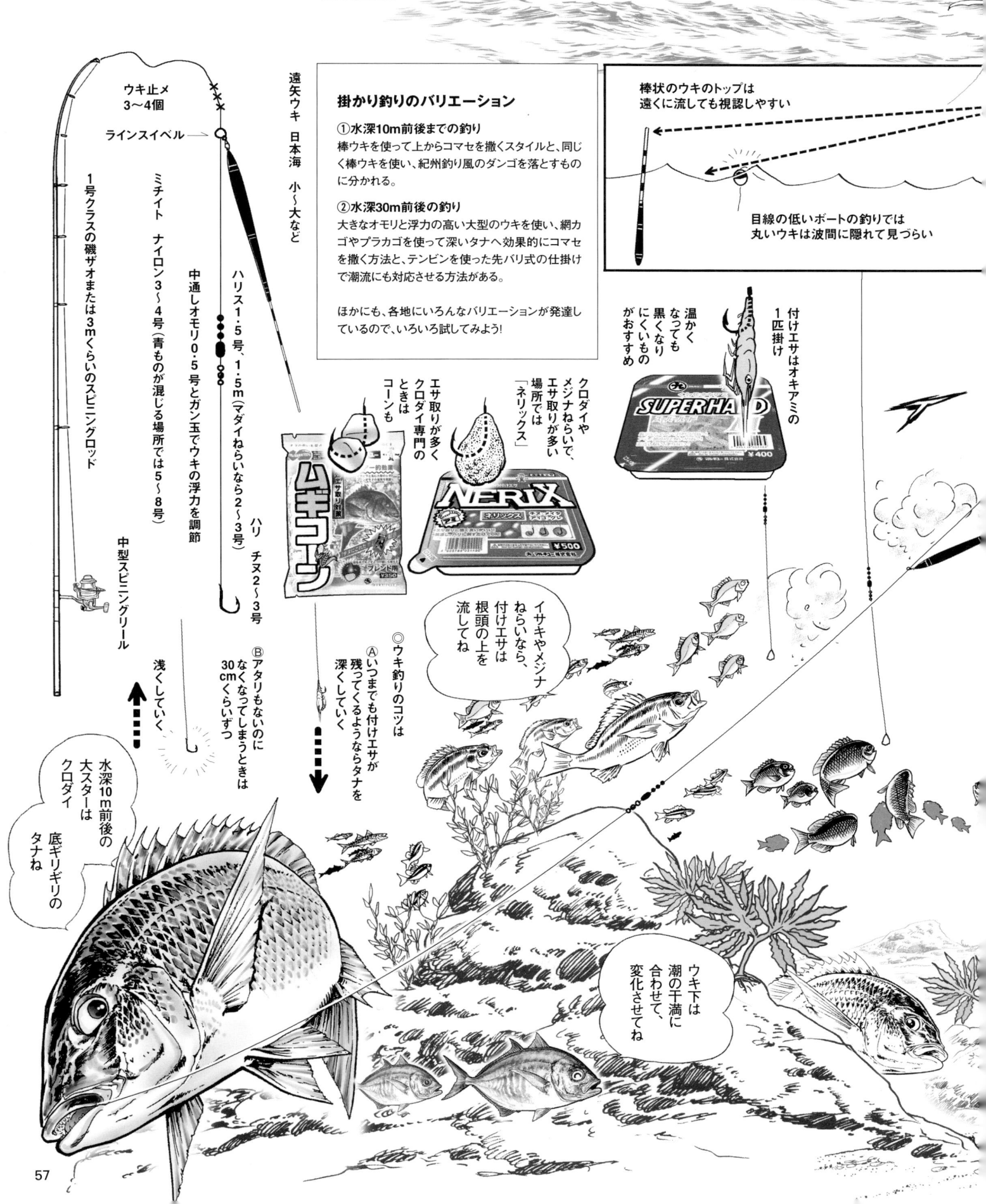

### 掛かり釣りのバリエーション

①水深10m前後までの釣り
棒ウキを使って上からコマセを撒くスタイルと、同じく棒ウキを使い、紀州釣り風のダンゴを落とすものに分かれる。

②水深30m前後の釣り
大きなオモリと浮力の高い大型のウキを使い、網カゴやプラカゴを使って深いタナへ効果的にコマセを撒く方法と、テンビンを使った先バリ式の仕掛けで潮流にも対応させる方法がある。

ほかにも、各地にいろんなバリエーションが発達しているので、いろいろ試してみよう!

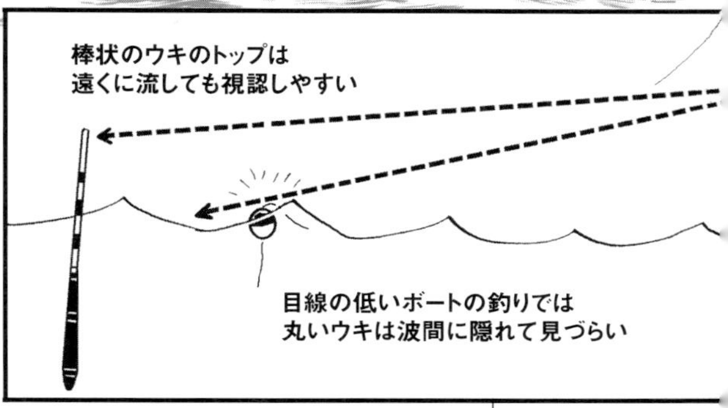

棒状のウキのトップは遠くに流しても視認しやすい
目線の低いボートの釣りでは丸いウキは波間に隠れて見づらい


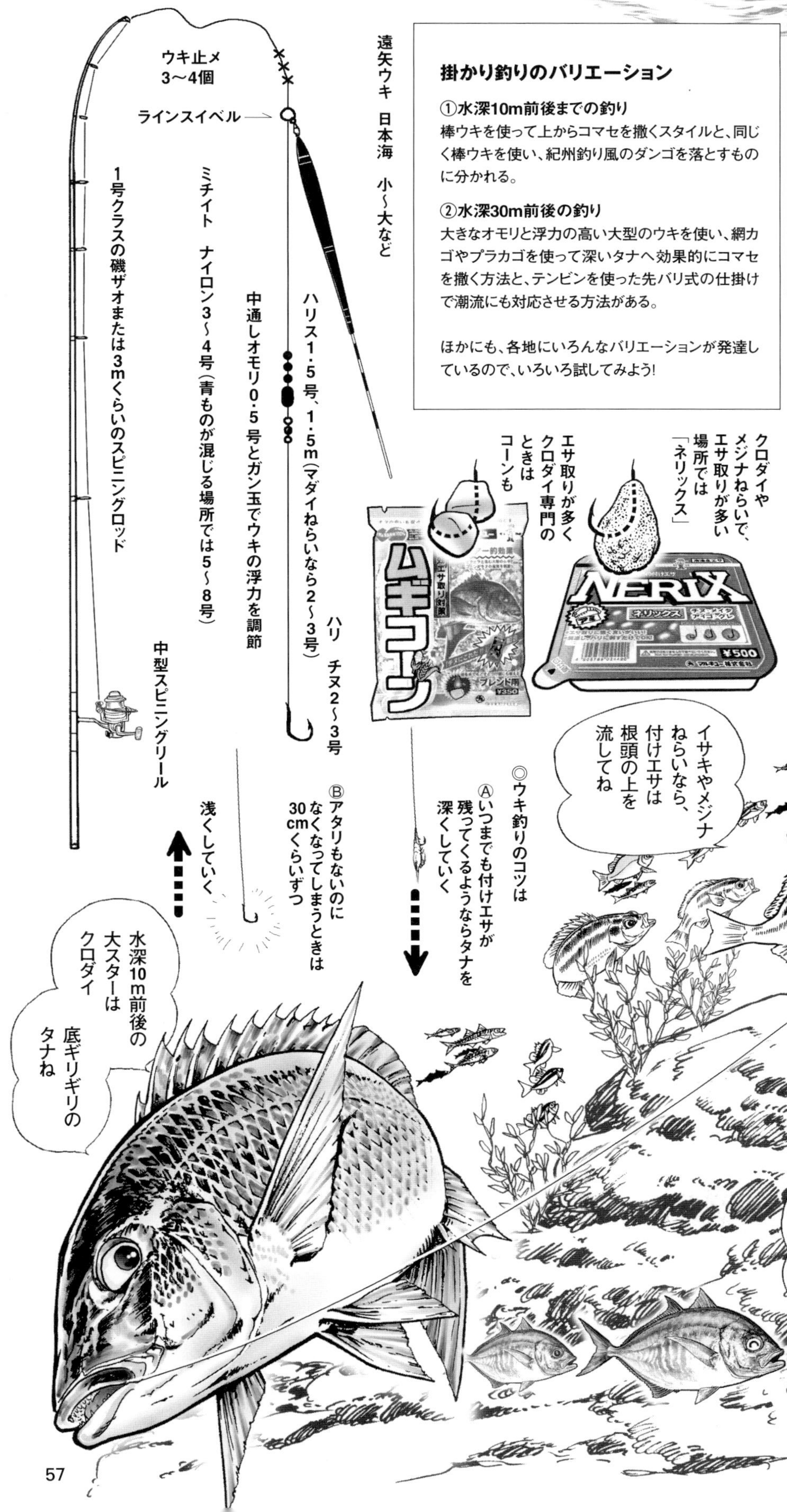

ウキ止メ 3〜4個
ラインスイベル
遠矢ウキ 日本海 小〜大など
1号クラスの磯ザオまたは3mくらいのスピニングロッド
ミチイト ナイロン3〜4号（青ものが混じる場所では5〜8号）
中通しオモリ0・5号とガン玉でウキの浮力を調節
ハリス1・5号、1・5m（マダイねらいなら2〜3号）
ハリ チヌ2〜3号
中型スピニングリール
◎ウキ釣りのコツは
Ⓐいつまでも付けエサが残ってくるようならタナを深くしていく
Ⓑアタリもないのになくなってしまうときは30cmくらいずつ浅くしていく
付けエサはオキアミの1匹掛け
温かくなっても黒くなりにくいものがおすすめ
クロダイやメジナねらいで、エサ取りが多い場所では「ネリックス」
エサ取りが多くクロダイ専門のときはコーンも
ムギコーン
NERIX
ネリックス
¥500
SUPER HARD
¥400
イサキやメジナねらいなら、付けエサは根頭の上を流してね
水深10m前後の大スターはクロダイ
底ギリギリのタナね
ウキ下は潮の干満に合わせて、変化させてね

地元の釣具屋さんでダンゴにする配合エサを求めるときに、忘れずにポイントを聞きましょう
海に面した熱心な釣具屋さんだと、こんな詳しいマップを用意している所もあります
30
43
ワラサ
クロダイ
メバル
30
カワハギ
アイナメ
20
クロダイ
ブイ
クロダイ
アイナメ
シカ根
カサゴ
カナマル根
図A
棒島
旗山崎
目標3＝
テトラ堤防の端
ボートを走らせそろそろポイント……と思ったら、魚探をかけて
ちょっとでも根が出ているようなポイントがいい
フラットな場所より
5
7.8
ジャミ（エサ取り）がいなくなったときが本命のチャンスよ
水深10mくらいの釣り場なら、ダンゴはこんな割合で……
「本筏チヌ」1袋（ダンゴの沈みやすさと割れやすさが特徴）
本筏チヌ
最速沈下のベース専用ダンゴ
5kg
「チヌパワー」1／2
1日きっちり楽しむなら1人分で、この2倍は必要だが……
「荒びきさなぎ」1袋
荒びきさなぎ
1kg
「活さなぎミンチ」1袋（冷凍ダンゴのアンコに使う）
厳選 最上質さなぎ100%
活さなぎミンチ 荒
付けエサ用生さなぎ粒入り
エサがダンゴから飛び出す瞬間が勝負
クロダイ
ダンゴ釣り
ニアンカーを打ってボートが安定したら釣り開始
ぴとっぽん
ダンゴは触ってみて水分が足りないかな？……と感じるくらいバサボソとしているのがよい
釣りを始める前にダンゴを5～6個投入
サオがペナペナだから掛かったあとのやり取りはスリリングよ
最初はジャミが集まるよ

ダンゴは水を入れないでかき混ぜ、ある程度混ざり合ってから袋の裏に明記されている分量の海水を混ぜる
こね
こね
アヤしいと思ったら合わせてくださいね
こっちもアタった
そろそろ時合いだな
アタリは盛期でも小さかったり千差万別
ダンゴをこねるには漬け物用のプラ桶など、平たくて安定しているものがよい
1・2〜1・5mのイカダザオ
小型両軸リール
または木製リール
ミチイト　ハリス通しで1・5号
ガン玉
10〜20cm
チヌバリ2〜3号
YAMAHA

## クロダイのプロフィール

**■特徴と習性**

クロダイは、シーバス同様、人家にもっとも近いエリアにいる、釣り人憧れのターゲット。シーズンにより棲息場所を移動するものの、ほぼ周年ねらえる。荒磯にもいるが、内湾などの波が静かな場所を好むため、さまざまな釣り方があり、地方ごとに研鑽、工夫されて独特の釣法が発達した。

なかでも春から晩秋までコンスタントに釣果を上げる「ダンゴ釣り」は、紀州釣りの流れを組み、実績も高い。寄せエサのダンゴに集まって来た魚の目の前でダンゴが割れ、なかから飛び出した付けエサに思わず食いついてしまうという釣法。

**■おいしい食べ方**

季節によって味は変わるが、新鮮なクロダイは刺身もおいしい。中型魚は丸ごと、大型魚は切り身にして揚げ、中華風のアンをかけてもおいしい。小型は塩焼きが定番だ。

せっかく魚を寄せても、食わせエサが魚のコンディションで気に入られなければダメ！最低2種類は用意しましょう

オキアミ
モビキ
ネリックス
（エサ取りが多いとき）
大粒アミ
（水温など活性が低いとき）
NERIX

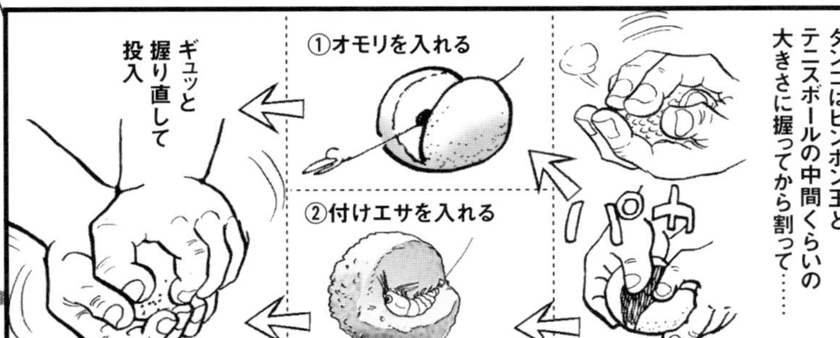
ダンゴはピンポン玉とテニスボールの中間くらいの大きさに握ってから割って……
①オモリを入れる
②付けエサを入れる
ギュッと握り直して投入

ダンゴは着底後10秒ぐらいで割れるのが理想よ
ボラをイヤがらないでね
ヒキの練習には最適よ
外道も集まらない場所では本命クロダイも釣れませ〜ん

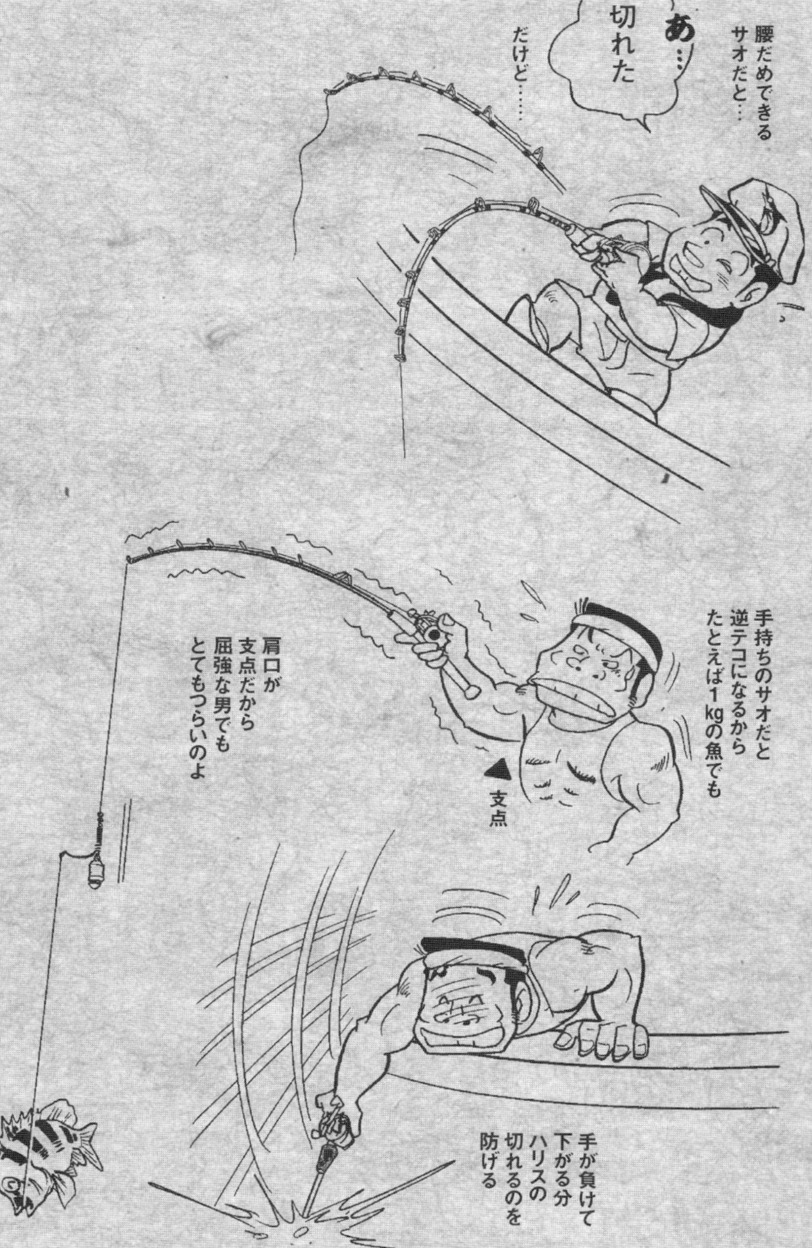
腰だめできるサオだと…
あ…切れた
だけど……
手持ちのサオだと逆テコになるからたとえば1kgの魚でも
支点
肩口が支点だから屈強な男でもとてもつらいのよ
手が負けて下がる分ハリスの切れるのを防げる

# 中・深場編

筆者は現在、ルアーの仲間や服部名人の提言で、20ポンドライン（9キロテスト）でいろんな魚の釣りを楽しんでいる。ドラグさえ活用すれば、力の強いカツオでさえ十分に釣れる。しかしながら唯一の欠点は、伸びないはずのPEラインでも、長くイトの出る深場では結構伸びが感じられること。そのため、オニカサゴなどの深場の釣りでは、根掛かりすると、フワンフワンとゆるんで、切れにくくなってしまうのである。

一方、ライトシャクリ五目では、短いサオを使うと、腰だめして踏ん張れないことが幸いする。手持ちのサオでは、魚に引かれれば屈強な男性でも〝逆テコ作用〟の力に逆らうことができずに腕ごと下がり、ドラグも滑り出す。そのためハリスが切れず、意外に大きい魚でも取り込めるのである。それがこの釣りの最大の魅力だろう。

アマダイなどの仕掛け図にはクッションゴムと書いてあるが、アタリがわかりづらかったら外してしまおう。そうすればアタリは明確で、感触もビンビン、ダイレクト！　クッションゴムに依存しない分、小さな魚でもスリル満点で、楽しさ倍増となる。

いずれにしても中・深場の釣りでは、ポイントを知ることが第一となる。先輩に聞いたポイントの位置データを自分のGPSに打ち込む、あるいは風と潮とを計算しながらポイントを通過するようにボートを流してデータを蓄積するなど、難しい課題をクリアしなければならない。

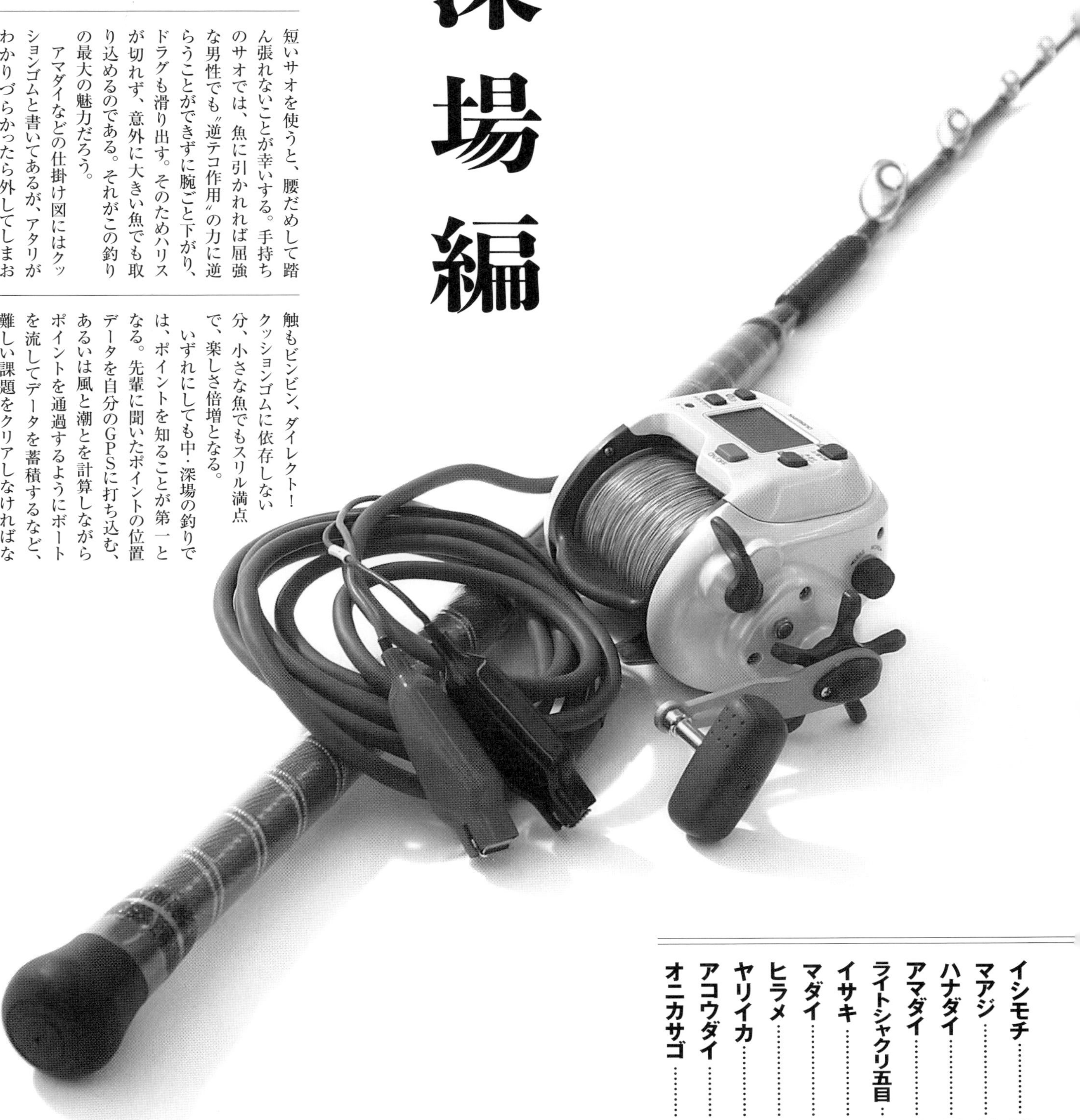

シーズン初期はアタリも大きいし数も釣れるから、ビギナーでも子どもでも楽しめる
でもナメちゃだめよ
ベテランでも食い渋ったときに誘ってアタリを出す面白さにはハマっちゃうんだよ
①アタリがググッときたら
②ちょっと聞き上げてみて
③次に引き込みがググッときたらリーリング
③
②
①
キャストしたときはシロギス釣りよりゆ～っくりのテンポで誘ってみてね
サオ　手持ち用なら軟らかめのシロギス用1・8m　置きザオなら2・7mクラスのメバルザオ
リール　小型両軸リール、中型スピニングリールのどちらでもOK
ミチイトPE1号　ナイロンなら5号
（ビギナーや波のある日は伸びのあるナイロンが無難）
感度のよい先調子のサオや伸びのないPEラインを使っているときにアタリがあったらちょっとサオ先を下げる。波のゆれにもサオ先を上下して対応
30cm
40～50cm
20cm
10cm
オモリ20～30号
セイゴバリ12号
クチの脇が薄くって弱いからアワセはやさしくね
ミチイトの伸びとサオの硬さによって釣り方はちょっと違うよ
イシモチはみんなが考えるよりも慎重派
エサをのみ込むまでに抵抗を与えちゃうと吐き出しちゃうよ
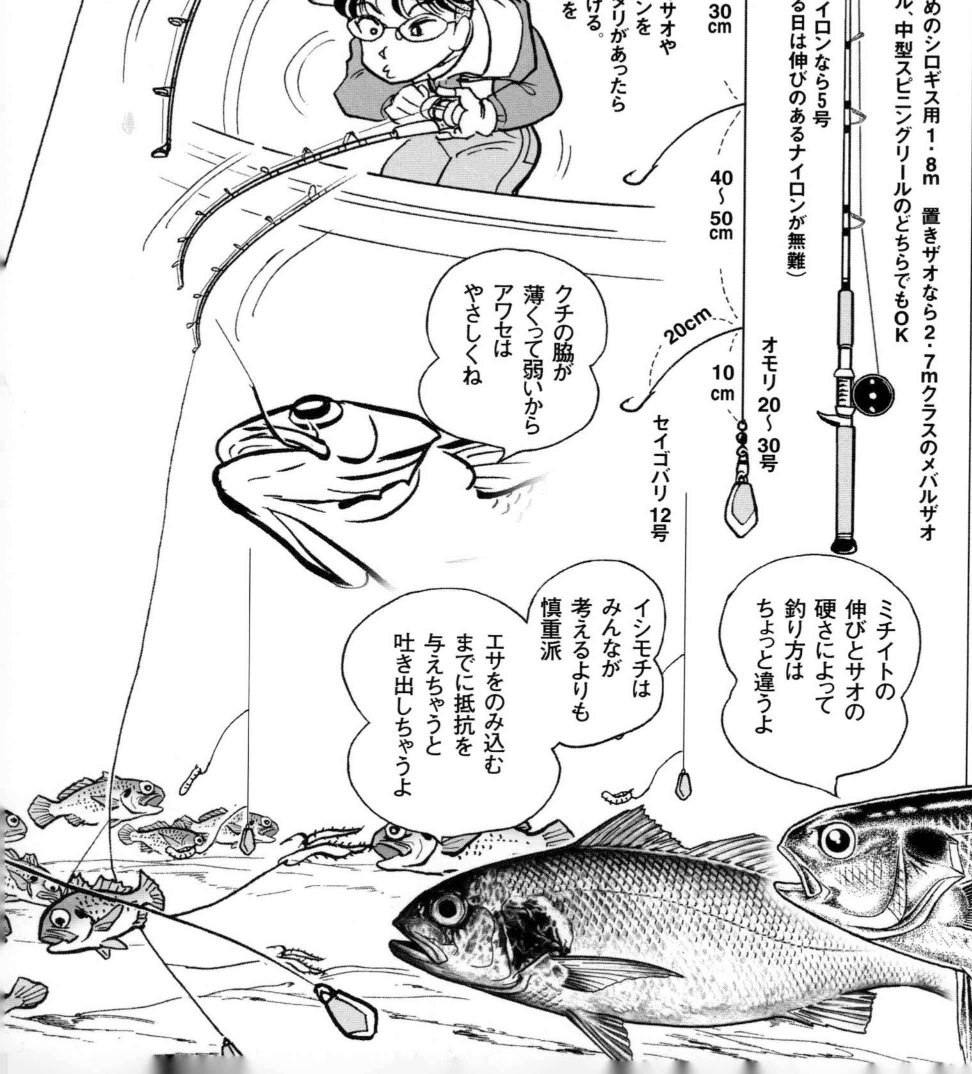

### イシモチのプロフィール

**■特徴と習性**

東北地方以南に分布。近似種は日本近海に5～6種いるとされるが、一般的にイシモチと呼ばれるのは、ニベ科のニベとシログチの2種。どちらも水深10～数十mの砂泥地に棲息し、魚類、甲殻類や底性動物を捕食。九州では20kgにもなるイシモチをサーフの投げ釣りでねらうが、それはオオニベのこと。イシモチの名は耳石を持つところから来ており、釣られるとグツグツとウキブクロで鳴くのでグチという名がついた。釣りのシーズンは秋口から冬がメイン。東京湾などでは漁師の巻き網が入らなければ3月いっぱいころまで楽しめる。夜行性で、濁りが入ったときはチャンス。

**■おいしい食べ方**

中国料理や朝鮮料理では重宝される魚。とくに脂が乗る冬がうまい。塩焼きやフライ、蒸し物は定番だが、鮮度がよければ刺身など生食も美味。カマボコなど練り物の高級材料としても多用されている。

# 大きなアタリと強いヒキが楽しい 釣りたての刺身は絶品

# 「イシモチ」

大きな無茶アワセって絶対ダメだったわよね……
入れ食いになっているときはつい動作も雑になって大振りになるから注意。これで魚をバラすとぱったり釣れなくなったりする
おいしい！マズイ！と味に関しては評価の分かれる代表みたいな魚ですが……
バーロ 刺身は釣り人だけの特権よ！
築地市場の人が刺身を食べたいとわざわざ釣りに行くことが、この魚のウマさの証明？マダラなどと同じく白身のわりに身焼けが早く、釣れたら血抜きなどの処理が必要
ハリ外し用のプライヤーと魚を締めるナイフかハサミは必需品
エサのアオイソメはタラシを7～8cm
尾のほうを切って2～3本刺し ボリュームたっぷりに
釣れたらすぐエラを切るか、エラブタの下をハサミで切り海水を入れたバケツのなかで5分ほど放血させ、氷の入ったクーラーへ入れること
自慢げにいつまでもバケツに入れっぱなしがいちばんダメ
イシモチがマズイという人は夏場に外道で釣り上げ、温かいバケツの水に入れっぱなしにした最悪の状態で食べたのでは？イシモチファンの人気ナンバーワンのメニューは刺身！すぐに氷で締めた刺身を一度お試しあれ
軽くなったら上に向かって泳いでいるので速く巻いてね
オモリは底スレスレで、カワハギみたいにタルませたり小突いたり
バラすと群れごと逃げていってしまうよ
20cmクラスの小型を刺身にするときは、三枚におろした身をペーパータオルなどに包み、冷蔵庫に一晩寝かせて翌日食べると水分が抜けてコックリした味が楽しめます
刺身として食べるのは当然、しゃぶしゃぶにすると新しい食の発見！さらにたくさん釣れたときはツミレにしておいて鍋の友にも。人気ナンバー2の干物もウマイよ～

# 中型以上をねらうならビシ釣りが有利

# 「マアジ」

コマセの振り出しは小さく
煙幕をポッと出す感じよ

アジ釣りは……
①釣り場の地形（平坦な海底か、根周りか）
②水深（40m以浅か、100mの深場か）
③コマセの種類（アミか、イワシミンチか）
④潮流の速さ
⑤コマセカゴの種類
の5つの要素で少しずつ違ってくることを頭に入れて、その地域にあったバリエーションを試そう

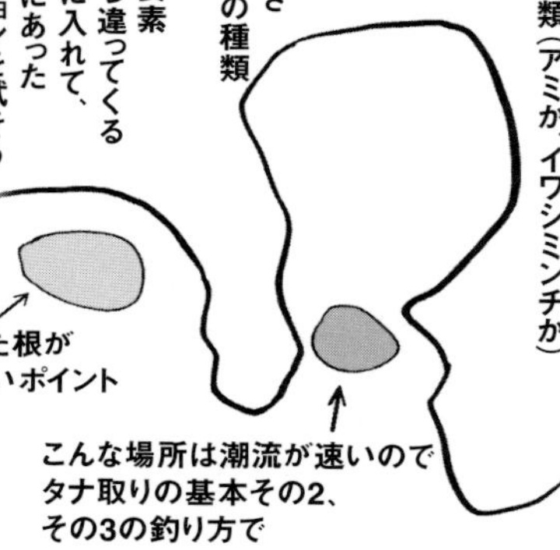
ちょっとした根があると、いいポイント
こんな場所は潮流が速いので
タナ取りの基本その2、
その3の釣り方で

フラットな海底では底近くに反応があったら釣り開始
根周りでも反応を見つけてからのほうが確実
43.0
コマセはどの種類でも出やすいようにふんわり
八分目

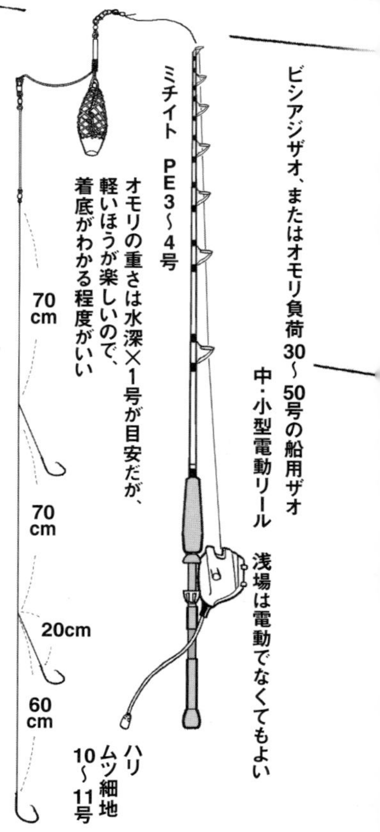
ビシアジザオ、またはオモリ負荷30〜50号の船用ザオ
中・小型電動リール
浅場は電動でなくてもよい
ミチイト　PE3〜4号
オモリの重さは水深×1号が目安だが、軽いほうが楽しいので、着底がわかる程度がいい
クッションゴム1・5〜2ミリ、20〜30センチ
70cm
70cm
20cm
60cm
ハリス1・5〜2号　全長2m
ハリ
ムツ細地
10〜11号

アンドンビシ横目
（浅場用）
コマセがアミのときや水深の浅いポイントでは、鋭く小さい振り出しでいい
マグネットカゴ
潮もたれするので流れの速いときには使いにくい
アンドンビシ網目
（オールマイティー）
プラビシ
潮もたれする

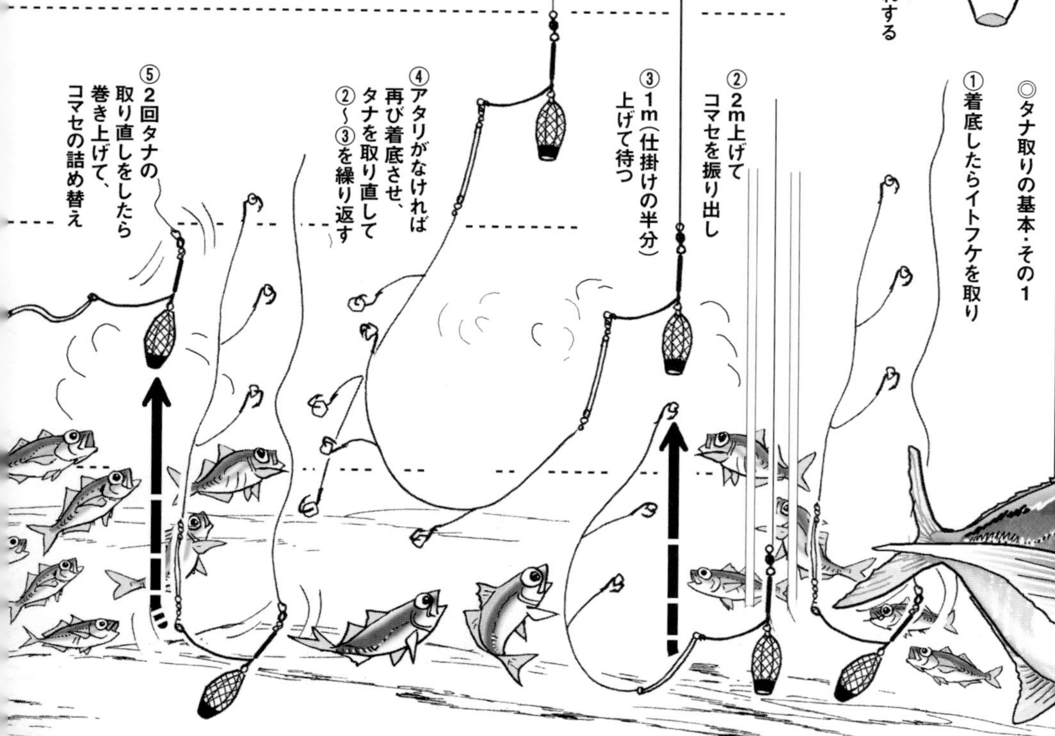
◎タナ取りの基本・その1
①着底したらイトフケを取り
②2m上げてコマセを振り出し
③1m（仕掛けの半分）上げて待つ
④アタリがなければ再び着底させ、タナを取り直して②〜③を繰り返す
⑤2回タナの取り直しをしたら巻き上げて、コマセの詰め替え

### マアジのプロフィール

**■特徴と習性**

釣魚としても食材としてもかなり人気の高い魚。一般にアジとはマアジのことを指すが、地形や環境で魚の色や体形が変わり、別種に見える魚もいる。ほぼ日本全国に分布し、関東以南はほぼ周年釣れる。数、型ともにグッドなのは9〜11月。場所によっては50cmオーバーもねらえる。

**■おいしい食べ方**

鮮度のよいアジは生食がおいしい。ネギやショウガなどと一緒に粗めにたたく「アジのタタキ」は定番の漁師料理。もう少し細かくたたいて味噌を混ぜ、青ジソや七味で味を整えて焼くのが「焼きサンガ」。もちろん通常の刺身も美味。アジ特有の硬いゼンゴはしっかり取り除いておこう。

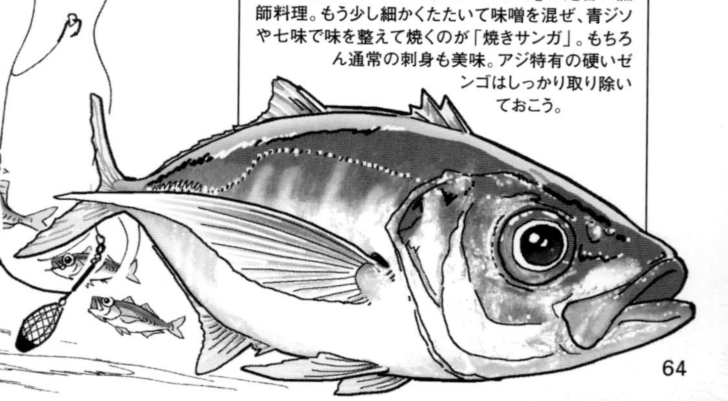

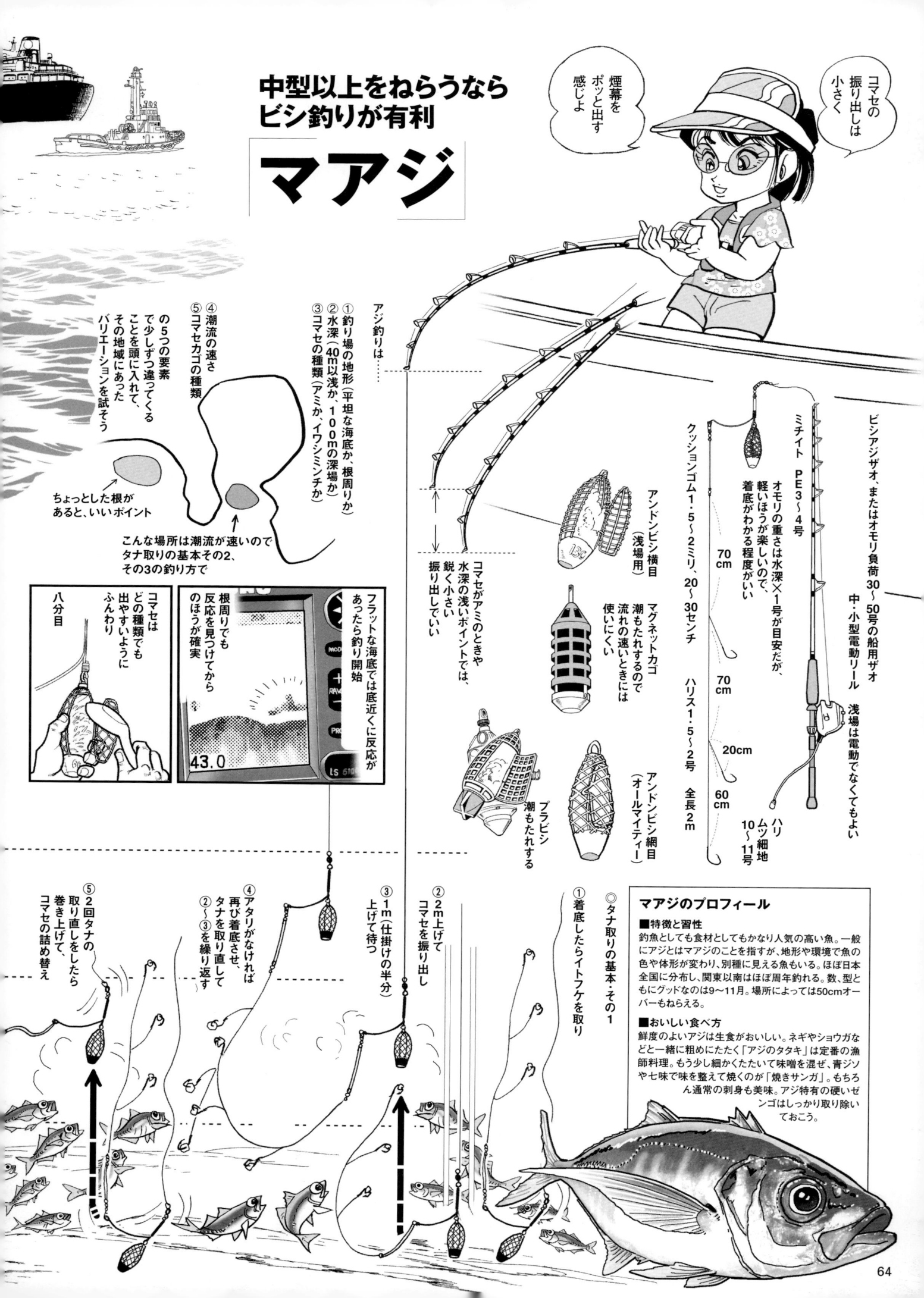

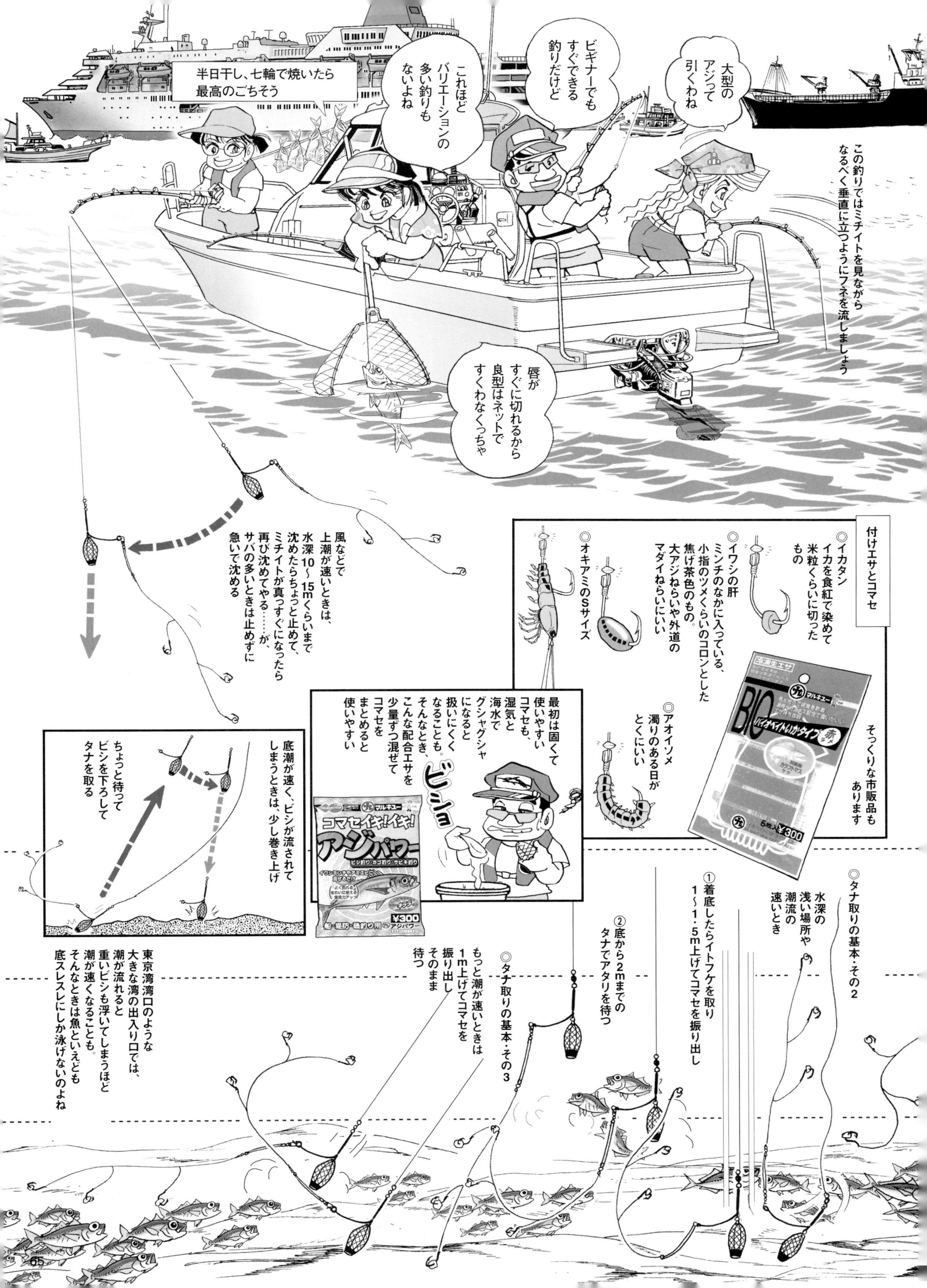
大型のアジって引くわね
ビギナーでもすぐできる釣りだけど
これほどバリエーションの多い釣りもないよね
半日干し、七輪で焼いたら最高のごちそう
この釣りではミチイトを見ながらなるべく垂直に立つようにフネを流しましょう
唇がすぐに切れるから良型はネットですくわなくっちゃ
風などで上潮が速いときは、水深10～15mくらいまで沈めたらちょっと止めて、ミチイトが真っすぐになったら再び沈めてやる……が、サバの多いときは止めずに急いで沈める
付けエサとコマセ
◎イカタン
イカを食紅で染めて米粒くらいに切ったもの
◎イワシの肝
ミンチのなかに入っている、小指のツメくらいのコロンとした焦げ茶色のもの。大アジねらいや外道のマダイねらいにいい
◎オキアミのSサイズ
◎アオイソメ
濁りのある日がとくにいい
そっくりな市販品もあります
冷凍生エサ
マルキュー
BIO
バイオベイトいかタイプ
赤 ラメ
6枚入 ¥300
最初は固くて使いやすいコマセも、湿気と海水でグシャグシャになると扱いにくくなることも。そんなとき、こんな配合エサを少量ずつ混ぜてコマセをまとめると使いやすい
ビショ
マルキュー
コマセイキ!イキ!
アジパワー
ビシ釣り・カゴ釣り・サビキ釣り
キララ
¥300
船・堤防・磯釣り用
底潮が速く、ビシが流されてしまうときは、少し巻き上げ
ちょっと待ってビシを下ろしてタナを取る
◎タナ取りの基本・その2
水深の浅い場所や潮流の速いとき
①着底したらイトフケを取り1～1.5m上げてコマセを振り出し
②底から2mまでのタナでアタリを待つ
◎タナ取りの基本・その3
もっと潮が速いときは1m上げてコマセを振り出しそのまま待つ
東京湾湾口のような大きな湾の出入り口では、潮が流れると重いビシも浮いてしまうほど潮が速くなることも。そんなときは魚といえども底スレスレにしか泳げないのよね

コツンと
アタリがあったら
ピシッと合わせる
これが決まると
き〜もちいい
花代って……
なんか思いだす
わ……ね
うりうり
根掛かりの
少ない場所で
食い渋ったら
ちょっと
キャストして
探ろう
食いのよいときは
胴調子の
長いサオでも
いいけれど
食い渋るときは
誘うから、
先調子の短い
サオが断然いいわ
付けエサ
尾を切って
ハリの1／3
まで刺して抜く
エビ類
イワイソメ、アオイソメ
濁りのあるときは
アオイソメがいい。
2cmぐらいの大きさに
オキアミ
絶対忘れちゃ
ならないのが
メゴチバサミ
フン
岩礁帯を
釣るので
ハオコゼや
オニカサゴなどの
毒魚も釣れる。
うっかり触ろう
ものなら
1日中痛い思いを
しなければ
ならない
ときどきスーッと
誘うのって
タナの取り直し
になるよ
こんな上だと
自分だけ
釣れないよ
真っすぐ
付けないと
ハリスが
パーマするよ
◎釣り方・その1
①底に着いたら
②船の揺れでときどき底を
小突くぐらいにキープ
③スーッと
誘う
◎釣り方・その2
根掛かりの
少ない場所では
ちょっとゆるめて聞くと
アタリが大きく出て
分かりやすい
場所に
よっては
マダイも
混じるぞ
次々と
新しい群れが
入るから
そのときが
チャンス

## 釣趣、食味、姿の
## 三拍子揃ったターゲット
## 群れでいるから数釣りもできる

# 「ハナダイ」

こらこら
よしなさい
昔の話を
こんなとこで


### ハナダイのプロフィール

**■特徴と習性**

北海道以南の水深30～90mに棲息。ハナダイは地方名で、標準和名はチダイ。エラブタの縁が血のように赤く、尾ビレに黒い縁取りがないことでマダイと区別できる。良型はオデコが発達し「デコダイ」と呼ばれるようになる。

釣れるアベレージサイズは20～30cm、最大で40cm程度とあまり大きくならないがファイトはすばらしく、釣魚に求められる資質をマルチに備えているので遊漁船のターゲットとしても人気が高い。

場所によってはキダイ（レンコダイ）も一緒に釣れ、これらを総称して「ハナダイ」という宝塚風な華やかな名で呼ばれたように思える。

釣り場は砂地と岩礁が混じるエリア。穏やかな起伏の場所は仕掛けを引きずってもよいが、起伏の大きいポイントでは魚探で水深をチェックし、根頭で釣ることになる。

**■おいしい食べ方**

旬は晩春から夏にかけて。中型は尾頭付きの塩焼きに、大型はお造り、アラ煮やカブト蒸しなど、マダイとほぼ同じ調理法でおいしくいただける。甘酢で締めた押し寿司も繊細な味わいで美味。

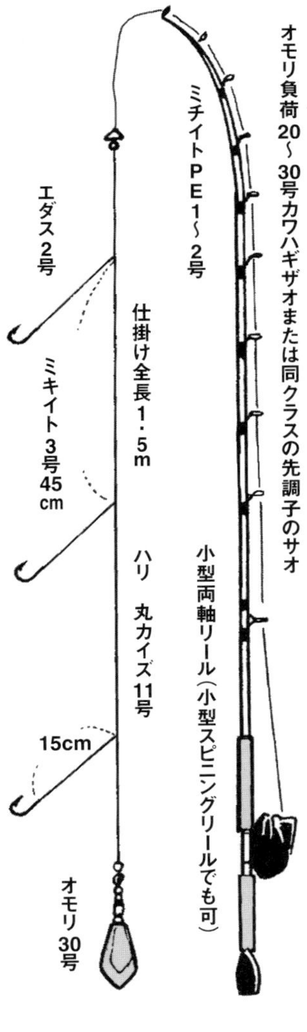

オモリ負荷20～30号カワハギザオまたは同クラスの先調子のサオ
ミチイトPE1～2号
小型両軸リール（小型スピニングリールでも可）
仕掛け全長1.5m
ハリ　丸カイズ11号
エダス2号
ミキイト3号45cm
15cm
オモリ30号


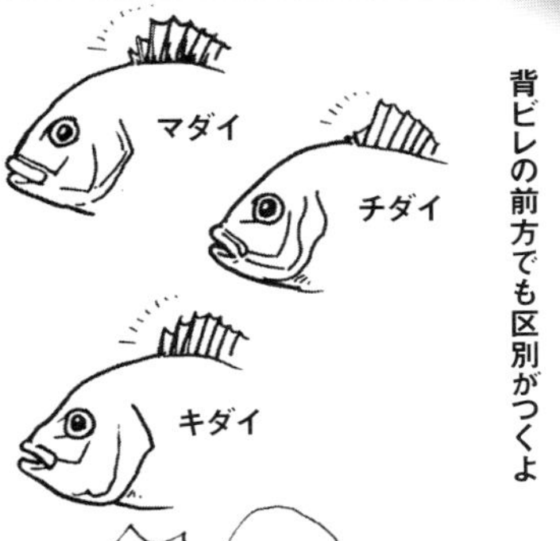

背ビレの前方でも区別がつくよ
マダイ
チダイ
キダイ

食べ方おすすめ「ホイル焼き」
①ウロコ、ワタを取る
②裏に包丁を入れ水気を切り、塩少々、コショウ多めに振る
③ホイルに魚を乗せ、2cmくらいのバター、タマネギ、ピーマンの輪切りを入れ、縁を折って
④金網で約10分焼く


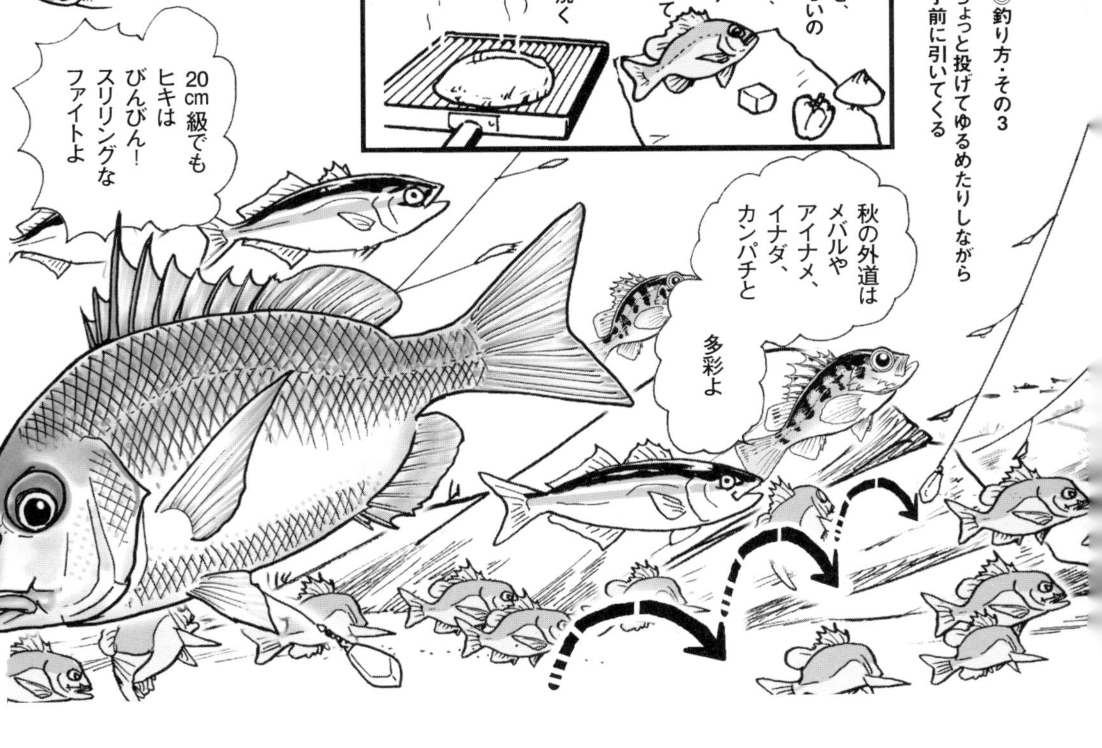

◎釣り方・その3
ちょっと投げてゆるめたりしながら手前に引いてくる
秋の外道はメバルやアイナメ、イナダ、カンパチと
多彩よ
20cm級でもヒキはびんびん！スリリングなファイトよ

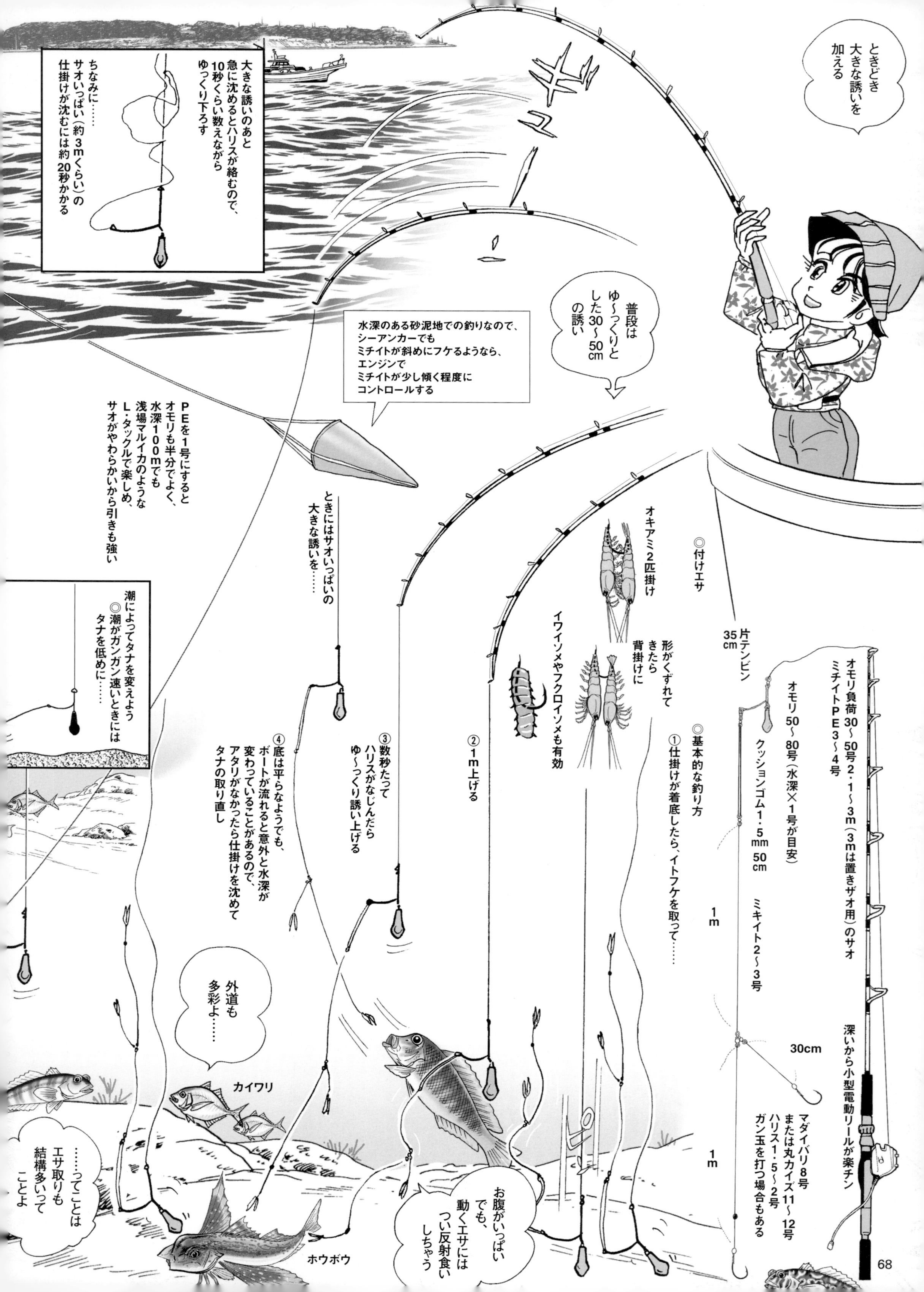

ときどき大きな誘いを加える
普段はゆ～っくりとした30～50cmの誘い
大きな誘いのあと急に沈めるとハリスが絡むので、10秒くらい数えながらゆっくり下ろす
ちなみに……サオいっぱい（約3mくらい）の仕掛けが沈むには約20秒かかる
水深のある砂泥地での釣りなので、シーアンカーでもミチイトが斜めにフケるようなら、エンジンでミチイトが少し傾く程度にコントロールする
PEを1号にするとオモリも半分でよく、水深100mでも浅場マルイカのようなL・タックルで楽しめ、サオがやわらかいから引きも強い
オモリ負荷30～50号2・1～3m（3mは置きザオ用）のサオ
ミチイトPE3～4号
深いから小型電動リールが楽チン
オモリ50～80号（水深×1号が目安）
片テンビン35cm
クッションゴム1・5mm 50cm
ミキイト2～3号
1m
30cm
1m
マダイバリ8号
または丸カイズ11～12号
ハリス1・5～2号
ガン玉を打つ場合もある
◎付けエサ
オキアミ2匹掛け
形がくずれてきたら背掛けに
イワイソメやフクロイソメも有効
◎基本的な釣り方
①仕掛けが着底したら、イトフケを取って……
②1m上げる
③数秒たってハリスがなじんだらゆ～っくり誘い上げる
④底は平らなようでも、ボートが流れると意外と水深が変わっていることがあるので、アタリがなかったら仕掛けを沈めてタナの取り直し
ときにはサオいっぱいの大きな誘いを……
潮によってタナを変えよう
◎潮がガンガン速いときには
タナを低めに……
外道も多彩よ……
カイワリ
ホウボウ
お腹がいっぱいでも、動くエサにはつい反射食いしちゃう
……ってことはエサ取りも結構多いってことよ

あれ？アタリがあったのに……
コツンのあと引き込みがなければエサの点検よ
今回は絶好調!!
うしし
ワシは操船しながら置きザオ……
ボートの揺れがちょうどいい誘いになってるのね

**アマダイのプロフィール**

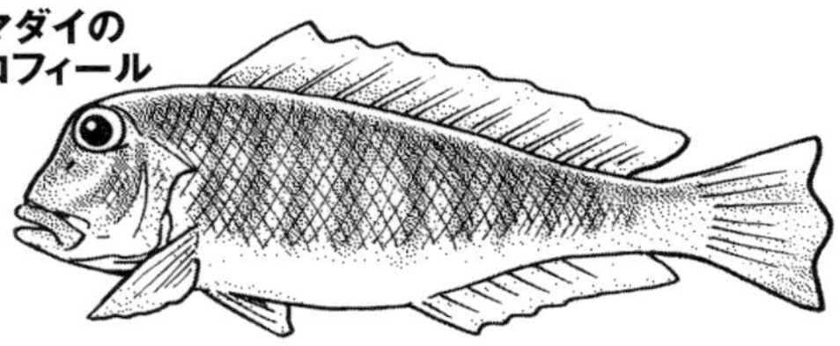

**■特徴と習性**

本州中部以南の砂地、砂泥地などに分布。20年くらい前まで、関東では“海のゴミ”と呼ばれていたこともあったが、関西の食文化が入り、そのおいしさから今では冬の釣魚のスターになった。シーズンはおよそ9～2月。同じアマダイにもシロ、アカ、キの3種類がいる。シロアマダイは関東ではめったに釣れず、おもに水深50～90mエリアをねらうアカとキがターゲット。メインはアカアマダイだ。あまりねらわれていない外房エリアでは、平均で1kgクラスと良型が釣れる。

**■おいしい食べ方**

京都ではグジと呼ばれる、日本料理の高級食材。上品な甘さを持つ白身で、刺身などにするとやや水っぽいが、一夜干しや、酒蒸しなどによく合う。また、白味噌に漬けた西京焼きは絶品。徳川家康がタイの天ぷらを食べすぎて死亡したという説があるが、これは駿河で興津（おきつ）ダイと呼ばれるシロアマダイのこと。

## 海底スレスレで
## エサを魅力的に動かそう
## 外道にもおいしい魚が多い

# 「アマダイ」

※エサにヘドロが付いていたら絶対ダメ。
釣れないときはエサの点検をしよう

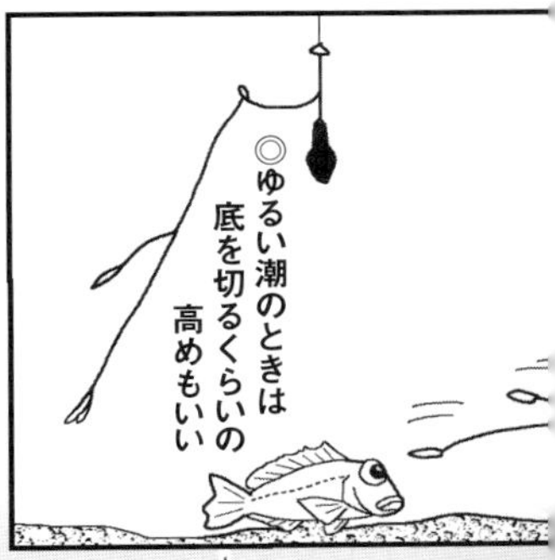
◎ゆるい潮のときは底を切るくらいの高めもいい

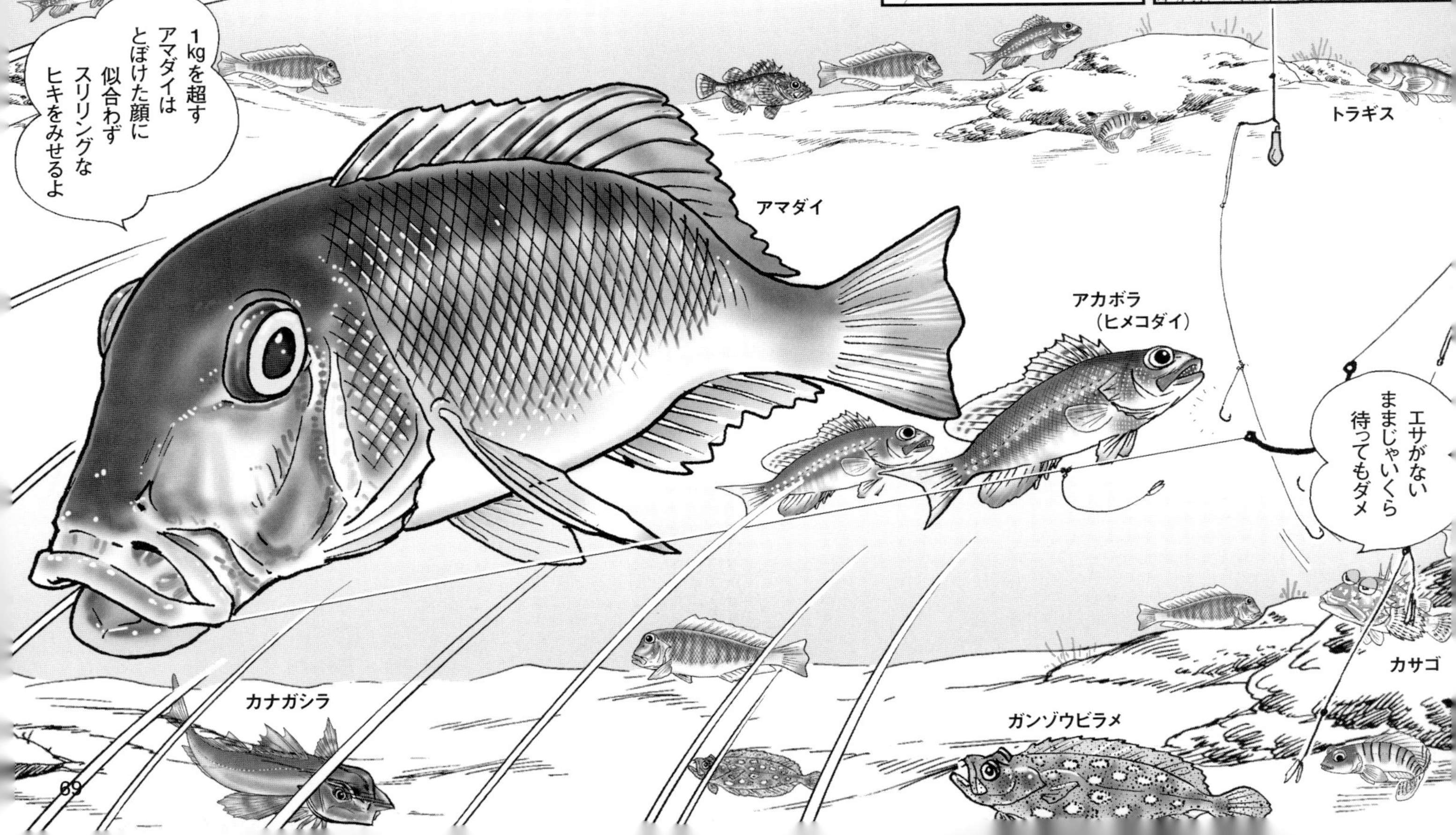
平らといっても海底に少しでも変化のある所にいるから、誰かが釣れたら気を抜かないでね
1kgを超すアマダイはとぼけた顔に似合わずスリリングなヒキをみせるよ
トラギス
アマダイ
アカボラ（ヒメコダイ）
エサがないままじゃいくら待ってもダメ
カサゴ
カナガシラ
ガンゾウビラメ

誘いの基本は
①サオを下げてイトフケを取ったら
②自分の胸元までサオをシャクリ上げる
③魚によって違うけど、そのまま1～10秒待ちま～す
④サオ先を下げながらリールを1回巻いて
⑤また胸元までシャクる

## 軽いタックルでダイレクトなヒキを満喫！ 多彩なターゲットが魅力

# 「ライトシャクリ五目」

ターゲットは私たちよ
ハナダイ
クロダイ

### ライトシャクリ釣法とは？

2世代目のさらに強いPEラインと、軽く短くても粘りと強度のあるサオの出現で、にわかにもてはやされているのがL（ライト）タックル。なかでもライトシャクリは、多彩なおいしいターゲットがねらえる人気種目だ。

ミチイトを細くし、オモリが軽くなった分、魚のヒキもダイレクトでおもしろいことから、ルアーマンがいち早く飛びついた。余裕があれば1号以下のミチイトを使って、よりスリリングな釣りが楽しめるものの、マメなミチイト交換が必要になる。

コマセビシは水深の浅い場所ではもっと軽くてもよいが、比重の関係か30号以下では急に沈みが悪くなるので、水深40mまでは30号がいい。

コマセはアミふんわり八分目入れる

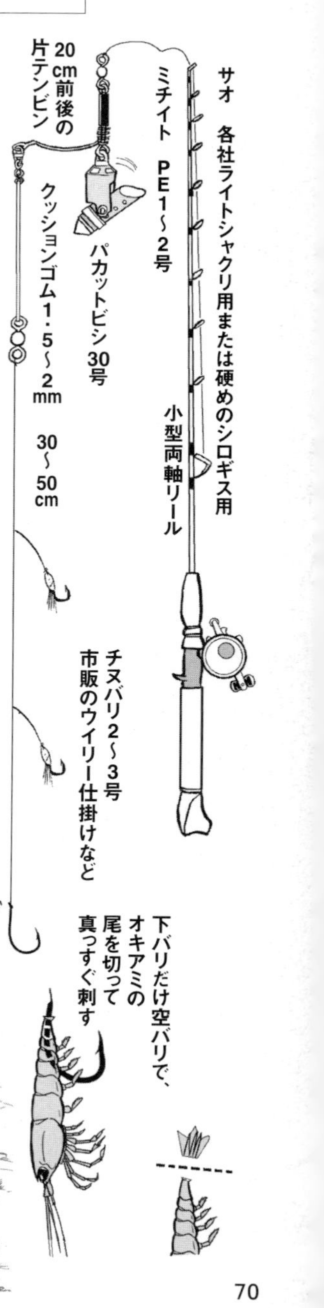
サオ　各社ライトシャクリ用または硬めのシロギス用
小型両軸リール
ミチイト　PE1～2号
パカットビシ30号
20cm前後の片テンビン
クッションゴム1.5～2mm
30～50cm
ハリス2～3号
（クッションゴムを入れた全長が3m以上にならない感じで）
チヌバリ2～3号
市販のウイリー仕掛けなど
下バリだけ空バリで、オキアミの尾を切って真っすぐ刺す

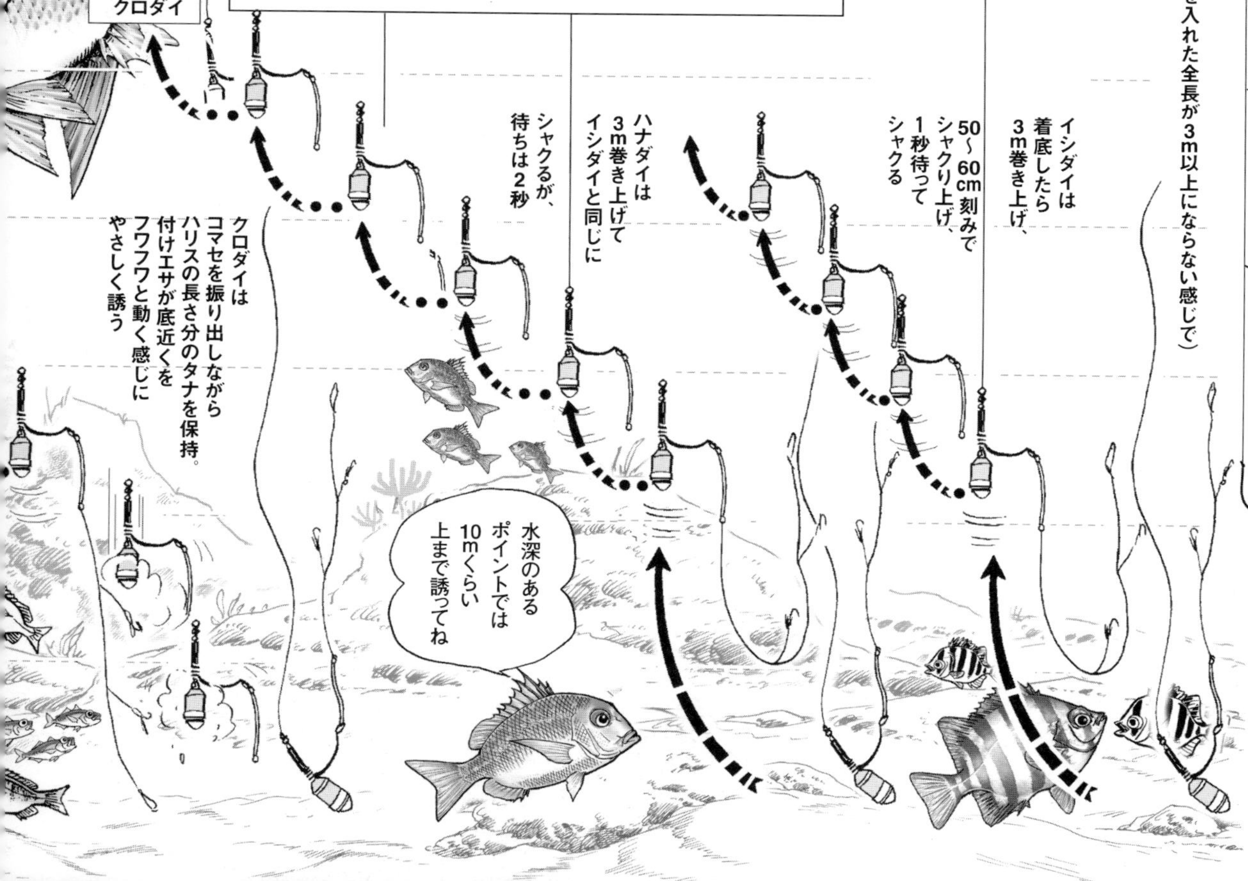
イシダイは着底したら3m巻き上げ、
50～60cm刻みでシャクリ上げ、1秒待ってシャクる
ハナダイは3m巻き上げてイシダイと同じにシャクるが、待ちは2秒
クロダイはコマセを振り出しながらハリスの長さ分のタナを保持。付けエサが底近くをフワフワと動く感じにやさしく誘う
水深のあるポイントでは10mくらい上まで誘ってね

ライトシャクリが細いハリスでも意外なほど大物が釣れてしまうのは
ドラグの性能向上もあるけど 魚のヒキに負けて腕がいい具合に下がってしまうからなんだよね
これをその魚の活動エリア内で繰り返せばいいのです
ちょっと なにしてるのよ タモの用意をしてよ〜
引っ張りっこじゃ細いハリスで大物はムリだもんね
外道も多彩 アジは周年楽しめるよ
マダイ
イシダイ
イナダ
ソウダガツオ
カサゴ
サバ
メバル
イサキ
カイワリ
ウスバハギ
この釣り方だと1kg級の魚でもハラハラ、ドキドキ、スリル満点よ
今 ダメよ
コマセが利いてきたのか全員ヒットの千載一遇のチャンスなのよ
マダイは底からコマセを振り出し、ハリス分プラス1m上げて待ちは5～10秒と長め
なにが釣れるかわからないってのもこの釣りの面白さだね

仕掛けを沈めるときはリールのスプールを押さえ、コマセ缶を入れる。仕掛けはそのあとに……
こうすると隣とオマツリしないよ
ミチイトを1号ぐらいにするとコマセ缶も30号ぐらいの軽いものでも楽しめるよね
水深も手ごろ。ヒキはいいし
女性・子どもの入門にも最適な魚よね

アミコマセは1人2～3kg用意（地域によってはアミ禁止のエリアもあるので注意）
アミは溶けると汁が出るから、ザルとそれを入れるプラ桶を用意しないと船内がグチャグチャに
バケツだと倒れやすい
温かくなると悪臭のもと
きれいに掃除しておかなくっちゃ
サニーカゴは下はキッチリ閉じ上を七分目開けて使う
コマセ缶が波で沈み込んだときに上の穴からアミが出るような感じになる

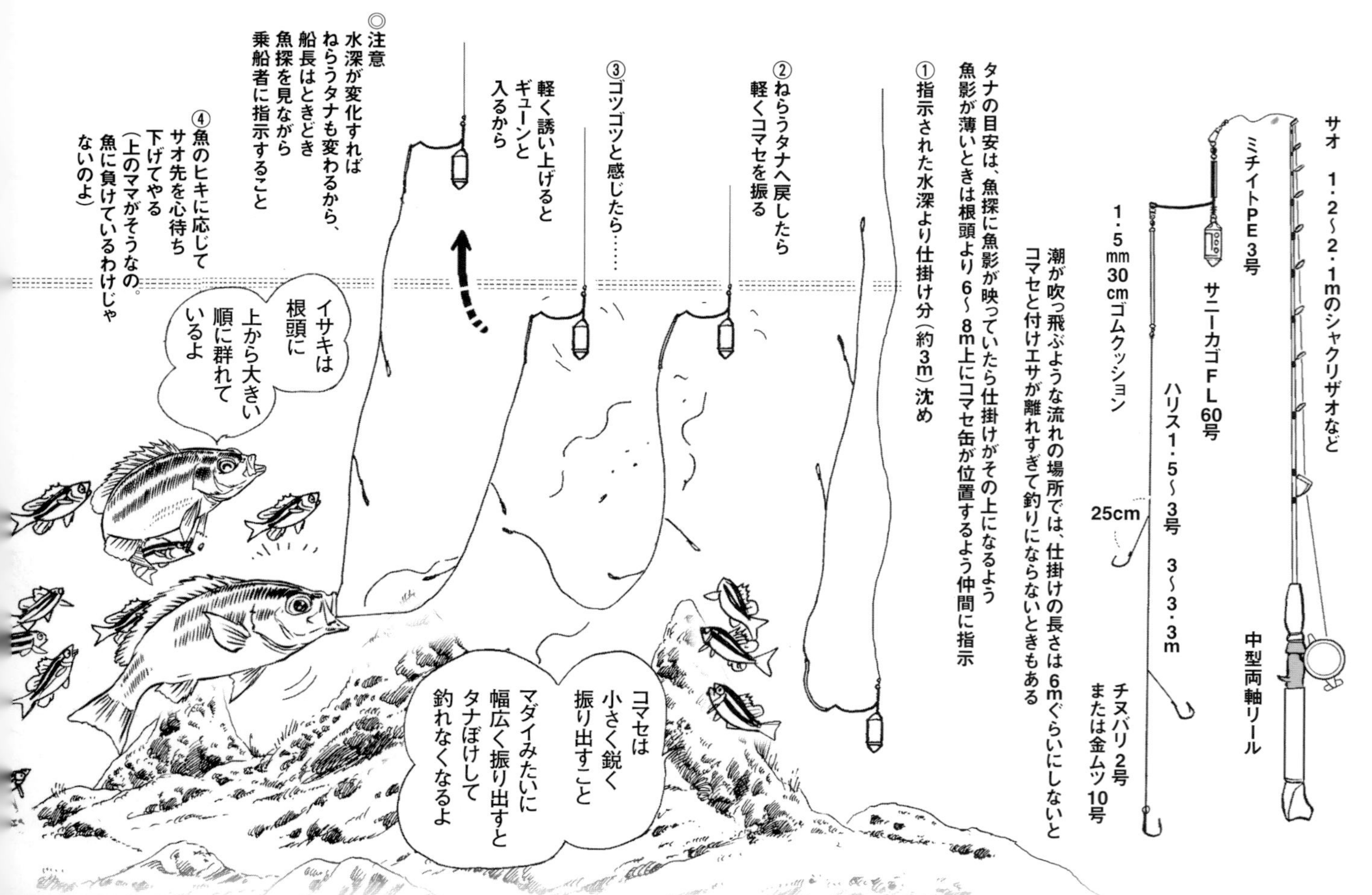
サオ　1・2～2・1mのシャクリザオなど
ミチイトPE 3号
サニーカゴFL 60号
1・5mm 30cmゴムクッション
ハリス1・5～3号　3～3・3m
25cm
中型両軸リール
チヌバリ2号または金ムツ10号
潮が吹っ飛ぶような流れの場所では、仕掛けの長さは6mぐらいにしないとコマセと付けエサが離れすぎて釣りにならないときもある
タナの目安は、魚探に魚影が映っていたら仕掛けがその上になるよう魚影が薄いときは根頭より6～8m上にコマセ缶が位置するよう仲間に指示
①指示された水深より仕掛け分（約3m）沈め
②ねらうタナへ戻したら軽くコマセを振る
③ゴツゴツと感じたら……
軽く誘い上げるとギューンと入るから
◎注意
水深が変化すればねらうタナも変わるから、船長はときどき魚探を見ながら乗船者に指示すること
④魚のヒキに応じてサオ先を心待ち下げてやる（上のママがそうなの。魚に負けているわけじゃないのよ）
イサキは根頭に上から大きい順に群れているよ
コマセは小さく鋭く振り出すことマダイみたいに幅広く振り出すとタナぼけして釣れなくなるよ

釣れるけど
アジのヒキが
物足りない
なんて人には
最適な釣りね


# 「イサキ」ジャンボサイズは高めのタナ設定がコツ

◎付けエサ
（下バリだけエサを付けて
ほかのハリはウイリーでもいい）

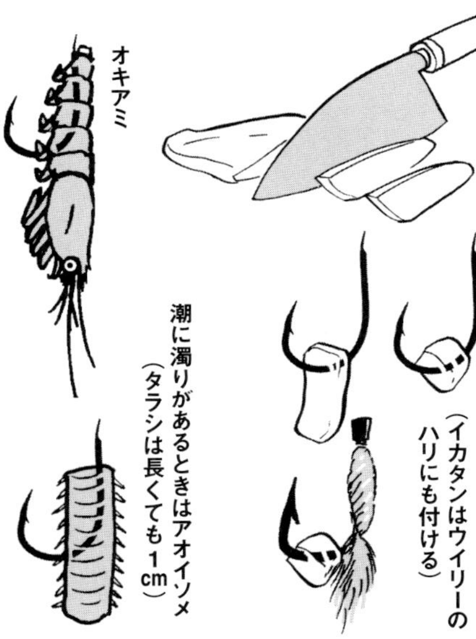

オキアミ
イカをできるだけ薄く切って5㎜ぐらいのイカタンをつくる（バイオベイトのイカも同じ）
（イカタンはウイリーのハリにも付ける）
潮に濁りがあるときはアオイソメ（タラシは長くても1㎝）


**イサキのプロフィール**

**■特徴と習性**

本州中部以南、沿岸の潮通しが良い岩礁帯に棲息。小型のうちは3本の縦縞があって、釣り人の間では“ウリンボ”と呼ばれている。最大で45cm、1キロを超える。マダイよりも高根に付く習性があり、ピンポイントをねらう釣りになる。プランクトンや小型甲殻類が主食で、大型になると小魚も食べる。ミチイトを1号にすることで半分の重さのカゴを使う、L・タックルも楽しい。

**■おいしい食べ方**

初夏を代表する魚として有名だが、産卵前の5～6月には身と皮の間に香ばしい脂を持ち、焼いたり湯引きすることでその脂を身に取り込める。クセのない白身で、小型は塩焼きが定番。中型以上は刺身や土佐造り、煮付けもうまい。産卵期の真子や白子も美味。

魚探にこんな反応が出ていて潮が動いていたら最高！

背ビレは硬くて痛いから
大きなメゴチバサミは
必需品

魚を移し替えるときうっかり触ると危険


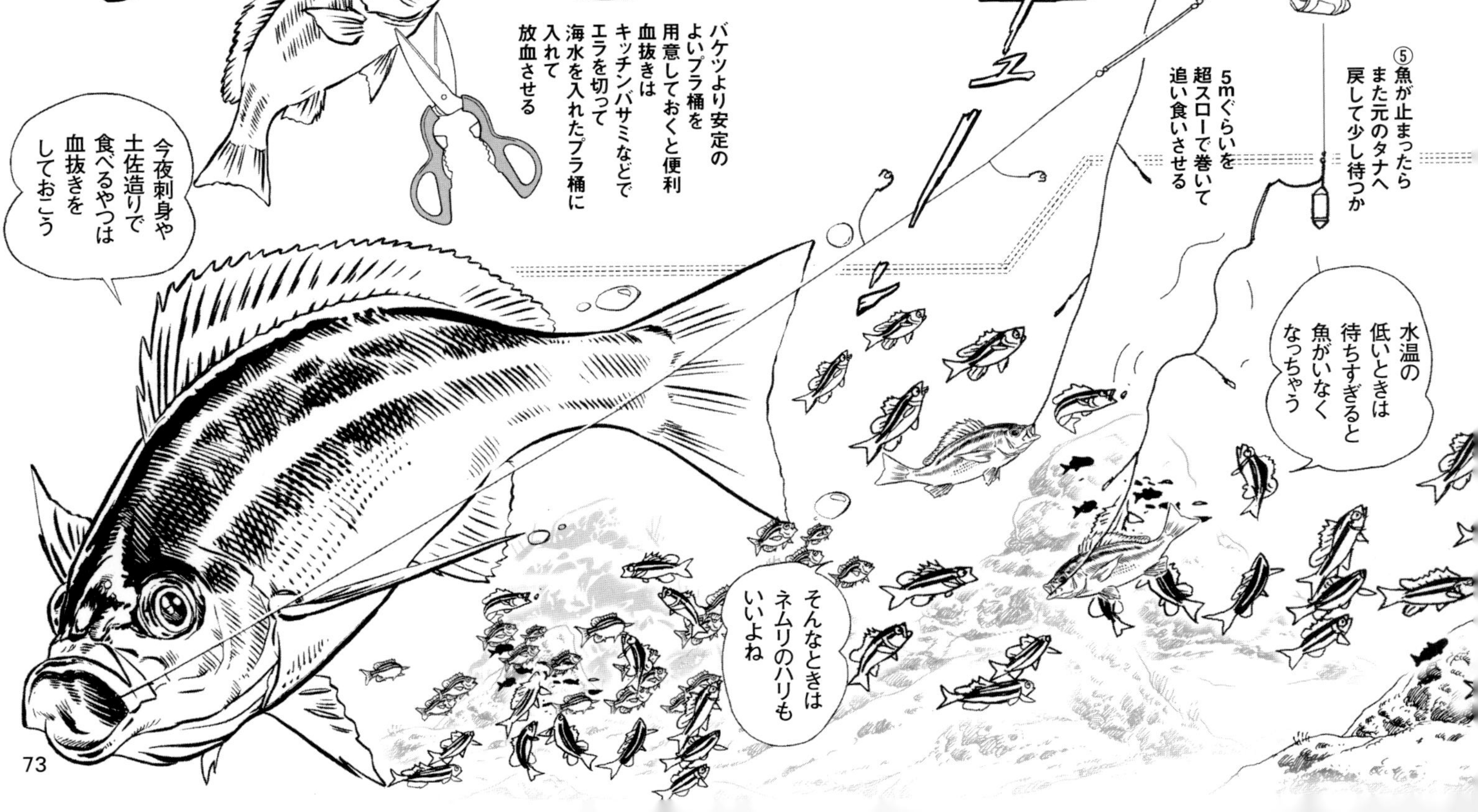

バケツより安定のよいプラ桶を用意しておくと便利
血抜きはキッチンバサミなどでエラを切って海水を入れたプラ桶に入れて放血させる
ギューン
⑤魚が止まったらまた元のタナへ戻して少し待つか
5mぐらいを超スローで巻いて追い食いさせる
水温の低いときは待ちすぎると魚がいなくなっちゃう
今夜刺身や土佐造りで食べるやつは血抜きをしておこう
そんなときはネムリのハリもいいよね

## コマセと付けエサのイメージが重要
## ロングハリスでねらう

# 「マダイ」

### コマセ釣法

ハリスが長いから投入は缶から


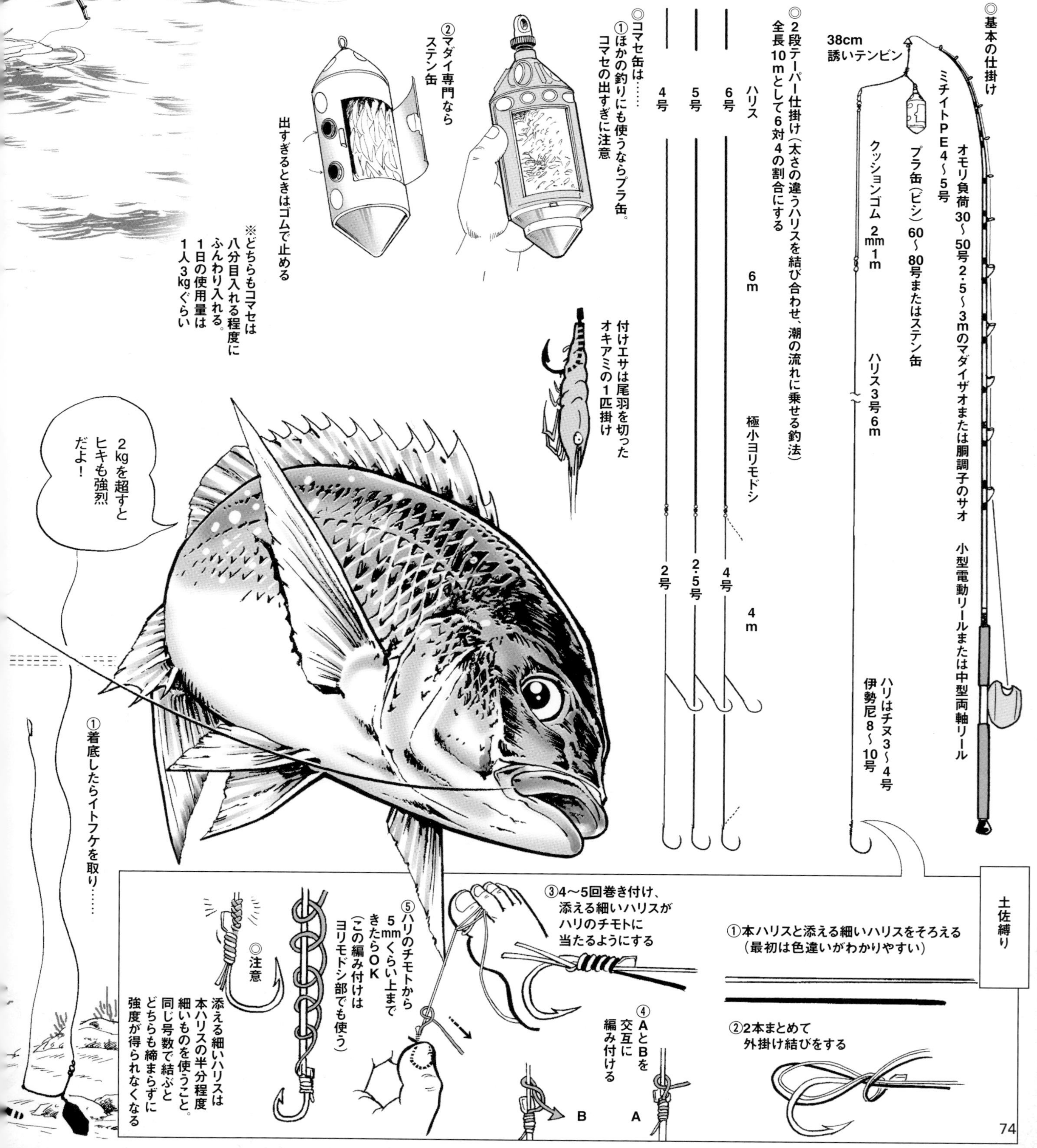

◎基本の仕掛け
ミチイトPE4～5号
オモリ負荷30～50号2・5～3mのマダイザオまたは胴調子のサオ
小型電動リールまたは中型両軸リール
38cm誘いテンビン
プラ缶（ビシ）60～80号またはステン缶
クッションゴム2mm1m
ハリス3号6m
ハリはチヌ3～4号
伊勢尼8～10号
◎2段テーパー仕掛け（太さの違うハリスを結び合わせ、潮の流れに乗せる釣法）
全長10mとして6対4の割合にする
ハリス
6m
6号
5号
4号
極小ヨリモドシ
4号
2・5号
2号
4m
◎コマセ缶は……
①ほかの釣りにも使うならプラ缶。
コマセの出すぎに注意
②マダイ専門ならステン缶
出すぎるときはゴムで止める
※どちらもコマセは八分目入れる程度にふんわり入れる。
1日の使用量は1人3kgぐらい
付けエサは尾羽を切ったオキアミの1匹掛け
2kgを超すとヒキも強烈だよ！
①着底したらイトフケを取り……
土佐縛り
①本ハリスと添える細いハリスをそろえる
（最初は色違いがわかりやすい）
②2本まとめて外掛け結びをする
③4～5回巻き付け、添える細いハリスがハリのチモトに当たるようにする
④AとBを交互に編み付ける
B
A
⑤ハリのチモトから5mmくらい上まできたらOK
（この編み付けはヨリモドシ部でも使う）
◎注意
添える細いハリスは本ハリスの半分程度細いものを使うこと。
同じ号数で結ぶとどちらも締まらずに強度が得られなくなる

いいな
や〜ん また突っ込まれた〜
それちょっといいぞ
ムリするな……
ピンクできれいな魚ですもんね
わ〜、私はイナダみたい〜

**マダイのプロフィール**

**■特徴と習性**

姿、釣趣、食味と三拍子揃った国民的人気ターゲット。北海道南部以南の各地の沿岸に分布。成魚はおもに水深30〜150mの、潮通しのよい起伏のある岩礁帯などに棲息。水温が上昇する春には産卵のため浅場に上がり（乗っ込み）、水温が下降し始める晩秋には中深場へと移動する（落ち）。タナは季節によって異なり、春が高め、秋は底付近。秋から冬にかけては中・小型の数釣りのチャンスがあり、関東では12月いっぱいまで楽しめる。最大で100cm、15kgオーバーにもなる。

**■おいしい食べ方**

寒い時期の上品な脂が乗った刺身は特に美味。平造り、薄造りや、皮の表面に熱湯をかけて霜降りにする松皮造りなど、刺身にもいろいろな食べ方がある。頭は梨割りにしてカブト焼きやカブト煮に、中落ちは潮汁に。ほかにもタイしゃぶ、酒蒸し、鯛めし、鯛茶漬けなど料理法はさまざま。

取り込みは空気を吸わせて弱らせ、頭から入れる

魚探にこんな根が映る場所が好ポイント。海底が平坦な場所にはいないので移動する

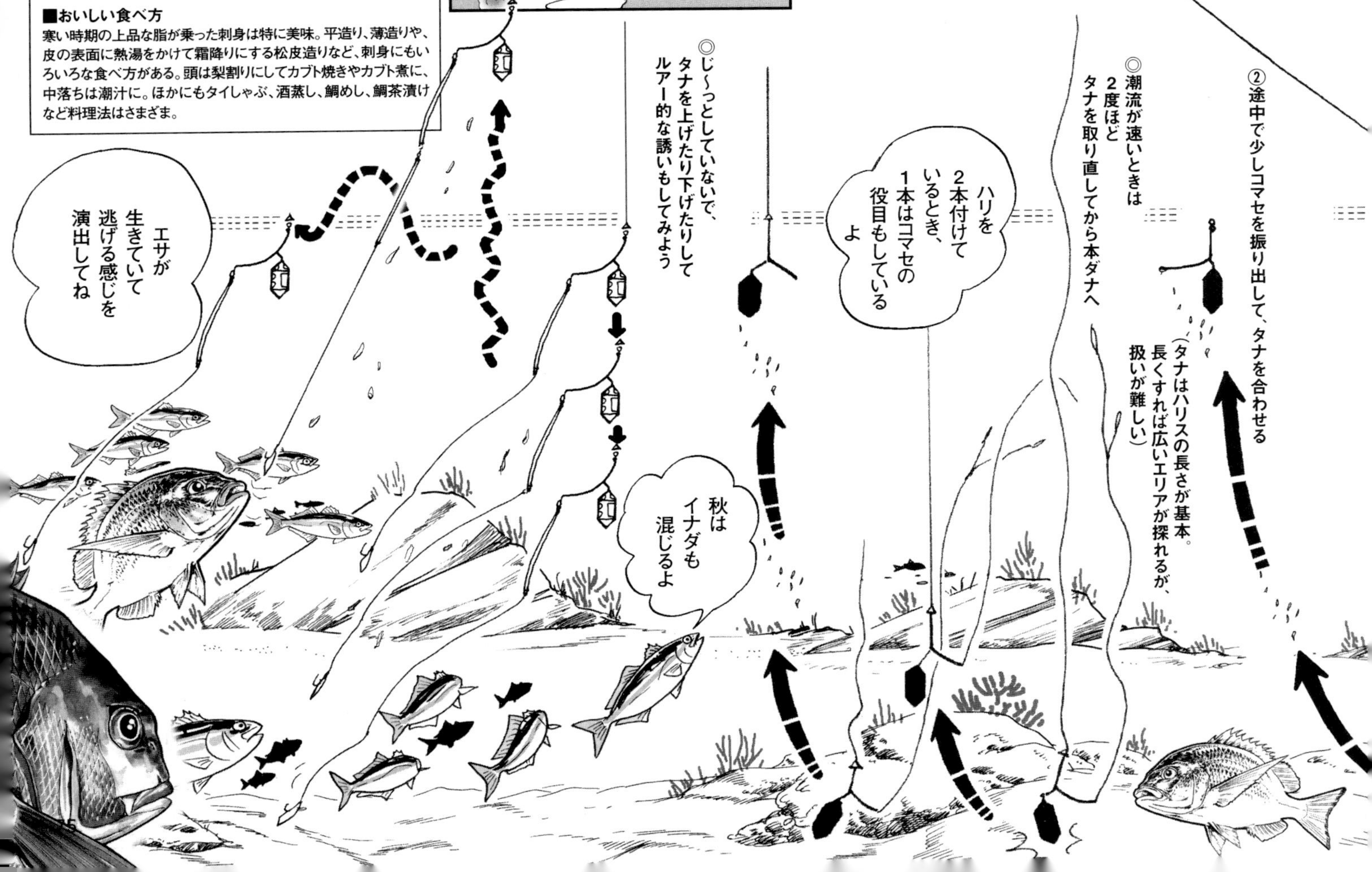
②途中で少しコマセを振り出して、タナを合わせる
（タナはハリスの長さが基本。長くすれば広いエリアが探れるが、扱いが難しい）
◎潮流が速いときは2度ほどタナを取り直してから本ダナへ
ハリを2本付けているとき、1本はコマセの役目もしているよ
◎じ〜っとしていないで、タナを上げたり下げたりしてルアー的な誘いもしてみよう
秋はイナダも混じるよ
エサが生きていて逃げる感じを演出してね

# 小魚を釣って泳がせ釣りにチャレンジ スリル満点の高級魚「ヒラメ」

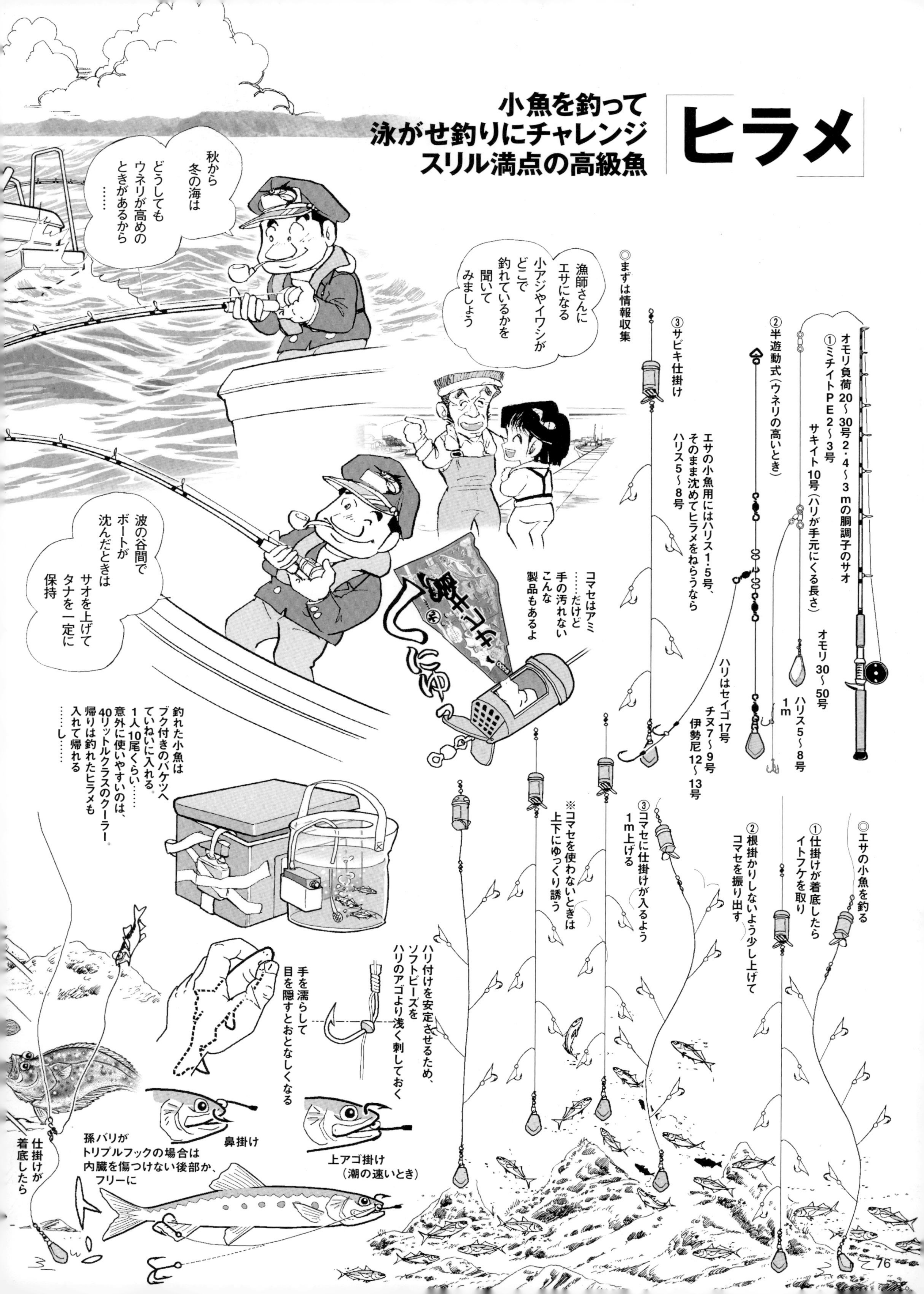
オモリ負荷20～30号2・4～3mの胴調子のサオ
①ミチイトPE2～3号
サキイト10号（ハリが手元にくる長さ）
オモリ30～50号
ハリス5～8号
1m
②半遊動式（ウネリの高いとき）
ハリはセイゴ17号
チヌ7～9号
伊勢尼12～13号
③サビキ仕掛け
エサの小魚用にはハリス1・5号、そのまま沈めてヒラメをねらうならハリス5～8号
◎まずは情報収集
漁師さんにエサになる小アジやイワシがどこで釣れているかを聞いてみましょう
コマセはアミ……だけど手の汚れないこんな製品もあるよ
秋から冬の海はどうしてもウネリが高めのときがあるから……
波の谷間でボートが沈んだときはサオを上げてタナを一定に保持
◎エサの小魚を釣る
①仕掛けが着底したらイトフケを取り
②根掛かりしないよう少し上げてコマセを振り出す
③コマセに仕掛けが入るよう1m上げる
※コマセを使わないときは上下にゆっくり誘う
釣れた小魚はブク付きのバケツへていねいに入れる。1人10尾くらい……意外に使いやすいのは、40リットルクラスのクーラー。帰りは釣れたヒラメも入れて帰れる……し……
ハリ付けを安定させるため、ソフトビーズをハリのアゴより浅く刺しておく
手を濡らして目を隠すとおとなしくなる
鼻掛け
上アゴ掛け（潮の速いとき）
孫バリがトリプルフックの場合は内臓を傷つけない後部か、フリーに
仕掛けが着底したら

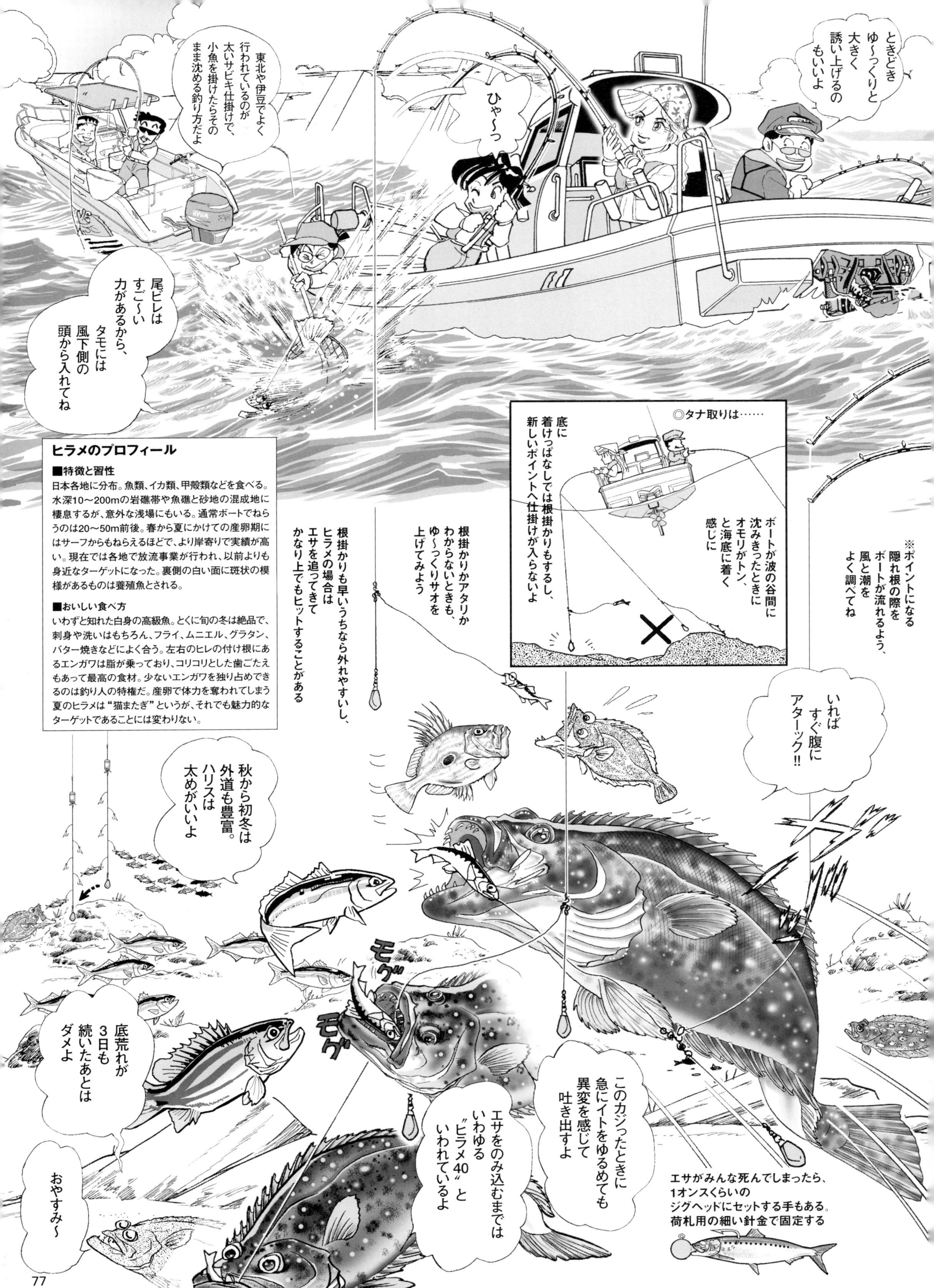
ときどきゆ〜っくりと大きく誘い上げるのもいいよ
ひゃ〜っ
東北や伊豆でよく行われているのが太いサビキ仕掛けで、小魚を掛けたらそのまま沈める釣り方だよ
尾ビレはすご〜い力があるから、タモには風下側の頭から入れてね
◎タナ取りは……
ボートが波の谷間に沈みきったときにオモリがトンと海底に着く感じに
底に着けっぱなしでは根掛かりもするし、新しいポイントへ仕掛けが入らないよ
※ポイントになる隠れ根の際をボートが流れるよう、風と潮をよく調べてね
根掛かりかアタリかわからないときも、ゆ〜っくりサオを上げてみよう
根掛かりも早いうちなら外れやすいし、ヒラメの場合はエサを追ってきてかなり上でもヒットすることがある
いればすぐ腹にアタ〜ック!!
秋から初冬は外道も豊富。ハリスは太めがいいよ
モグ
モグ
このカジったときに急にイトをゆるめても異変を感じて吐き出すよ
エサをのみ込むまではいわゆる“ヒラメ40”といわれているよ
底荒れが3日も続いたあとはダメよ
おやすみ〜
エサがみんな死んでしまったら、1オンスくらいのジグヘッドにセットする手もある。荷札用の細い針金で固定する

## ヒラメのプロフィール

**■特徴と習性**

日本各地に分布。魚類、イカ類、甲殻類などを食べる。水深10〜200mの岩礁帯や魚礁と砂地の混成地に棲息するが、意外な浅場にもいる。通常ボートでねらうのは20〜50m前後。春から夏にかけての産卵期にはサーフからもねらえるほどで、より岸寄りで実績が高い。現在では各地で放流事業が行われ、以前よりも身近なターゲットになった。裏側の白い面に斑状の模様があるものは養殖魚とされる。

**■おいしい食べ方**

いわずと知れた白身の高級魚。とくに旬の冬は絶品で、刺身や洗いはもちろん、フライ、ムニエル、グラタン、バター焼きなどによく合う。左右のヒレの付け根にあるエンガワは脂が乗っており、コリコリとした歯ごたえもあって最高の食材。少ないエンガワを独り占めできるのは釣り人の特権だ。産卵で体力を奪われてしまう夏のヒラメは“猫またぎ”というが、それでも魅力的なターゲットであることには変わりない。

# 底付近をソフトな誘いで誘惑「ヤリイカ」

誘いはサオ先を水面から2～3段に分けて一定のスピードで
ピクッ
ピクッ
スルメイカは男性的に強くシャクるが、ヤリイカはソフトにやさしく……
そろ～～り
そろ～～り
穂先を45度に上げると胴調子のサオもノリがわかりやすい
ノリ
ノリがわかりにくかったら、段をつけずスローに目の高さまで上げる
アタリは先調子のサオが取りやすいけど、バレにくいのは、ちょっと胴に乗るタイプね
イカは釣り味より食いっ気よ
ランチャーは市販品もあるけれど、内径4～5cmの水道用の塩ビパイプで作れるよ
風上
釣り座は風上にサオを置き、
少し離す
仕掛けは風下においてスタンバイ
ヤリイカ専用ザオ、またはオモリ負荷80～100号の先調子
ミチイト　PE2～3号400m
中・小型電動リール
オモリ100～120号
中オモリ20号
市販のプラヅノ仕掛け（11cm）
◎釣り方・その1
①仕掛けが着底したら……（水深が深いときは着底した瞬間のイトフケを見逃さないように）
②中オモリが少し沈むまで、5秒くらいイトをフケさせる
③イトフケを取り誘いの動作に入るが……
このときがいちばんノリがいいんだけど、同乗者が多いとオマツリの原因にもなる
ズシリと重かったら……
④10mくらいは手巻きの超スローで追いノリを待つ
⑤あとは一定のスピードでリーリング

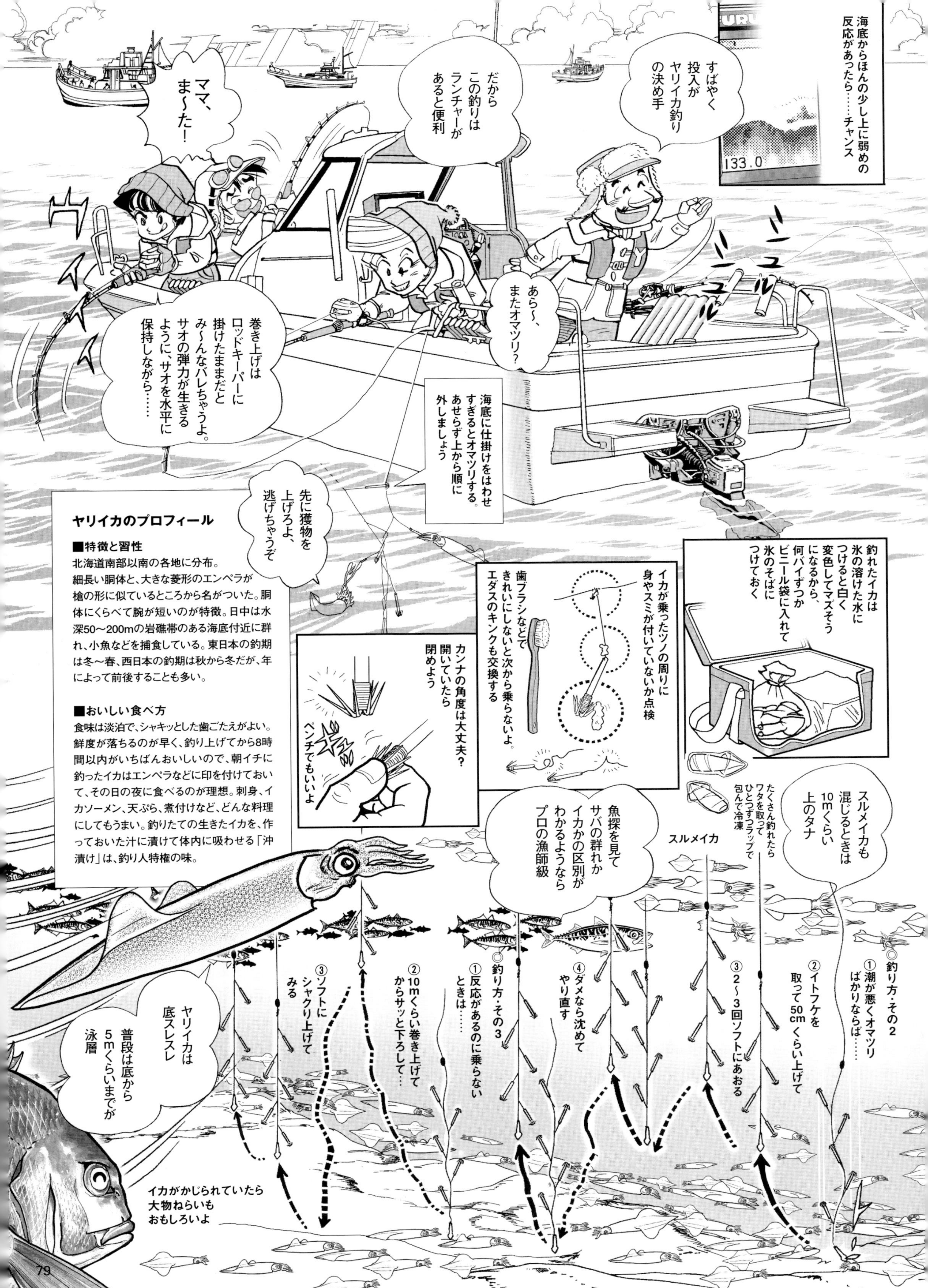
海底からほんの少し上に弱めの反応があったら……チャンス
133.0
すばやく投入がヤリイカ釣りの決め手
だからこの釣りはランチャーがあると便利
ママ、ま〜た!
あら〜、またオマツリ?
巻き上げはロッドキーパーに掛けたままだとみ〜んなバレちゃうよ。サオの弾力が生きるように、サオを水平に保持しながら……
海底に仕掛けをはわせすぎるとオマツリする。あせらず上から順に外しましょう
先に獲物を上げろよ、逃げちゃうぞ
釣れたイカは氷の溶けた水につけると白く変色してマズそうになるから、何バイずつかビニール袋に入れて氷のそばにつけておく
イカが乗ったツノの周りに身やスミが付いていないか点検
歯ブラシなどできれいにしないと次から乗らないよ。エダスのキンクも交換する
カンナの角度は大丈夫? 開いていたら閉めよう
ペンチでもいいよ
スルメイカも混じるときは10mくらい上のタナ
たくさん釣れたらワタを取ってひとつずつラップで包んで冷凍
魚探を見てサバの群れかイカかの区別がわかるようならプロの漁師級
スルメイカ
◎釣り方・その2
①潮が悪くオマツリばかりならば……
②イトフケを取って50cmくらい上げて
③2〜3回ソフトにあおる
④ダメなら沈めてやり直す
◎釣り方・その3
①反応があるのに乗らないときは……
②10mくらい巻き上げてからサッと下ろして…
③ソフトにシャクり上げてみる
ヤリイカは底スレスレ
普段は底から5mくらいまでが泳層
イカがかじられていたら大物ねらいもおもしろいよ

**ヤリイカのプロフィール**

**■特徴と習性**

北海道南部以南の各地に分布。
細長い胴体と、大きな菱形のエンペラが槍の形に似ているところから名がついた。胴体にくらべて腕が短いのが特徴。日中は水深50〜200mの岩礁帯のある海底付近に群れ、小魚などを捕食している。東日本の釣期は冬〜春、西日本の釣期は秋から冬だが、年によって前後することも多い。

**■おいしい食べ方**

食味は淡泊で、シャキッとした歯ごたえがよい。鮮度が落ちるのが早く、釣り上げてから8時間以内がいちばんおいしいので、朝イチに釣ったイカはエンペラなどに印を付けておいて、その日の夜に食べるのが理想。刺身、イカソーメン、天ぷら、煮付けなど、どんな料理にしてもうまい。釣りたての生きたイカを、作っておいた汁に漬けて体内に吸わせる「沖漬け」は、釣り人特権の味。

## 食味最優先で釣る
## 深海釣りの代表選手

# 「アコウダイ」

普段は
大型電動リールが
必要な高級魚
アコウダイも、
春〜初夏なら
産卵（卵胎生だけど）で
浅場に寄るから
中型の電動リールでも
楽しめるので〜す

仕掛けの投入は
3〜4ノットで
走りながら
30〜50m離して
1人ずつ入れる
自分の番を
待っている
ときが
一番緊張する
釣りよね

水深は深くても
こんなふうに
なっているから
オマツリは
避けられる
海底に
仕掛けが着底するまで
ちょっと時間が
かかるから……
などと油断して着底の
瞬間を見逃すと大変！

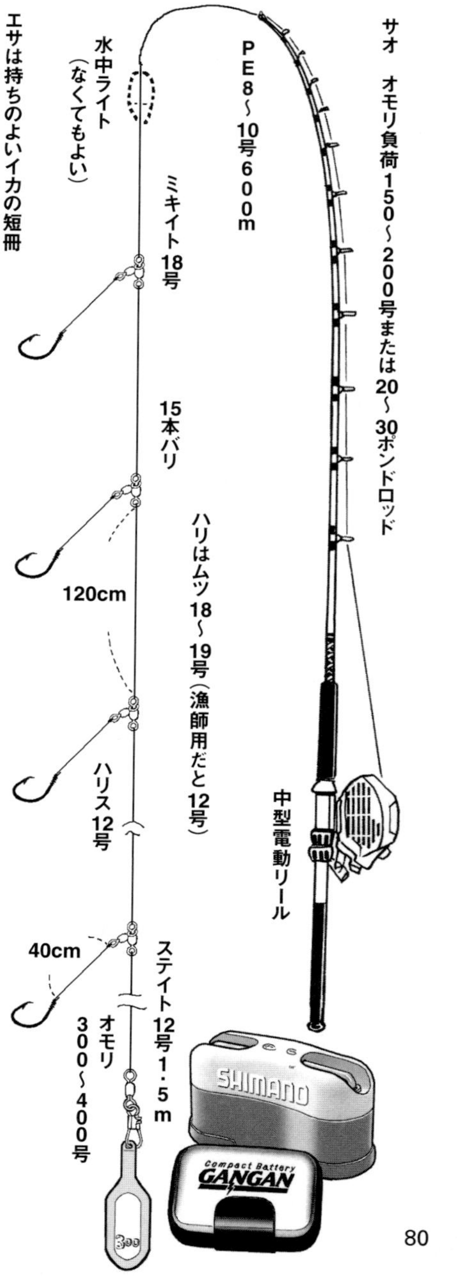
サオ　オモリ負荷150〜200号または20〜30ポンドロッド
PE8〜10号600m
水中ライト
（なくてもよい）
ミキイト18号
15本バリ
ハリはムツ18〜19号（漁師用だと12号）
120cm
ハリス12号
中型電動リール
40cm
ステイト12号1.5m
オモリ
300〜400号

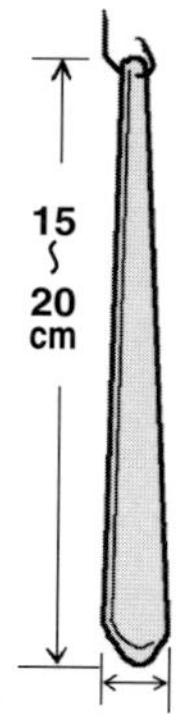
エサは持ちのよいイカの短冊
ハリを引っぱり出して
細いほうにチョン掛け
15〜20cm

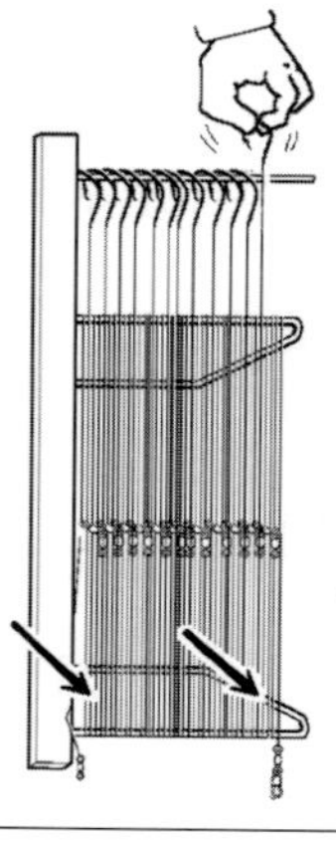
市販の仕掛けは3000円くらい。
使う前に絡んでいないか調べておこう。
自作する場合は、
ミキイトを下から5本ずつ
14号、16号、18号と変えて作ると、
根掛かりしても全部を失うことはない。
サバやサンマの身エサも使うときは、
ひとつおきにタコベイトなどを
一緒に付けると、エサが外れても安心

着底の瞬間を見逃すと二〜三枚の
潮に流されてミチイトが再び出始め、
底ダチがわからなくなり
根掛かりの原因となる

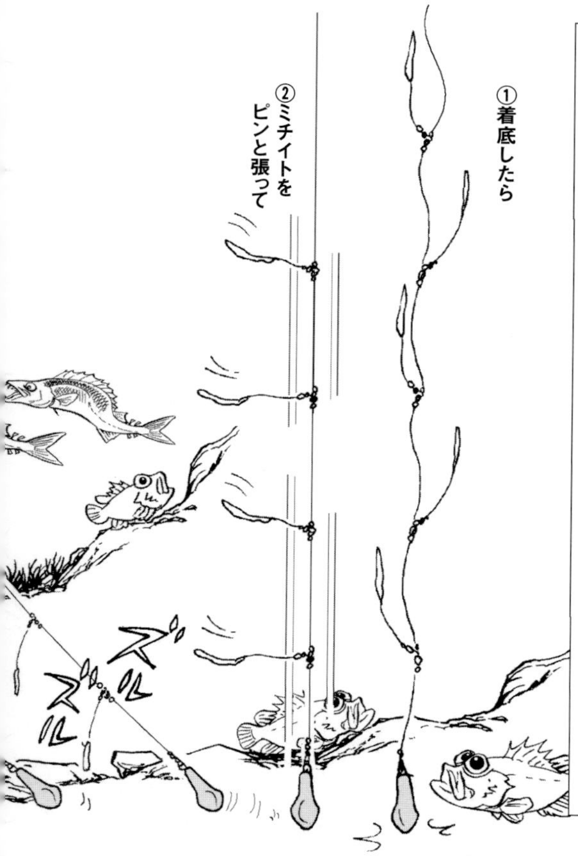
①着底したら
②ミチイトを
ピンと張って

### アコウダイのプロフィール

**■特徴と習性**

タイという名はつくものの実際はフサカサゴ科の魚。青森県〜静岡県、三重県などに分布し、エビ、イカ、魚類を捕食している。普段は水深400〜500mをねらうが、3〜6月ぐらいまでは産卵で浅い場所に寄るので300m以浅で釣れる。通常は2〜3尾釣れれば満足のターゲット。たまに“アコウ提灯”と呼ばれる多点掛けもあり、1回でクーラー満杯になることも。産卵以外に大きく移動する魚ではないので、釣られてしまうと、いなくなったことを実感する。千葉県など地域によっては魚族保護のため漁師も入れないエリアを年ごとに設けているので注意。

**■おいしい食べ方**

脂のよく乗った水分の多い白身で、煮る、焼くなどに向く。味噌漬け、粕漬けや、鍋にも最高の高級食材。釣りたての新鮮なうちなら刺身や昆布締めも美味。

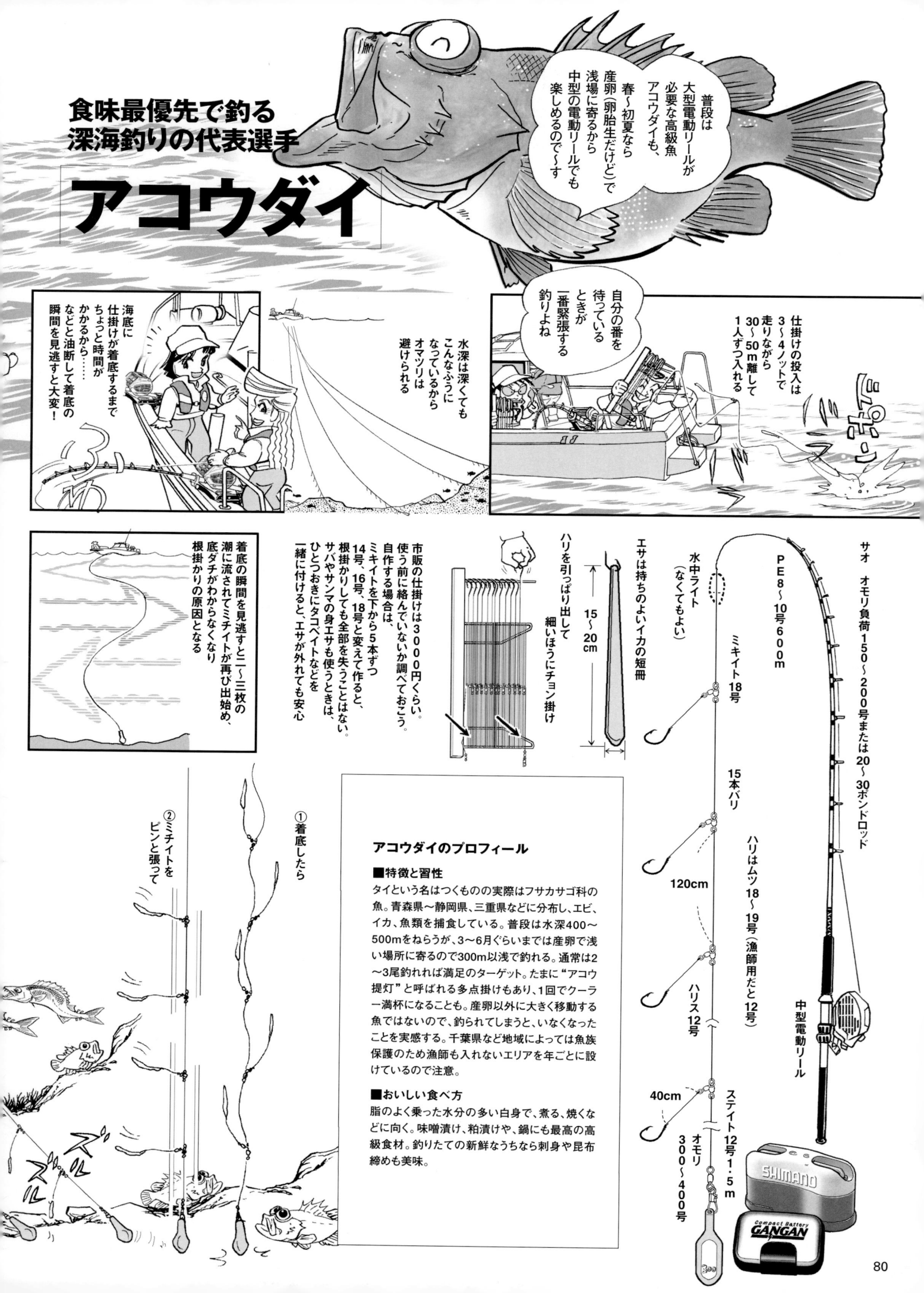

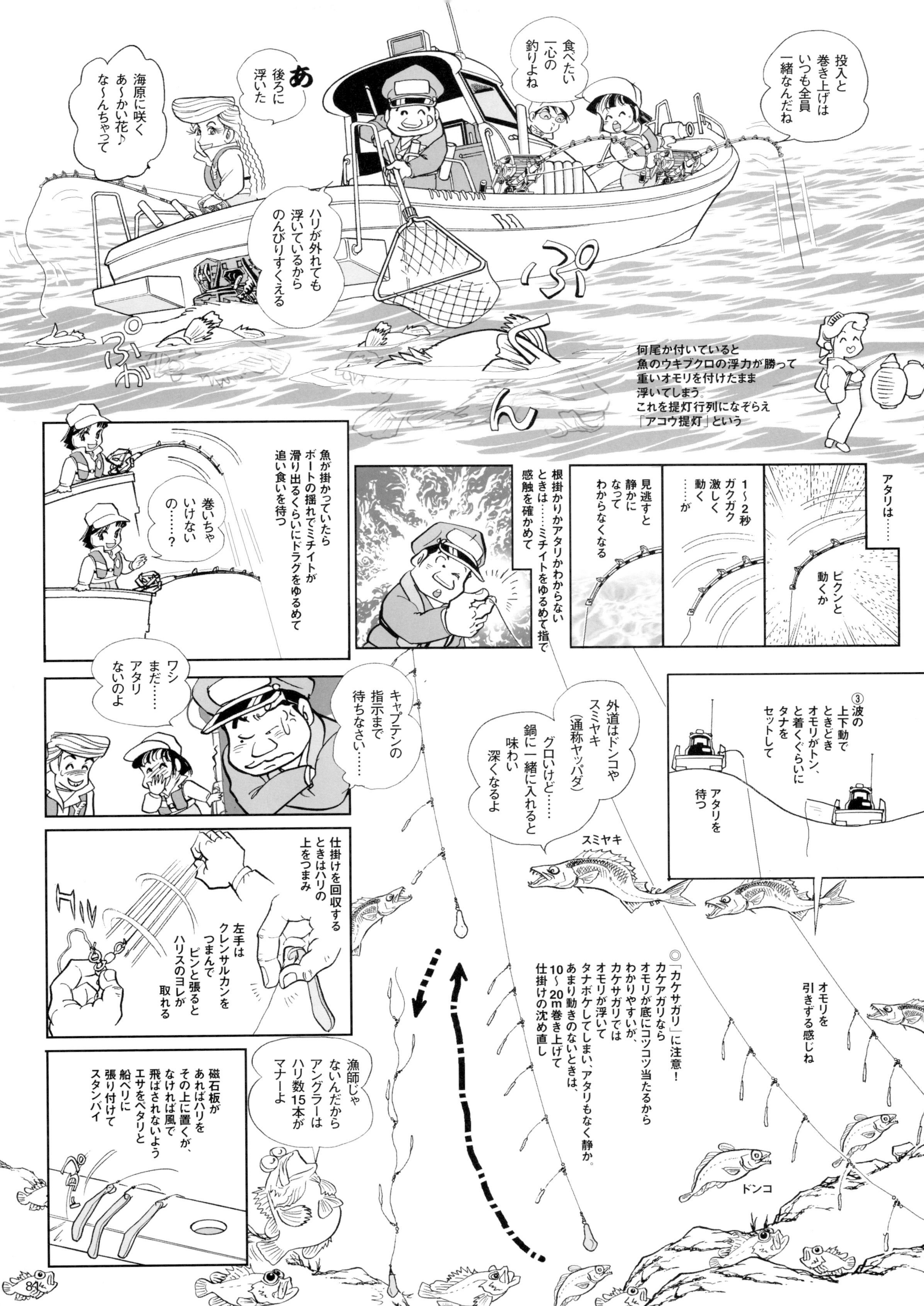

投入と巻き上げはいつも全員一緒なんだね
食べたい一心の釣りよね
あ
後ろに浮いた
海原に咲くあ〜かい花♪な〜んちゃって
ハリが外れても浮いているからのんびりすくえる
ぷ〜ん
ぷか
何尾か付いていると魚のウキブクロの浮力が勝って重いオモリを付けたまま浮いてしまう。これを提灯行列になぞらえ「アコウ提灯」という
アタリは……
ピクンと動くか
1〜2秒ガクガク激しく動く……が
見逃すと静かになってわからなくなる
根掛かりかアタリかわからないときは……ミチイトをゆるめて指で感触を確かめて
魚が掛かっていたらボートの揺れでミチイトが滑り出るくらいにドラグをゆるめて追い食いを待つ
巻いちゃいけないの……？
③波の上下動でときどきオモリがトン、と着くぐらいにタナをセットして
アタリを待つ
外道はドンコやスミヤキ（通称ヤッパダ）
グロいけど……鍋に一緒に入れると味わい深くなるよ
キャプテンの指示まで待ちなさい……
ワシまだ……アタリないのよ
スミヤキ
オモリを引きずる感じね
◎「カケサガリ」に注意！
カケアガリならオモリが底にコツコツ当たるからわかりやすいが、カケサガリではオモリが浮いてタナボケしてしまい、アタリもなく静か。あまり動きのないときは、10〜20m巻き上げて仕掛けの沈め直し
仕掛けを回収するときはハリの上をつまみ
左手はクレンサルカンをつまんでピンと張るとハリスのヨレが取れる
漁師じゃないんだからアングラーはハリ数15本がマナーよ
磁石板があればハリをその上に置くが、なければ風で飛ばされないようエサをペタリと船べりに張り付けてスタンバイ
ドンコ

# 水面まで暴れる
# 深場のファイター
# 本当は周年ねらえる高級魚
# 「オニカサゴ」

釣る面白さ……より食べたい一心の釣り、オニ退治
オデコ覚悟の釣りですが……、釣れたらおいしい食卓が待っているよ

ちょっと上級の釣りになりま～す
これ サル、ナマ言うでないよ


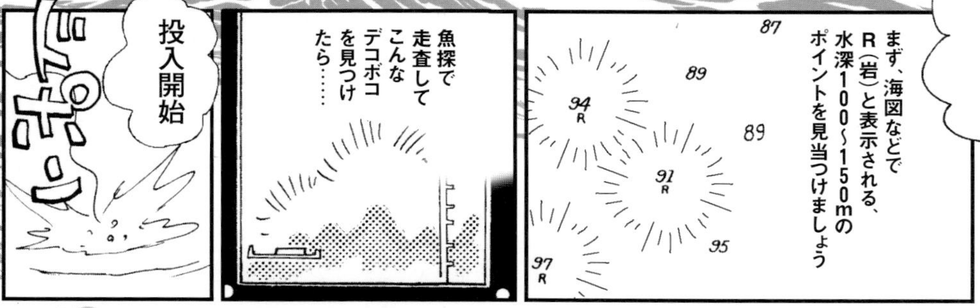

まず、海図などでR（岩）と表示される、水深100～150mのポイントを見当つけましょう
87
89
94
R
89
91
R
95
97
R
魚探で走査してこんなデコボコを見つけたら……
投入開始


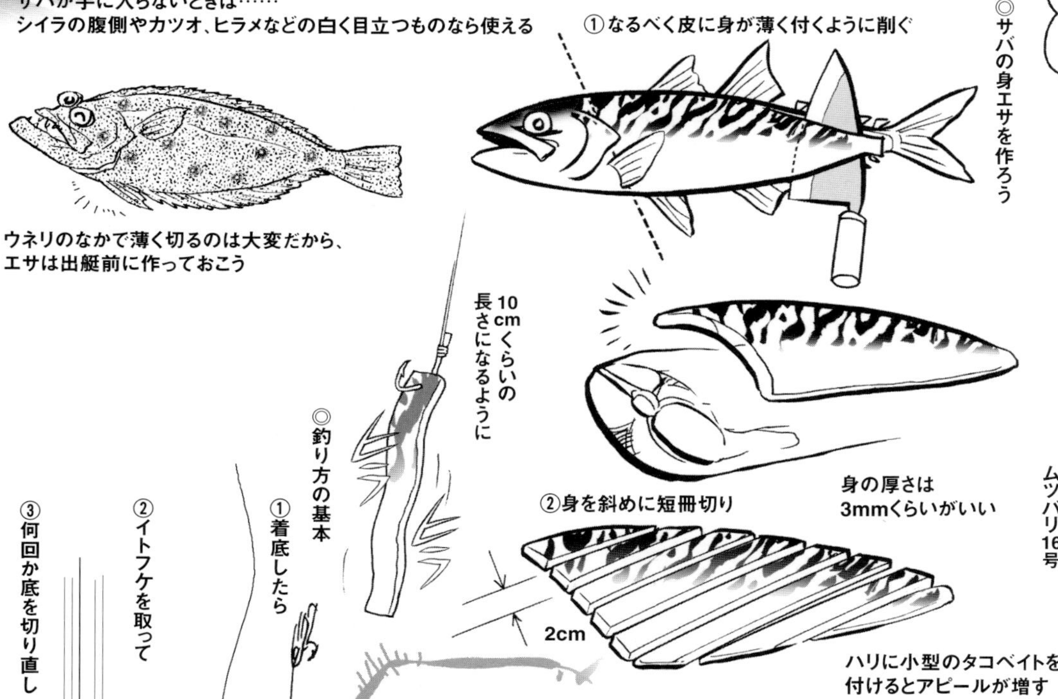

◎サバの身エサを作ろう
①なるべく皮に身が薄く付くように削ぐ
サバが手に入らないときは……
シイラの腹側やカツオ、ヒラメなどの白く目立つものなら使える
ウネリのなかで薄く切るのは大変だから、
エサは出艇前に作っておこう
10cmくらいの長さになるように
②身を斜めに短冊切り
身の厚さは
3mmくらいがいい
2cm


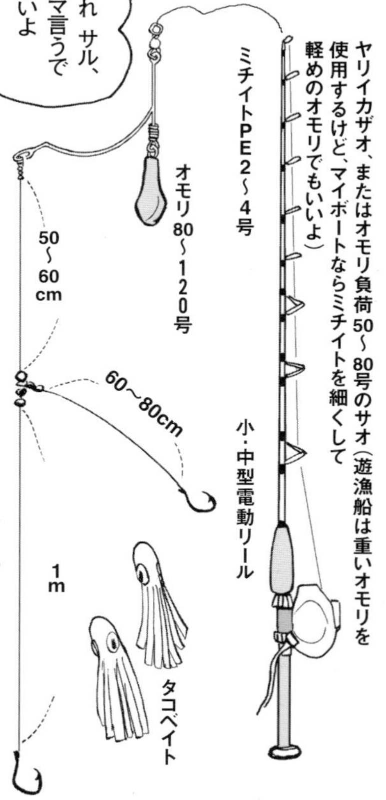

ヤリイカザオ、またはオモリ負荷50～80号のサオ（遊漁船は重いオモリを使用するけど、マイボートならミチイトを細くして軽めのオモリでもいいよ）
小・中型電動リール
ミチイトPE2～4号
オモリ80～120号
50～60cm
60～80cm
ムツバリ16号
1m
タコベイト
ハリに小型のタコベイトを
付けるとアピールが増す
※潮が速くなければオモリは
水深×0.8号くらいでOK

◎釣り方の基本
①着底したら
②イトフケを取って
③何回か底を切り直し
外道はユメカサゴやアヤメカサゴ、大メバルなどだよ


### オニカサゴのプロフィール

**■特徴と習性**

釣り人がオニカサゴと呼ぶのは、標準和名でイズカサゴのこと。標準和名のオニカサゴは別種となる。本州中部以南、水深80～200mの岩礁帯周りに棲息し、大型は2キロを超す。エサにはサバの切り身のほか、小型イワシやワカサギの1尾掛け、イイダコの半身や1匹掛けも効果的。深場の魚だが水圧の変化に強く、最後まで抵抗をみせる釣り味も人気だ。毒のあるトゲに刺されると釣りにならないくらい痛いので、死んでからも要注意。

**■おいしい食べ方**

刺身、薄造り、シャブシャブなど、とくに脂の乗る寒い時期は、白身ならではのうっすらとした脂が乗って絶品。刺身を取った中骨はバラバラにならないようガーゼで包み、鍋にすると最高のダシが出る。雑炊やウドンもおすすめ。また、湯引きした胃袋をはじめ、皮、ヒレなどは酒の肴に最高の食材となる。

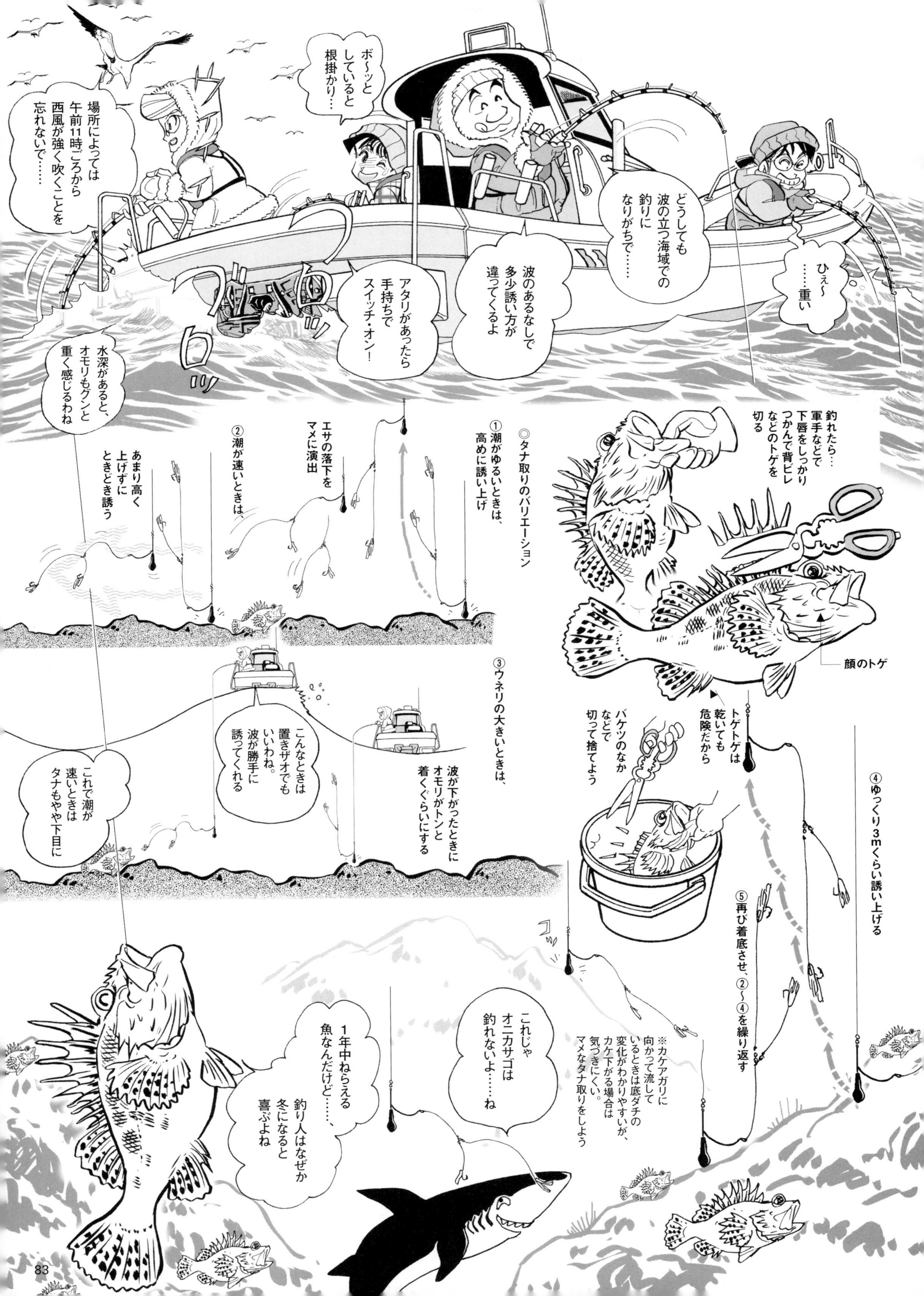
ひぇ～
……重い
どうしても波の立つ海域での釣りになりがちで……
波のあるなしで多少誘い方が違ってくるよ
アタリがあったら手持ちでスイッチ・オン!
ボ～ッとしていると根掛かり……
場所によっては午前11時ごろから西風が強く吹くことを忘れないで……
水深があると、オモリもグンと重く感じるわね
釣れたら…軍手などで下唇をしっかりつかんで背ビレなどのトゲを切る
顔のトゲ
トゲトゲは乾いても危険だから
バケツのなかなどで切って捨てよう
◎タナ取りのバリエーション
①潮がゆるいときは、高めに誘い上げ
エサの落下をマメに演出
②潮が速いときは、
あまり高く上げずにときどき誘う
③ウネリの大きいときは、
波が下がったときにオモリがトンと着くぐらいにする
こんなときは置きザオでもいいわね。波が勝手に誘ってくれる
これで潮が速いときはタナもやや下目に
④ゆっくり3mくらい誘い上げる
⑤再び着底させ、②～④を繰り返す
※カケアガリに向かって流しているときは底ダチの変化がわかりやすいが、カケ下がる場合は気づきにくい。マメなタナ取りをしよう
これじゃオニカサゴは釣れないよ……ね
1年中ねらえる魚なんだけど……、
釣り人はなぜか冬になると喜ぶよね

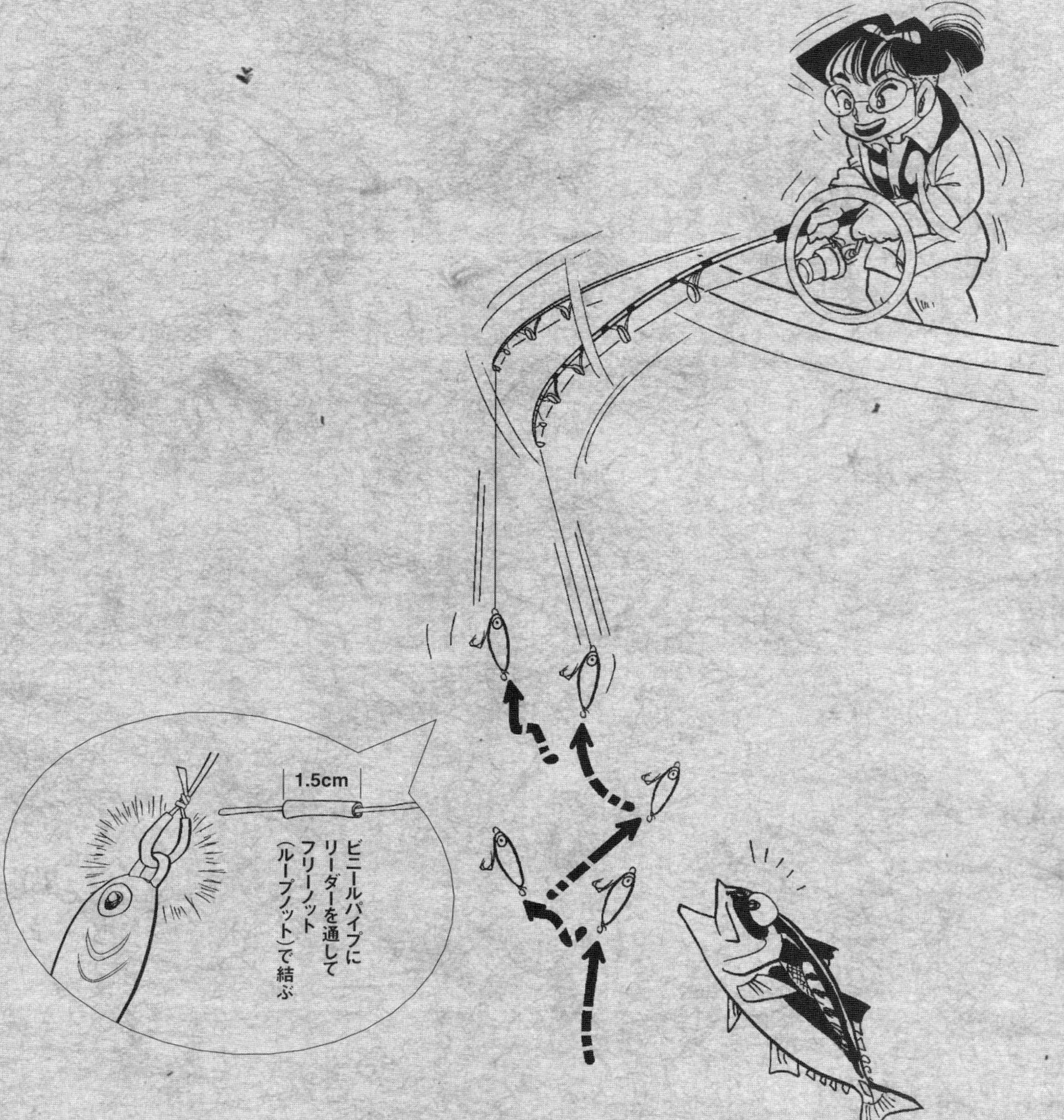
1.5cm
ビニールパイプに
リーダーを通して
フリーノット
（ループノット）で結ぶ

# ルアー編

ルアーの釣りで一番迷いやすいのが、リールのスプール径だろう。本書にも小・中型などと表示したが、スピニングリールの場合、

小型……スプール直径が40ミリ程度のもの

大型……スプール直径が70ミリ程度のもの

一般に両軸リールは、

小型……スプール直径が40ミリ程度のもの

中型……スプール直径が50～80ミリのもの

大型……スプール直径が90ミリ以上のもの

がひとつの目安と考えていただきたい。

ジギングで問題となるのは、魚の遊泳層。魚がどこにいるのかわからないときは、表層をジャーク＆ジャークした後、ヒットしなければ5～10メートル刻みで沈めて探っていくのが基本。ただし、宙層に魚探の反応が出た場合には（シーバス、タチウオ、カツオ、イナダ、メジなど）、その反応よりも沈め過ぎると魚はジグを追って沈み、消えてしまうことがあるので、ルアーを沈めすぎないことが重要となる。

ちなみに、潮が澄んでいる状況下で細いリーダーを使いたいときなら、リーダーの通る太さの穴があるビニールパイプにリーダーを通しておくといいだろう。これによってアイの部分でリーダーが擦れるのを防ぐことができれば、30ポンドリーダーでもカツオクラスなら何とかOKとなる。

リーダーの太さに合わせて、ビニールパイプは何種類か用意しておこう。

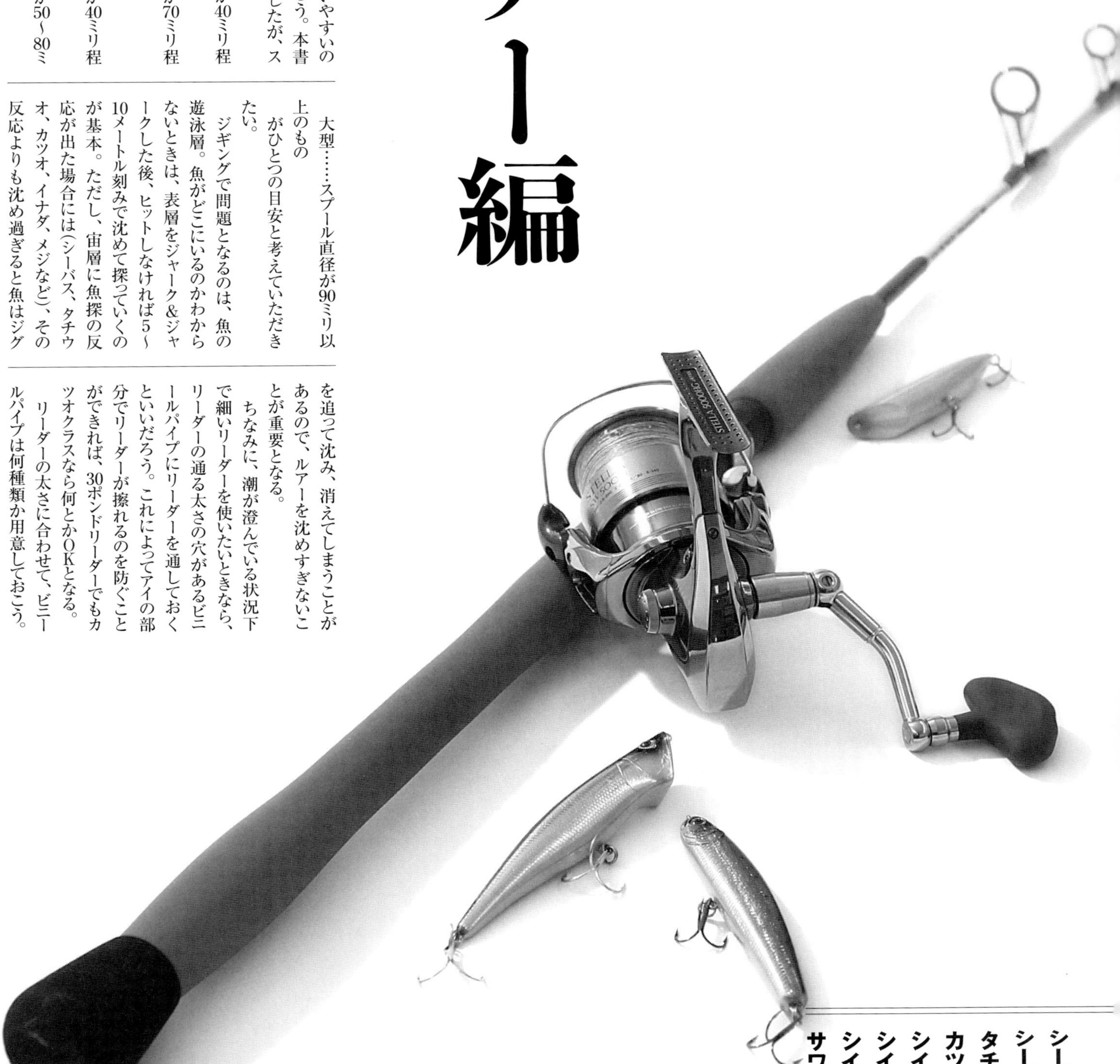

# デイゲームで型を見るなら まずはジギング

# シーバス その1

エラ洗いもスリリングなシーバス!!
……だけど
これは異物を吐き出そうとする動作なのよ
エラ洗いをやられないためにはロッドを立てすぎないこと
ヒットするときって……同時なんだよね

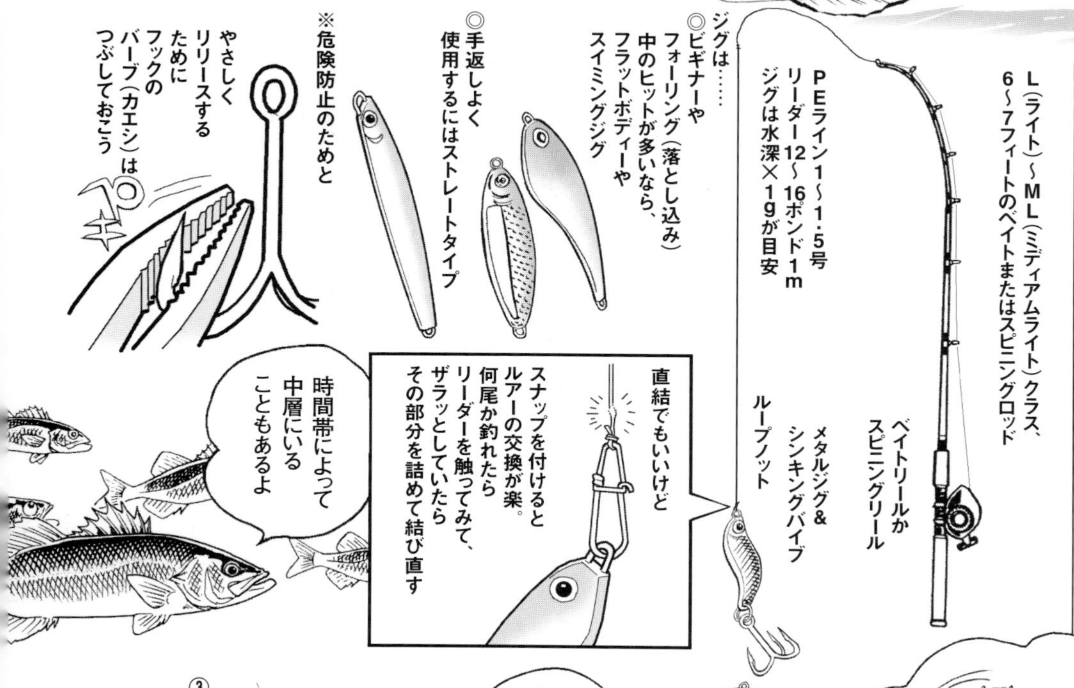
L（ライト）〜ML（ミディアムライト）クラス、6〜7フィートのベイトまたはスピニングロッド
PEライン1〜1.5号 リーダー12〜16ポンド1m ジグは水深×1gが目安
ベイトリールかスピニングリール
メタルジグ&シンキングバイブ
ループノット
ジグは……
◎ビギナーやフォーリング（落とし込み）中のヒットが多いなら、フラットボディーやスイミングジグ
◎手返しよく使用するにはストレートタイプ
※危険防止のためとやさしくリリースするためにフックのバーブ（カエシ）はつぶしておこう
直結でもいいけどスナップを付けるとルアーの交換が楽。何尾か釣れたらリーダーを触ってみて、ザラッとしていたらその部分を詰めて結び直す
時間帯によって中層にいることもあるよ

## シーバスのプロフィール

■特徴と習性

ルアーフィッシングなどではシーバスと呼ばれることが多いが、標準和名はスズキ。成長段階で名前が変わる出世魚で、関東ではセイゴ→フッコ→スズキ、関西ではセイゴ→ハネ→スズキと呼ぶ。中部地方ではフッコ級をマダカとも呼んでいる。成魚は比較的大型の甲殻類や小魚を捕食し、最大で1mを超える。北海道南部以南、日本全国の沿岸に棲息。水深1m未満の浅場から50m前後の深場まで釣りの対象になり、外海から汽水域まで棲息域は広い。東京湾や大阪湾など大都市に面する湾に多いのも特徴。仲間には、磯場に多いヒラスズキや、体に黒斑を持つタイリクスズキ（ホシスズキ）などがいる。

■おいしい食べ方

江戸前の釣りの人気ターゲットでもあり、食材としての魅力も高い。身の締まった白身で、スズキの洗いや奉書焼きなどは有名。小型は塩焼きも美味。ただし日本が世界に誇るゲームフィッシュであるスズキは釣りの愛好者も多く、年々減少しているのが現状。ジャパンゲームフィッシュ協会が独自に定めた、1人あたりのキープは50cm以下1尾というバッグリミットなどを参考に、必要以上に殺さないようにしたい。

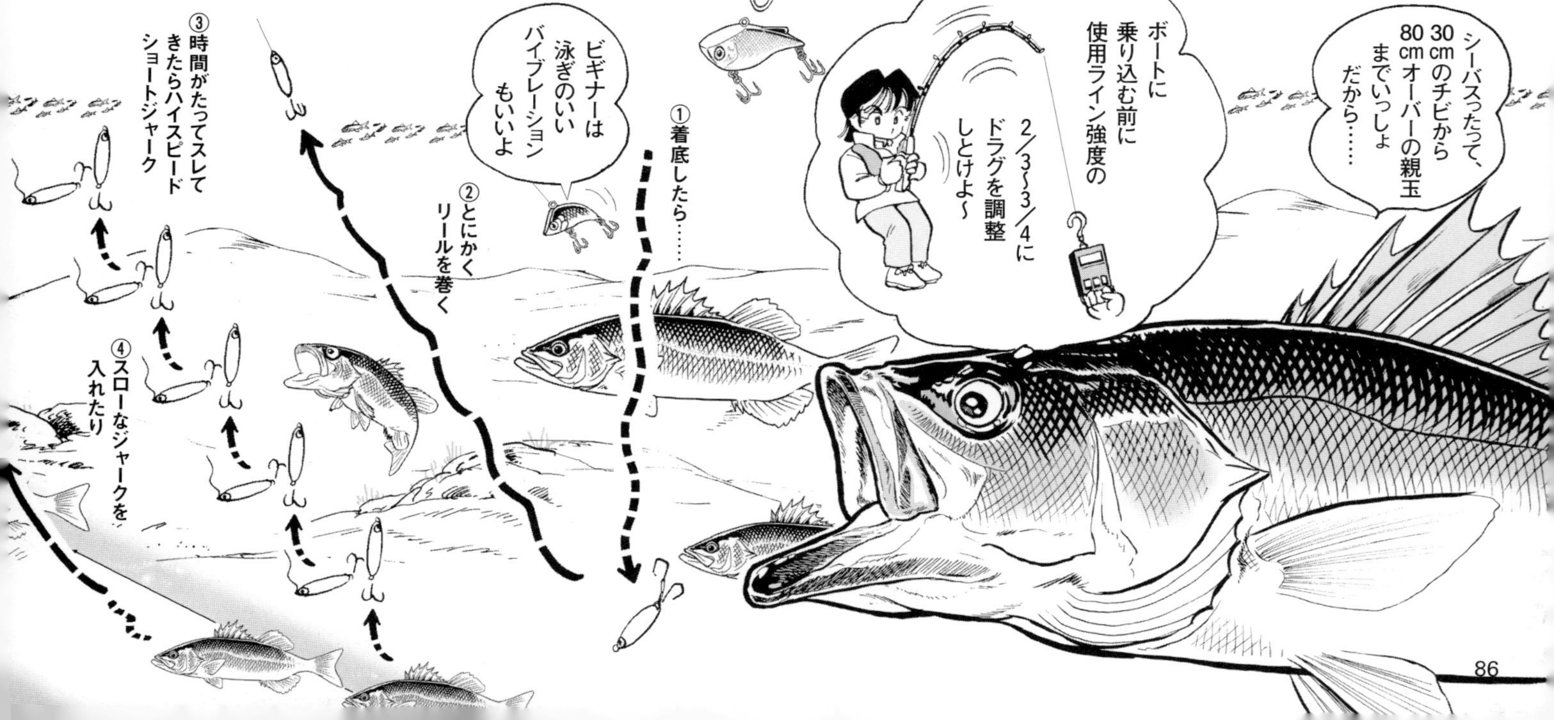
シーバスったって、30cmのチビから80cmオーバーの親玉までいっしょだから……
ボートに乗り込む前に使用ライン強度の2/3〜3/4にドラグを調整しとけよ〜
①着底したら……
②とにかくリールを巻く
ビギナーは泳ぎのいいバイブレーションもいいよ
③時間がたってスレてきたらハイスピードショートジャーク
④スローなジャークを入れたり

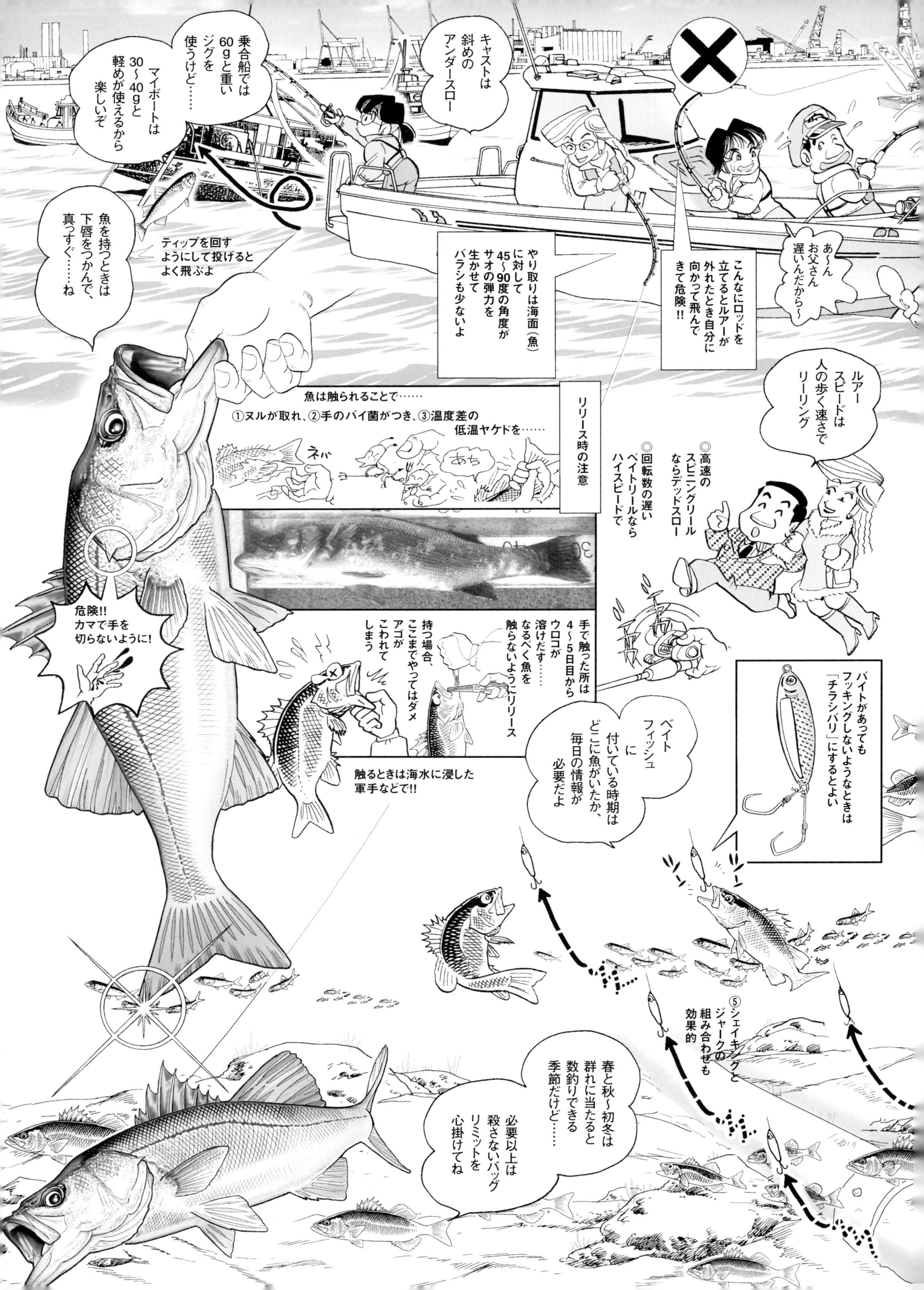
あ～ん
お父さん
遅いんだから～
こんなにロッドを立てるとルアーが外れたとき自分に向かって飛んできて危険!!
やり取りは海面(魚)に対して45～90度の角度がサオの弾力を生かせてバラシも少ないよ
キャストは斜めのアンダースロー
乗合船では60gと重いジグを使うけど……
マイボートは30～40gと軽めが使えるから楽しいぞ
ティップを回すようにして投げるとよく飛ぶよ
魚を持つときは下唇をつかんで、真っすぐ……ね
ルアースピードは人の歩く速さでリーリング
◎高速のスピニングリールならデッドスロー
◎回転数の遅いベイトリールならハイスピードで
リリース時の注意
魚は触られることで……
①ヌルが取れ、②手のバイ菌がつき、③温度差の低温ヤケドを……
ネバ
あち
手で触った所は4～5日目からウロコが溶けだす……なるべく魚を触らないようにリリース
持つ場合、ここまでやってはダメ アゴがこわれてしまう
危険!! カマで手を切らないように!
触るときは海水に浸した軍手などで!!
バイトがあってもフッキングしないようなときは「チラシバリ」にするとよい
ベイトフィッシュに付いている時期はどこに魚がいたか、毎日の情報が必要だよ
⑤シェイキングとジャークの組み合わせも効果的
春と秋～初冬は群れに当たると数釣りできる季節だけど……
必要以上は殺さないバッグリミットを心掛けてね

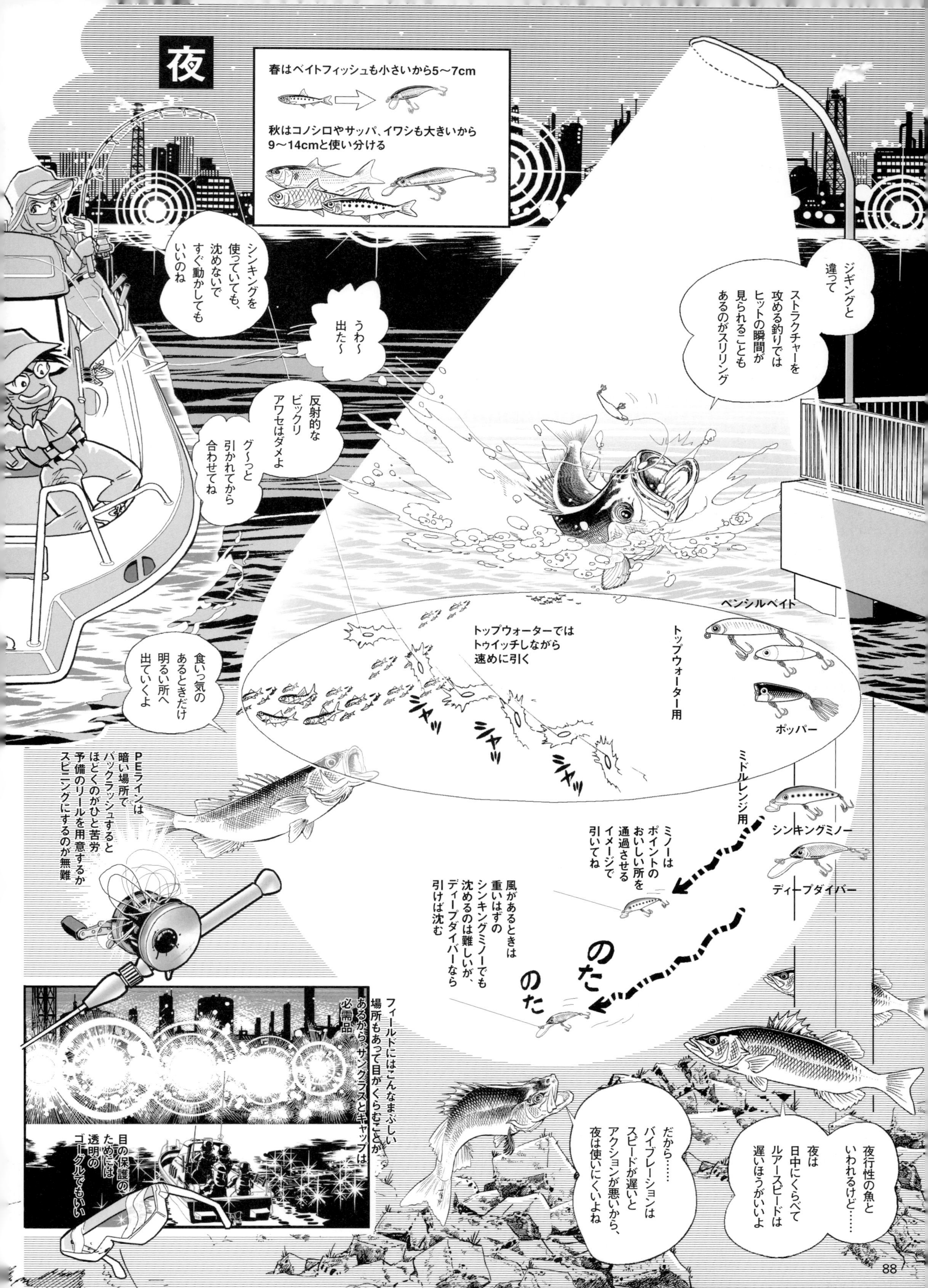

夜
春はベイトフィッシュも小さいから5〜7cm
秋はコノシロやサッパ、イワシも大きいから9〜14cmと使い分ける
ジギングと違って
ストラクチャーを攻める釣りではヒットの瞬間が見られることもあるのがスリリング
シンキングを使っていても、沈めないですぐ動かしてもいいのね
うわ〜出た〜
反射的なビックリアワセはダメよ
グ〜っと引かれてから合わせてね
食いっ気のあるときだけ明るい所へ出ていくよ
トップウォーターではトゥイッチしながら速めに引く
ペンシルベイト
トップウォーター用
ポッパー
シャッ
シャッ
シャッ
PEラインは暗い場所でバックラッシュするとほどくのがひと苦労。予備のリールを用意するかスピニングにするのが無難
ミドルレンジ用
シンキングミノー
ディープダイバー
ミノーはポイントのおいしい所を通過させるイメージで引いてね
風があるときは重いはずのシンキングミノーでも沈めるのは難しいが、ディープダイバーなら引けば沈む
のた
のた
フィールドにはこんなまぶしい場所もあって目がくらむことがあるから、サングラスとキャップは必需品
目の保護のためには透明のゴーグルでもいい
夜行性の魚といわれるけど……
夜は日中にくらべてルアースピードは遅いほうがいいよ
だから……バイブレーションはスピードが遅いとアクションが悪いから、夜は使いにくいよね

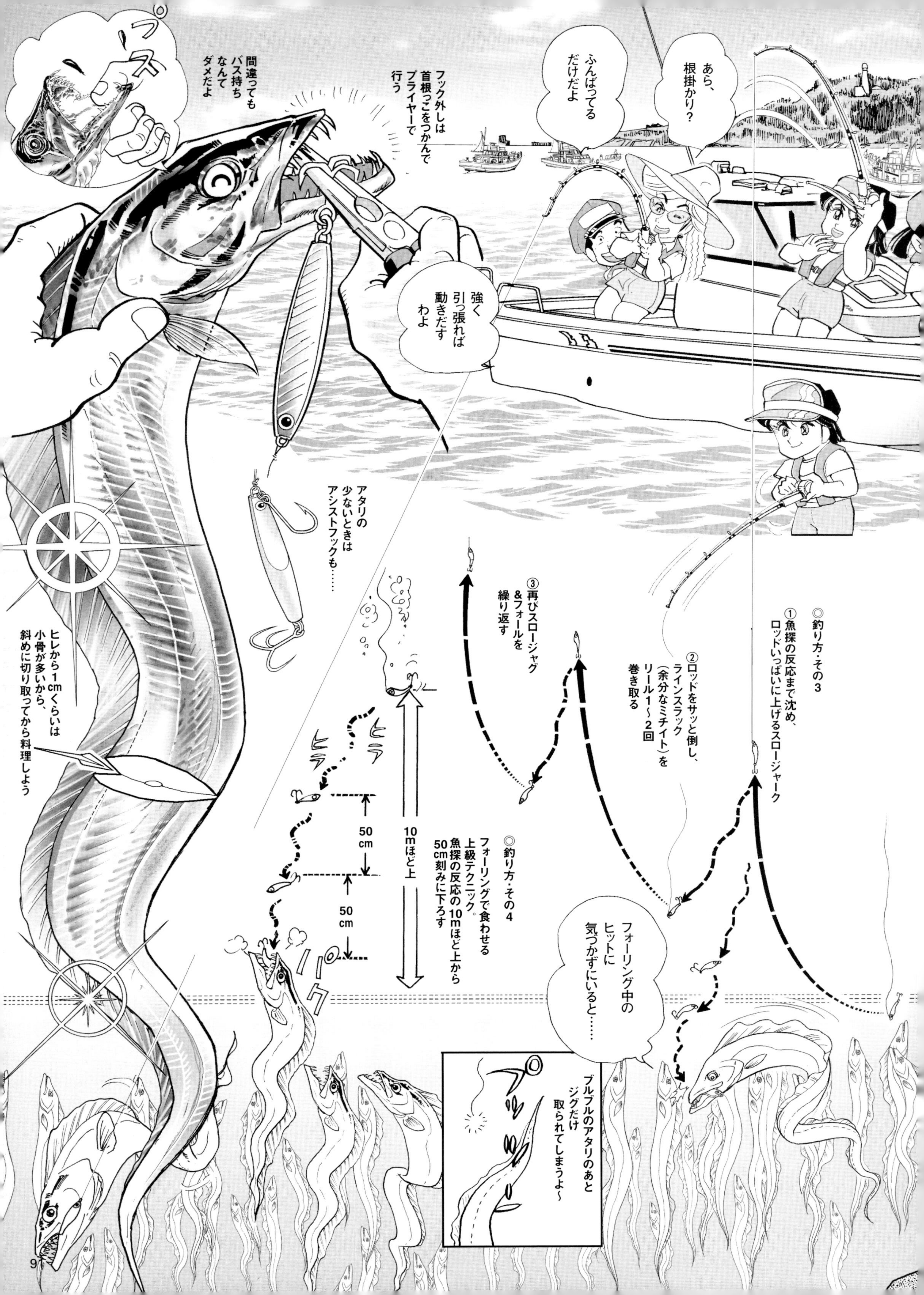

あら、根掛かり？
ふんばってるだけだよ
強く引っ張れば動きだすわよ
フック外しは首根っこをつかんでプライヤーで行う
間違ってもバス持ちなんてダメだよ
プス
アタリの少ないときはアシストフックも……
ヒレから1cmくらいは小骨が多いから、斜めに切り取ってから料理しよう
◎釣り方・その3
①魚探の反応まで沈め、ロッドいっぱいに上げるスロージャーク
②ロッドをサッと倒し、ラインスラック（余分なミチイト）をリール1～2回巻き取る
③再びスロージャグ＆フォールを繰り返す
◎釣り方・その4
フォーリングで食わせる上級テクニック。魚探の反応の10mほど上から50cm刻みに下ろす
10mほど上
ヒラ
ヒラ
50cm
50cm
パク
フォーリング中のヒットに気づかずにいると……
ブルブルのアタリのあとジグだけ取られてしまうよ～

まず、海水の透明度が高いエリアでナブラやトリヤマを探そう
いたよ!!
見つけたらそのナブラはどちらへ向かっているか見極めよう
決してナブラを突っ切るようなことをしてはならない。ルアーを投げる場合も同じ

# ナブラの進行方向を見極めるのがコツ 「カツオ」

## ルアーゲーム

ロッドML〜Lクラス6〜8フィート
※専用ロッドは10フィートまであるが、ボートでは8フィートまでが使いやすい
ライン　モノフィラ（ナイロン）12〜16ポンド、PEライン2号（PEのときはリーダーを長めにする）
スプール径50mm以上のスピニングリール
ビミニツイスト&オルブライトノット
リーダー50ポンド4・5〜5m（ビミニから6・1m以内がIGFAルール）
9〜11cmシンキングプラグ
30〜60gメタルジグ
こんな所はプラグやナチュラルカラーのジグで
ナブラのど真ん中に大きな音を立ててキャストしない
ルアーが着水する寸前にサミングして着水音を小さくする
群れが広く散っていそうなときはキャストして

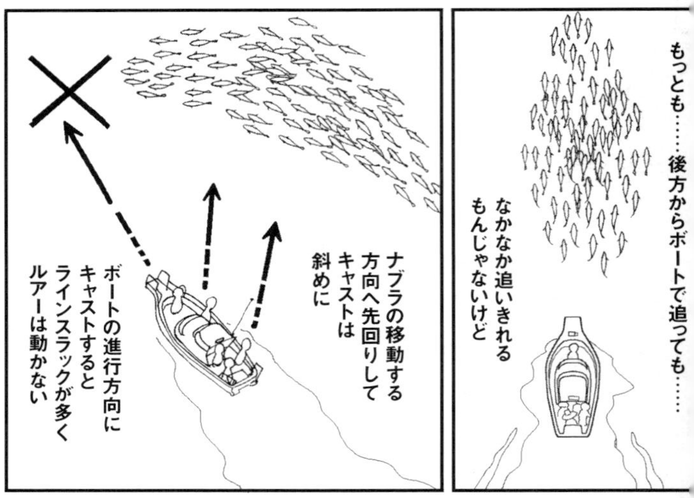
もっとも……後方からボートで追っても…
なかなか追いきれるもんじゃないけど
ナブラの移動する方向へ先回りしてキャストは斜めに
ボートの進行方向にキャストするとラインスラックが多くルアーは動かない

### カツオのプロフィール

**■特徴と習性**

世界中の暖海域に棲息。休むことなく常に泳ぎ回っており、紡錘形の体形からもわかるように遊泳力は抜群。2〜4kgサイズの赤みの強くなった身はターボチャージャー付きのパワーを生み出し、食味もよい。1kg未満の身の白い小型は渋みがあっておいしくない。また、たまに釣れる10kgオーバー、20kgサイズはマグロよりパワーがあり、食べても最高に美味。季語にもなるほど季節感のある魚で、春ごろ日本列島の南側から姿を見せる。それから黒潮に乗って北上するのが「上りガツオ」で、初夏には房総沖を通過。その後、寒流の親潮にぶつかってUターンしてくるのが「下り（戻り）ガツオ」。エサを豊富に食べ、たっぷりと脂を蓄えた秋口の下りガツオは格段にうまい。常に回遊情報をチェックして釣行計画を立てよう。

**■おいしい食べ方**

独特の匂いやクセがあるので、ニンニク、ショウガ、ネギ、青ジソ、ミョウガなどをたっぷり使って食べるのが美味。刺身でもいけるが、皮を強火で焦がし、身の表面も焼いたら氷水で冷やす、「土佐造り」が有名。カツオのタタキとも呼ばれる。青もの全般に言えることだが、釣り上げたらすぐに氷のたっぷり入ったクーラーボックスに入れるなどして鮮度を保つのが、おいしくいただくコツ。
余裕があれば血抜きもしておきたい。

ジャーク&ジャーク
上はかなりにぎやか……でも、でかい音は嫌いよ

# テクニカルな釣趣が魅力のキャスティングゲーム
# シーバス
## その2

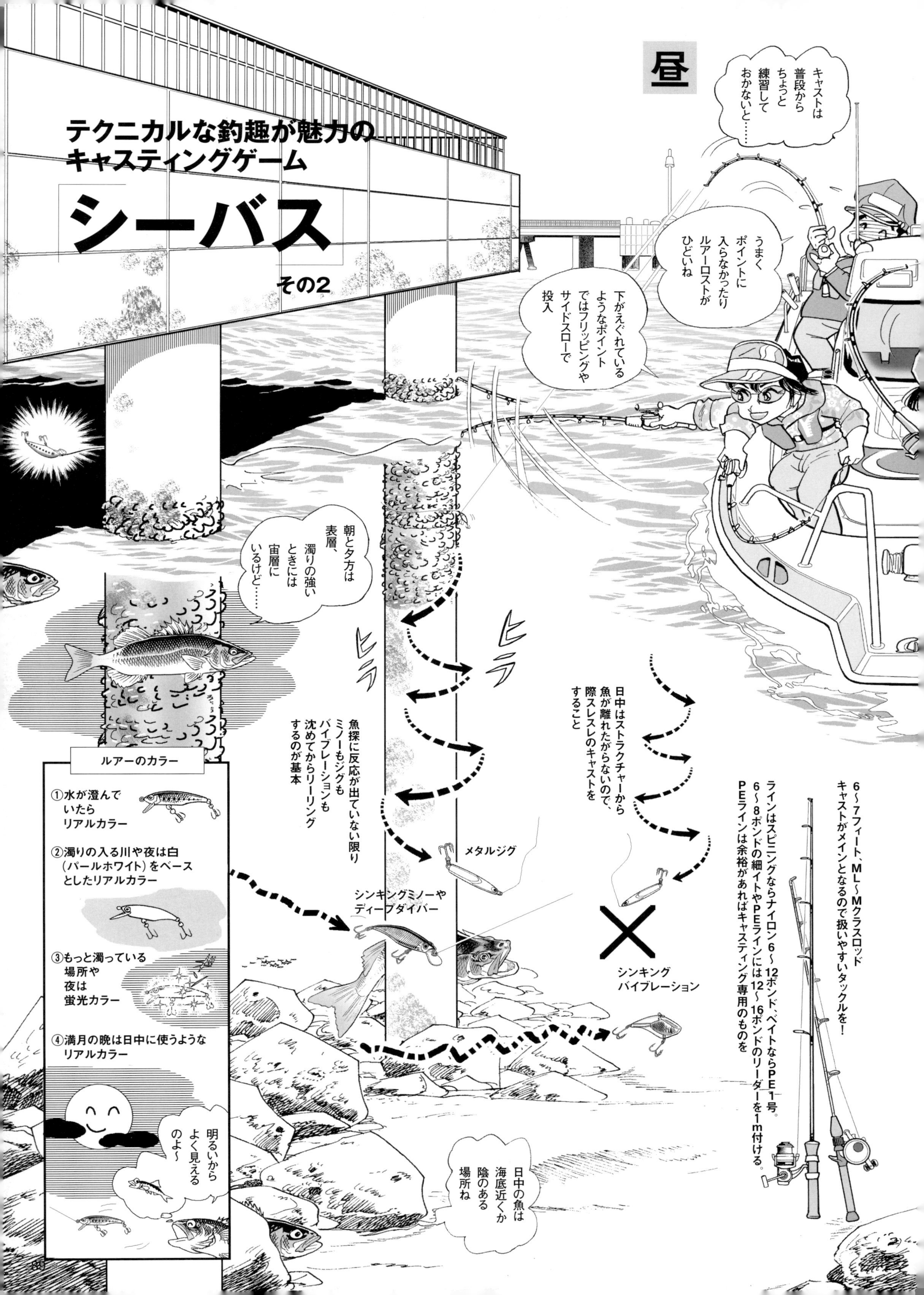

昼
キャストは普段からちょっと練習しておかないと……
うまくポイントに入らなかったりルアーロストがひどいね
下がえぐれているようなポイントではフリッピングやサイドスローで投入
朝と夕方は表層、濁りの強いときには宙層にいるけど……
日中はストラクチャーから魚が離れたがらないので、際スレスレのキャストをすること
魚探に反応が出ていない限りミノーもジグもバイブレーションも沈めてからリーリングするのが基本
ヒラ
ヒラ
メタルジグ
シンキングミノーやディープダイバー
シンキングバイブレーション
6～7フィート、ML～Mクラスロッドキャストがメインとなるので扱いやすいタックルを！
ラインはスピニングならナイロン6～12ポンド、ベイトならPE1号。6～8ポンドの細イトやPEラインには12～16ポンドのリーダーを1m付ける。PEラインは余裕があればキャスティング専用のものを
ルアーのカラー
①水が澄んでいたらリアルカラー
②濁りの入る川や夜は白（パールホワイト）をベースとしたリアルカラー
③もっと濁っている場所や夜は蛍光カラー
④満月の晩は日中に使うようなリアルカラー
日中の魚は海底近くか陰のある場所ね
明るいからよく見えるのよ～

# 楽チンジギングで
# 重量感あるファイトを満喫
# エサより釣れることも多い
# 「タチウオ」

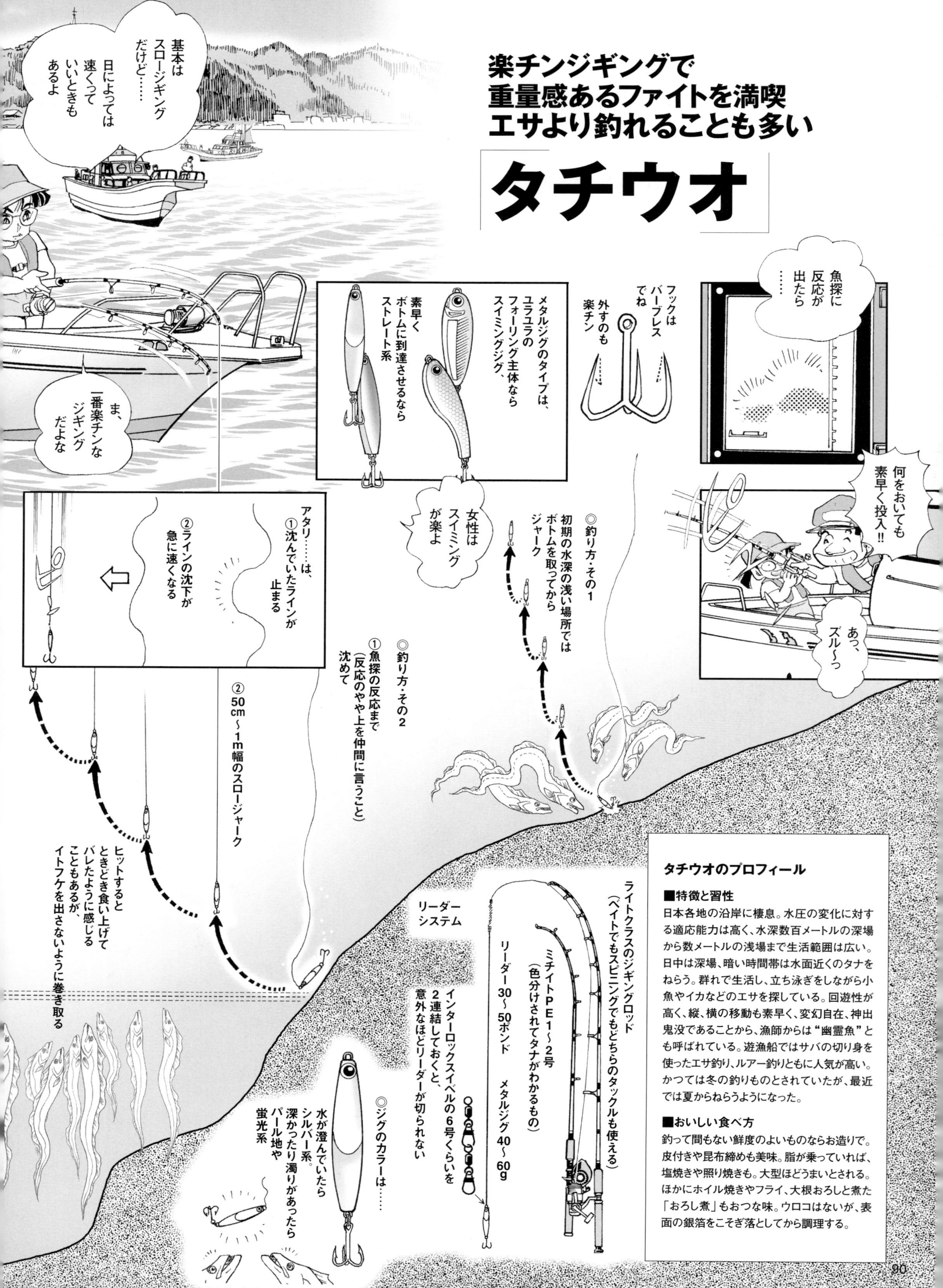

基本はスロージギングだけど……
日によっては速くっていいときもあるよ
魚探に反応が出たら……
何をおいても素早く投入!!
あっ、ズル～っ
フックはバーブレスでね
外すのも楽チン
メタルジグのタイプは、ユラユラのフォーリング主体ならスイミングジグ、
素早くボトムに到達させるならストレート系
女性はスイミングが楽よ
ま、一番楽チンなジギングだよな
◎釣り方・その1
初期の水深の浅い場所ではボトムを取ってからジャーク
◎釣り方・その2
①魚探の反応まで沈めて（反応のやや上を仲間に言うこと）
②50cm～1m幅のスロージャーク
アタリ……は、
①沈んでいたラインが止まる
②ラインの沈下が急に速くなる
ヒットするとときどき食い上げてバレたように感じることもあるが、イトフケを出さないように巻き取る
ライトクラスのジギングロッド（ベイトでもスピニングでもどちらのタックルも使える）
ミチイトＰＥ１～２号（色分けされてタナがわかるもの）
リーダー30～50ポンド
メタルジグ40～60g
リーダーシステム
インターロックスイベルの6号くらいを2連結しておくと、意外なほどリーダーが切られない
◎ジグのカラーは……
水が澄んでいたらシルバー系。
深かったり濁りがあったらパール地や蛍光系


### タチウオのプロフィール

**■特徴と習性**

日本各地の沿岸に棲息。水圧の変化に対する適応能力は高く、水深数百メートルの深場から数メートルの浅場まで生活範囲は広い。日中は深場、暗い時間帯は水面近くのタナをねらう。群れで生活し、立ち泳ぎをしながら小魚やイカなどのエサを探している。回遊性が高く、縦、横の移動も素早く、変幻自在、神出鬼没であることから、漁師からは"幽霊魚"とも呼ばれている。遊漁船ではサバの切り身を使ったエサ釣り、ルアー釣りともに人気が高い。かつては冬の釣りものとされていたが、最近では夏からねらうようになった。

**■おいしい食べ方**

釣って間もない鮮度のよいものならお造りで。皮付きや昆布締めも美味。脂が乗っていれば、塩焼きや照り焼きも。大型ほどうまいとされる。ほかにホイル焼きやフライ、大根おろしと煮た「おろし煮」もおつな味。ウロコはないが、表面の銀箔をこそぎ落としてから調理する。

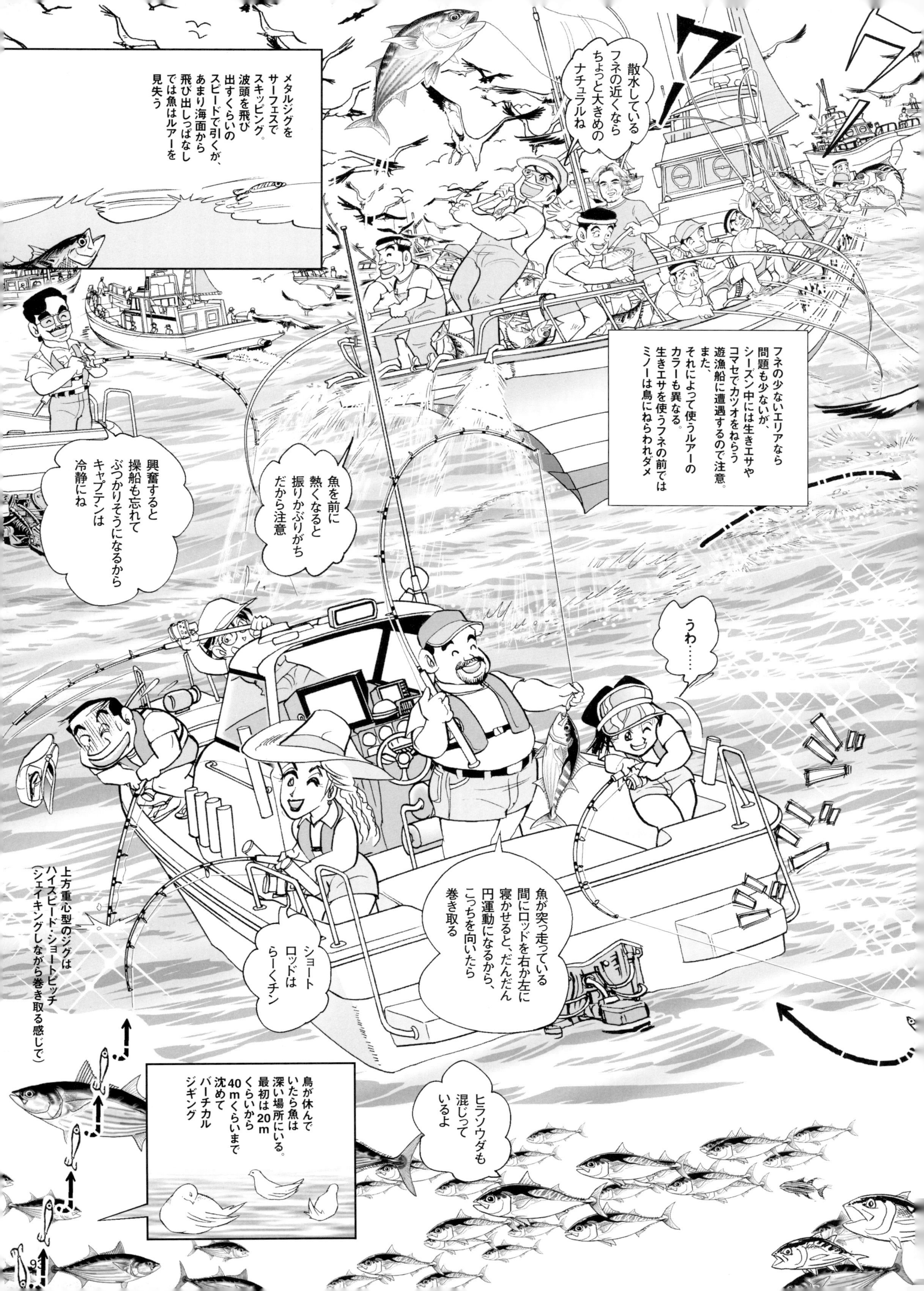
散水しているフネの近くならちょっと大きめのナチュラルね
メタルジグをサーフェスでスキッピング。波頭を飛び出すくらいのスピードで引くが、あまり海面から飛び出しっぱなしでは魚はルアーを見失う
フネの少ないエリアなら問題も少ないが、シーズン中には生きエサやコマセでカツオをねらう遊漁船に遭遇するので注意。また、それによって使うルアーのカラーも異なる。生きエサを使うフネの前ではミノーは鳥にねらわれダメ
魚を前に熱くなると振りかぶりがちだから注意
興奮すると操船も忘れてぶつかりそうになるからキャプテンは冷静にね
うわ……
魚が突っ走っている間にロッドを右か左に寝かせると、だんだん円運動になるから、こっちを向いたら巻き取る
ショートロッドはらーくチン
上方重心型のジグはハイスピード・ショートピッチ（シェイキングしながら巻き取る感じで）
ヒラソウダも混じっているよ
鳥が休んでいたら魚は深い場所にいる。最初は20mくらいから40mくらいまで沈めてバーチカルジギング

①トリヤマ
②潮目
③パヤオ
④ハネ
⑤流れ藻や流木
⑥ナブラ
シイラ・フィッシングはこれらのポイントを探すことから始まる
波があったり……で
運悪く見つからないときは1日中クルージングで終わることもある
見～つけた～っ
……となったらそのナブラは……？
①ダンゴ
②後追いか？
③先追いか？
進行方向を見定め、斜め後方から近づく
後ろに大型がいる
前衛
ナブラ
※矢印はキャスト
フィッシング開始!!
……が
間違ってもナブラのど真ん中に投げてはいけない
つい あせって…
完全にくわえて引かれてから合わせろよ
①最初は派手なスプラッシュを入れてときどきステイ 止める
1mオーバーのシイラのパワーは想像以上
乗船前に使用ラインの強度の1／3～1／4の力でドラグが滑るように調整しておこう

## シイラのプロフィール

### ■特徴と習性

魚食性の強いゲームフィッシングの好ターゲット。海面の流木や流れ藻に付きながら、沿岸を春から夏は北上、秋から冬は南下の季節回遊をする。適正水温は23～27度。シーズン初めは一発大型ねらいが楽しめ、後半になると小型のペンペンシイラが多くなる。ルアーを見つけたシイラの体色がブルーに変わったらしめたもの。ファイト満々のやつだ。体色が変わらず黄色っぽい群れは、やる気のないやつら。そんな魚を相手にするには、ジャークベイトやミノーがいい。

### ■おいしい食べ方

ハワイではマヒマヒと呼ばれる人気食材。クセのない白身はどんな料理にも合う。しっかりと血抜きをして氷を利かせて持ち帰ったシイラの、特に大型は刺身でも驚くほどおいしい。

# まずは基本のアプローチを習得しよう「シイラ」その1

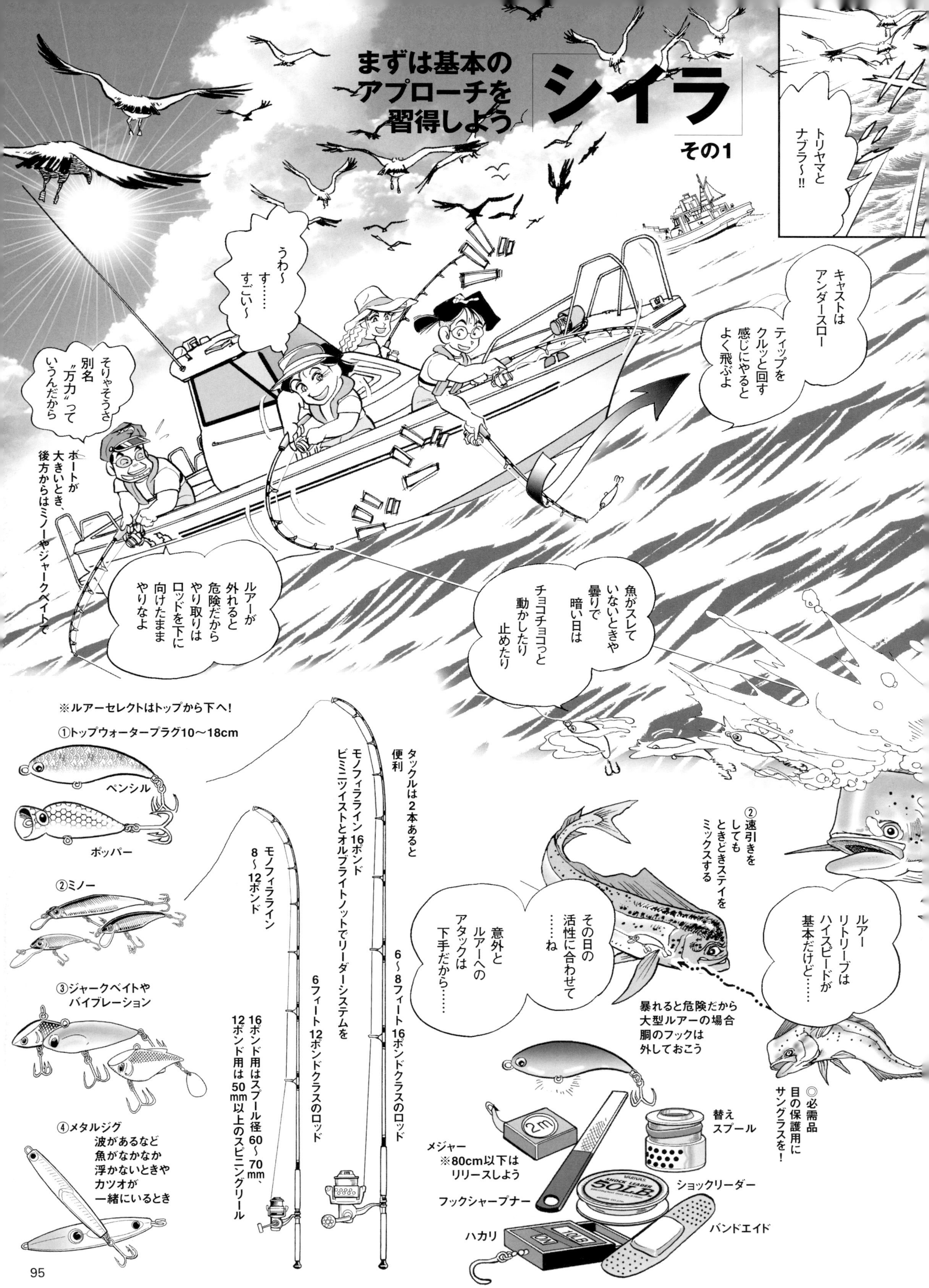

トリヤマとナブラ〜!!
キャストはアンダースロー
ティップをクルッと回す感じにやるとよく飛ぶよ
うわ〜す……すごい〜
そりゃそうさ別名"万力"っていうんだから
ボートが大きいとき、後方からはミノーやジャークベイトで
魚がスレていないときや曇りで暗い日はチョコチョコっと動かしたり止めたり
ルアーが外れると危険だからやり取りはロッドを下に向けたままやりなよ
※ルアーセレクトはトップから下へ!
①トップウォータープラグ10〜18cm
ペンシル
ポッパー
②ミノー
③ジャークベイトやバイブレーション
④メタルジグ
波があるなど魚がなかなか浮かないときやカツオが一緒にいるとき
タックルは2本あると便利
モノフィラライン16ポンド ビミニツイストとオルブライトノットでリーダーシステムを
6〜8フィート16ポンドクラスのロッド
モノフィラライン8〜12ポンド
6フィート12ポンドクラスのロッド
16ポンド用はスプール径60〜70mm、12ポンド用は50mm以上のスピニングリール
ルアーリトリーブはハイスピードが基本だけど……
②速引きをしてもときどきステイをミックスする
その日の活性に合わせて……ね
意外とルアーへのアタックは下手だから……
暴れると危険だから大型ルアーの場合胴のフックは外しておこう
◎必需品 目の保護用にサングラスを!
替えスプール
メジャー
※80cm以下はリリースしよう
ショックリーダー
フックシャープナー
バンドエイド
ハカリ

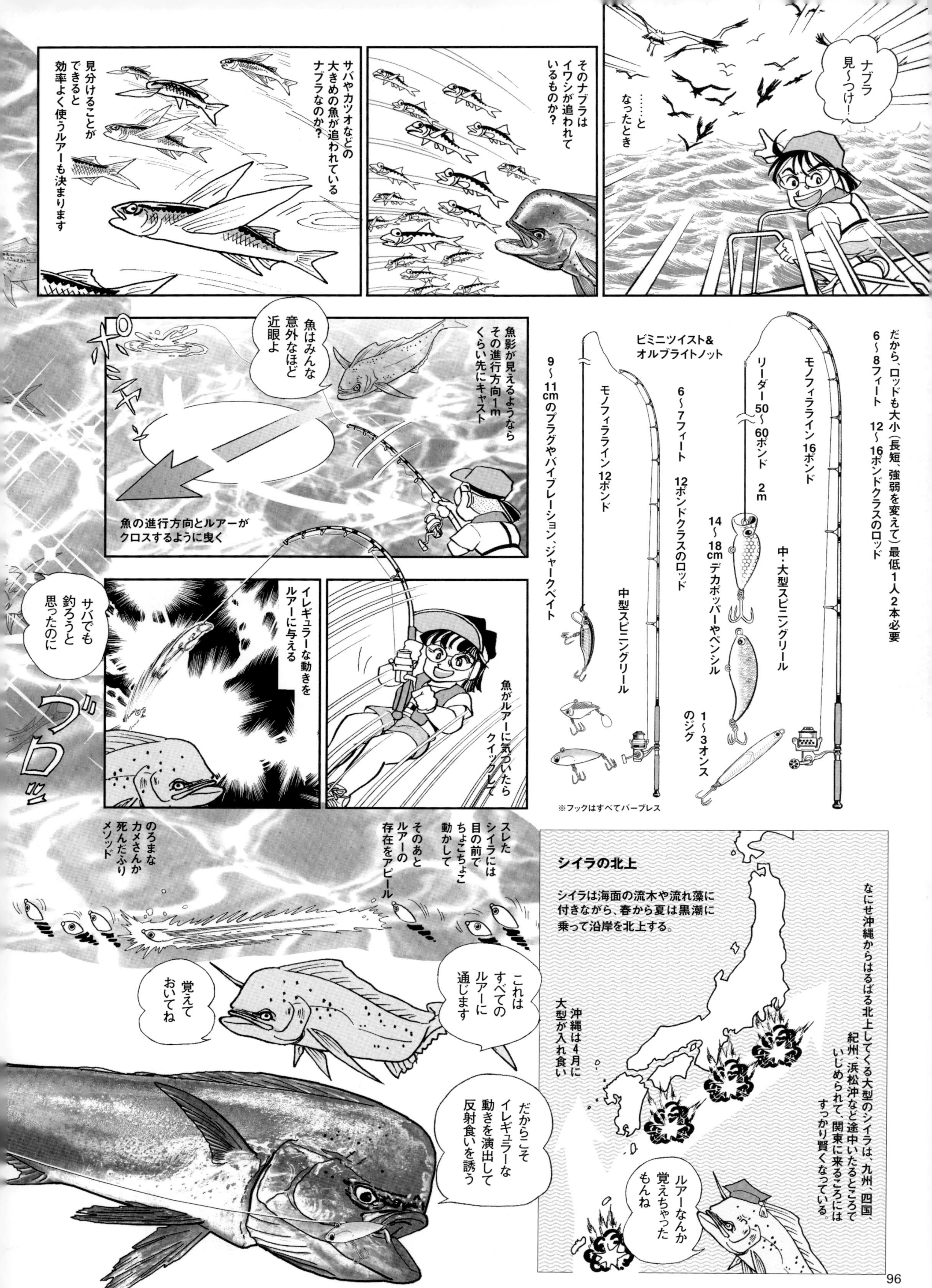

ナブラ見〜つけ!
……となったとき
そのナブラはイワシが追われているものか?
サバやカツオなどの大きめの魚が追われているナブラなのか?
見分けることができると効率よく使うルアーも決まります
だから、ロッドも大小(長短、強弱を変えて)最低1人2本必要
6〜8フィート 12〜16ポンドクラスのロッド
モノフィラライン16ポンド
リーダー50〜60ポンド 2m
中・大型スピニングリール
14〜18cmデカポッパーやペンシル
1〜3オンスのジグ
ビミニツイスト&オルブライトノット
6〜7フィート 12ポンドクラスのロッド
モノフィラライン12ポンド
中型スピニングリール
9〜11cmのプラグやバイブレーション、ジャークベイト
※フックはすべてバーブレス
魚影が見えるようならその進行方向1mくらい先にキャスト
魚はみんな意外なほど近眼よ
ポチャ
魚の進行方向とルアーがクロスするように曳く
魚がルアーに気づいたらクイックして
イレギュラーな動きをルアーに与える
サバでも釣ろうと思ったのに
スレたシイラには目の前でちょこちょこ動かして
そのあとルアーの存在をアピール
のろまなカメさんか死んだふりメソッド
これはすべてのルアーに通じます
覚えておいてね
だからこそイレギュラーな動きを演出して反射食いを誘う
シイラの北上
シイラは海面の流木や流れ藻に付きながら、春から夏は黒潮に乗って沿岸を北上する。
なにせ沖縄からはるばる北上してくる大型のシイラは、九州、四国、紀州、浜松沖など途中いたるところでいじめられて、関東に来るころにはすっかり賢くなっている。
沖縄は4月に大型が入れ食い
ルアーなんか覚えちゃったもんね

# スレた魚に効果的なルアーアクションをマスター「シイラ」その2

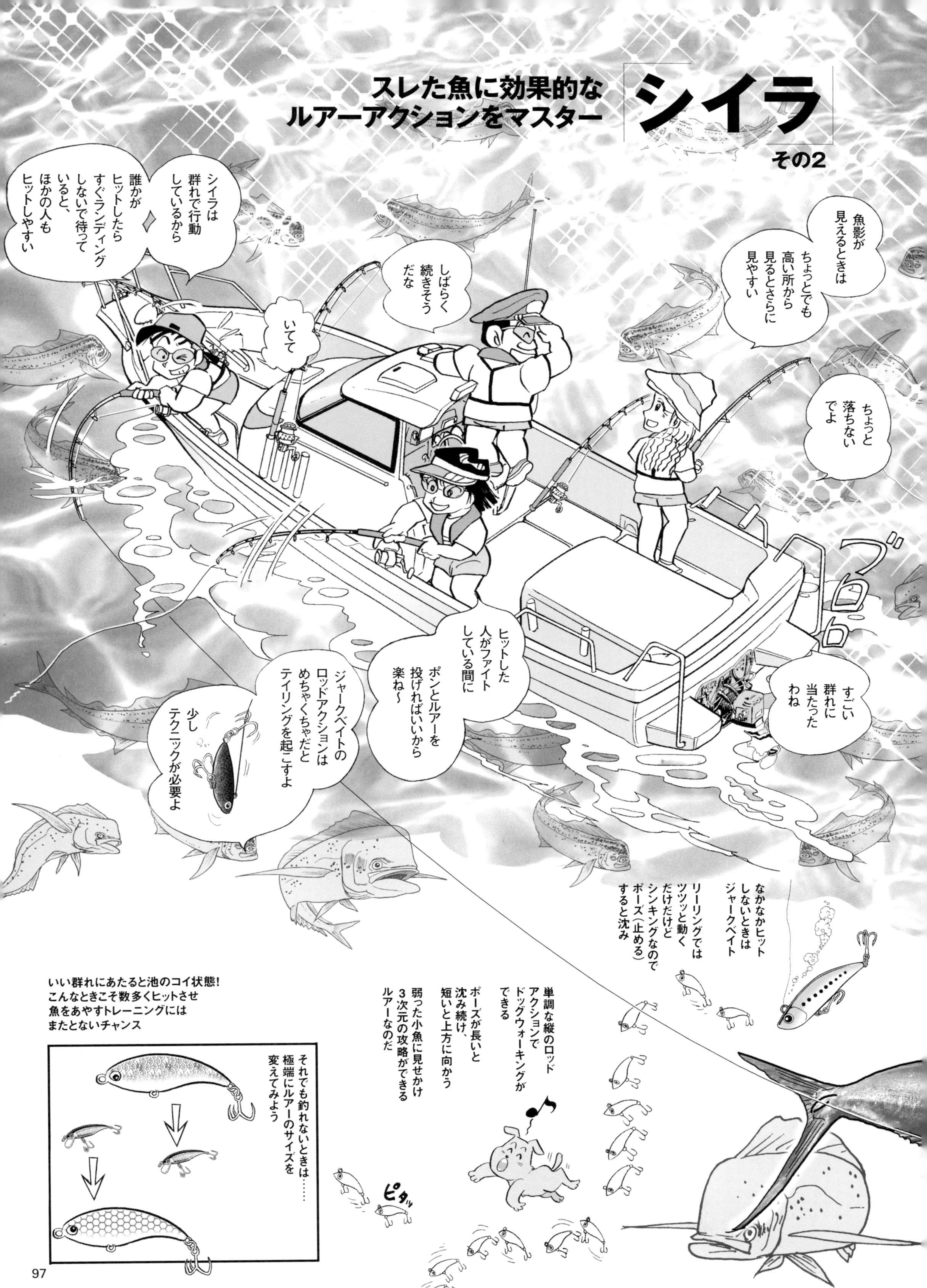
魚影が見えるときはちょっとでも高い所から見るとさらに見やすい
ちょっと落ちないでよ
しばらく続きそうだな
いてて
シイラは群れで行動しているから
誰かがヒットしたらすぐランディングしないで待っていると、ほかの人もヒットしやすい
すごい群れに当たったわね
ヒットした人がファイトしている間にポンとルアーを投げればいいから楽ね〜
ジャークベイトのロッドアクションはめちゃくちゃだとテイリングを起こすよ
少しテクニックが必要よ
なかなかヒットしないときはジャークベイト
リーリングではツツッと動くだけだけどシンキングなのでポーズ（止める）すると沈み
単調な縦のロッドアクションでドッグウォーキングができる
ポーズが長いと沈み続け、短いと上方に向かう
弱った小魚に見せかけ3次元の攻略ができるルアーなのだ
ピタッ
いい群れにあたると池のコイ状態！
こんなときこそ数多くヒットさせ
魚をあやすトレーニングには
またとないチャンス
それでも釣れないときは……
極端にルアーのサイズを変えてみよう

潮目が見つかったら風下より10mぐらい離れた所からアタックしましょう
風下からだと風に押されてポイントに近づきすぎっていうか
横切っちゃダメ～！
風向き
ライトタックルに替えて小物ねらいになって気をつけなければならないのは、ロッドの強度。つい今までの強いロッドと同じ扱いで立て気味に魚を取り込もうとするとメーカーによっては折れることもある
一番前の人はデカプラグでティーザー（魚集め）の役も兼ねる
二番手から後ろはヒット率の高いミノーやジャークベイトジグなどをセットして攻める
ビュン
ねらうのがシイラじゃないとなるとルアースピードがバッタリ遅くなる人がいるけど自分で思うよりけっこう速めがいいよ
1日がんばってもシイラに出合わなかったなんてこともあります
こんな日はライトなタックルに持ち替えて
サバやソウダ、イナダねらいに変えよう
パヤオ周りのオキアジやマツダイのお土産もありますよ
シイラも10kgオーバーすると……
数多くのルアーと出合って危機をかいくぐった
賢者なわけで見慣れたものはペケ。古いルアーを投げたりすると意外な効果もあるよ
6～7フィート8～12ポンドクラスロッド
ライン8～12ポンド
リーダー30～40ポンド（ロッドの長さ）
ラインシステムは万一の大物に備えてビミニとオルブライトノット
ルアーはバス用の小さいものやスモールジグ。ワームやスプーンも使えます
シイラはビギナーズラックもあり、適当投げにもときどきヒットするが「釣った」のと「釣れちゃった」のとでは価値観はぜーんぜん違う……まず1mを釣ったら次は10kgクラスと目標を決めて追ってみよう
つれた
ジグは28～60g

## シイラねらいで登場する楽しい外道たち

# 「シイラ」その3

サオの胴に魚の重みをのせて立て過ぎちゃダメなのね
危ないと思ったらラインをつかんで取り込もう
ドスン
久しぶりに入れ食いだよ～
マグロやカツオはストップできないからいったんエサと認識したら割合確実にヒットしてくれるよ
マグロ、カツオ
水深0～30mがヒットゾーン
サバ、ソウダ、イナダ
アカメの体高を高くしたような古代魚的な風貌よ
マツダイ
でも……油断しないでね
あきらめて殺気がなくなったころヒットするんだよね
どちらも速くはないがパワーはバツグンよ
オキアジ
（モクアジ）

この釣りをやるにはまず情報収集
釣り好きなマリーナの仲間や……
曳き釣りの漁師さんと仲良くなるのがいちばん
ポイントがわかって、何かの魚と一緒にいたらベストだが……
こんな状況はなかなかないので……
インターネットなどで海況、水温情報を参考にしよう

# 春と冬に登場する獰猛なフィッシュイーター「サワラ」

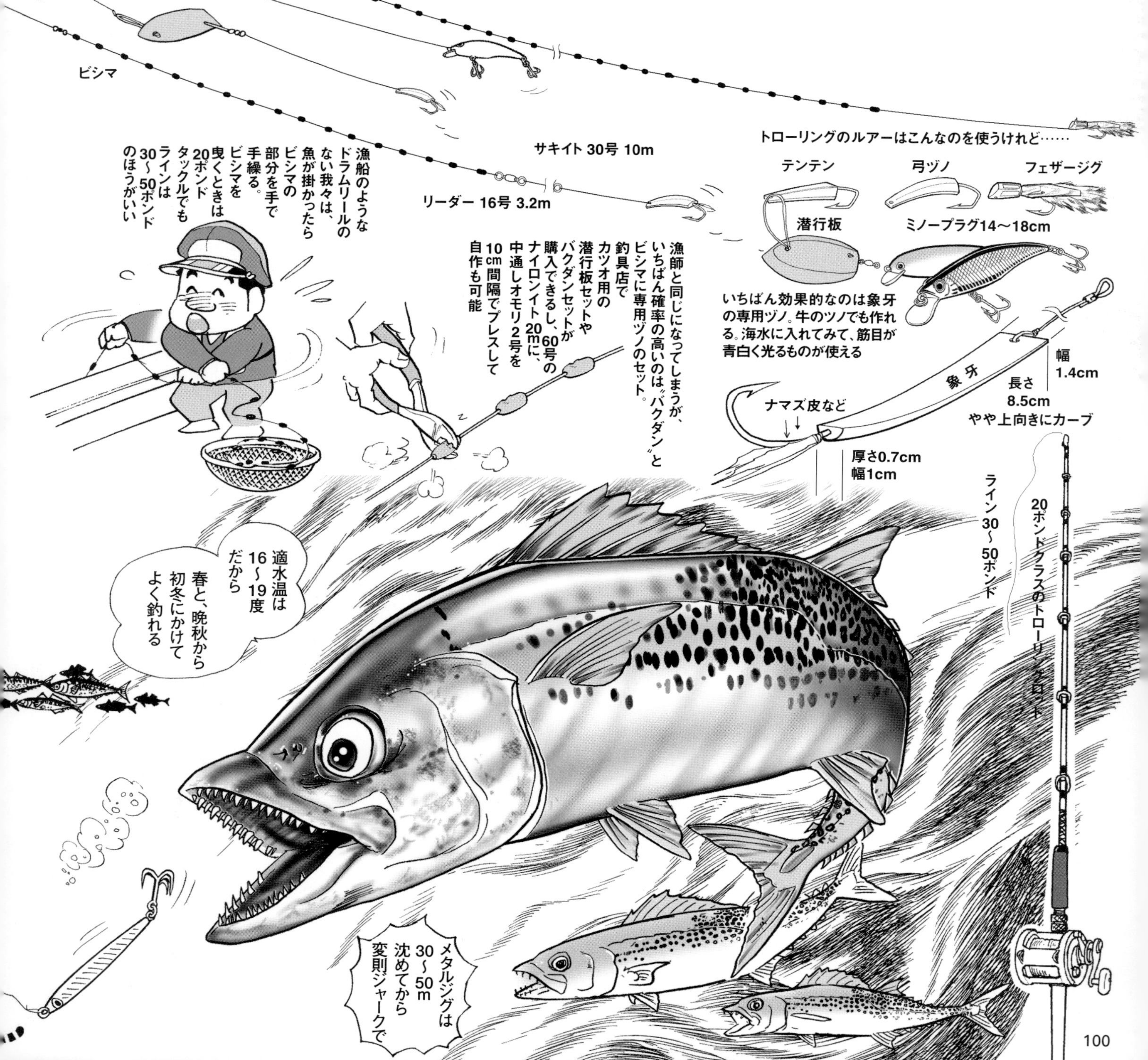
ビシマ（グミ、数珠オモリ）のトローリング
ビシマ
サキイト 30号 10m
リーダー 16号 3.2m
トローリングのルアーはこんなのを使うけれど……
テンテン
弓ヅノ
フェザージグ
潜行板
ミノープラグ14〜18cm
漁船のようなドラムリールのない我々は、魚が掛かったらビシマの部分を手で手繰る。ビシマを曳くときは20ポンドタックルでもラインは30〜50ポンドのほうがいい
漁師と同じになってしまうが、いちばん確率の高いのは"バクダン"とビシマに専用ヅノのセット。
釣具店でカツオ用の潜行板セットやバクダンセットが購入できるし、60号のナイロンイト20mに、中通しオモリ2号を10cm間隔でプレスして自作も可能
いちばん効果的なのは象牙の専用ヅノ。牛のツノでも作れる。海水に入れてみて、筋目が青白く光るものが使える
象牙
幅1.4cm
長さ8.5cm
やや上向きにカーブ
ナマズ皮など
厚さ0.7cm
幅1cm
ライン30〜50ポンド
20ポンドクラスのトローリングロッド
適水温は16〜19度だから春と、晩秋から初冬にかけてよく釣れる
メタルジグは30〜50m沈めてから変則ジャークで

サワラ釣りにはいろんな釣り方と仕掛けがあるけど
とにかく沈めて曳くことがポイントね
わ〜ん
突然軽くなっちゃった〜
ジギング主体でもスピニングのキャスティングロッドが変化に対応できていいよ
またルアー取られたね
バイトがあっても半信半疑だったりすると、のみ込まれて歯でリーダーが切られちゃうんだ
バクダン
適水温エリアにパヤオなどがあったらまずその周りを攻めてみよう
ダメならひたすら潮目に沿ってルアーを流したり、キャストをする
潮のぶつかっている所などが最高

## サワラのプロフィール

### ■特徴と習性

北海道南部以南に棲息。内湾や沿岸域でイワシ、サバ、イカナゴなどの小魚を捕食するフィッシュイーターで、大きくなると1m、5kgを超え、ファイトも強烈。60cmまでをサゴシ、80cmまでをヤナギ（サワラ）、1mを超えるとサワラと名を変える出世魚でもある。外洋性のカマスサワラ、ヨコシマサワラなどは別種。サワラは小さな黒色の斑点が特徴なので区別しやすい。とにかく歯が鋭いので、リーダーを丈夫にするのはもちろん、釣り上げたあとにも十分に注意が必要

### ■おいしい食べ方

魚偏に春と書くように、西日本では春を告げる魚として春が旬とされるが、東日本では脂の乗る冬に人気の高い魚。青ものだが白身なのが特徴で、肉質はやや水分が多い。刺身、塩焼き、照り焼き、酢締め、西京焼きも絶品。サワラは水から上げるとすぐに死んでしまうほど傷みが早いので、新鮮な刺身は釣り人の特権。サワラの人気がとくに高い讃岐地方では、白子のみそ汁や真子の煮付けが郷土料理となっている。

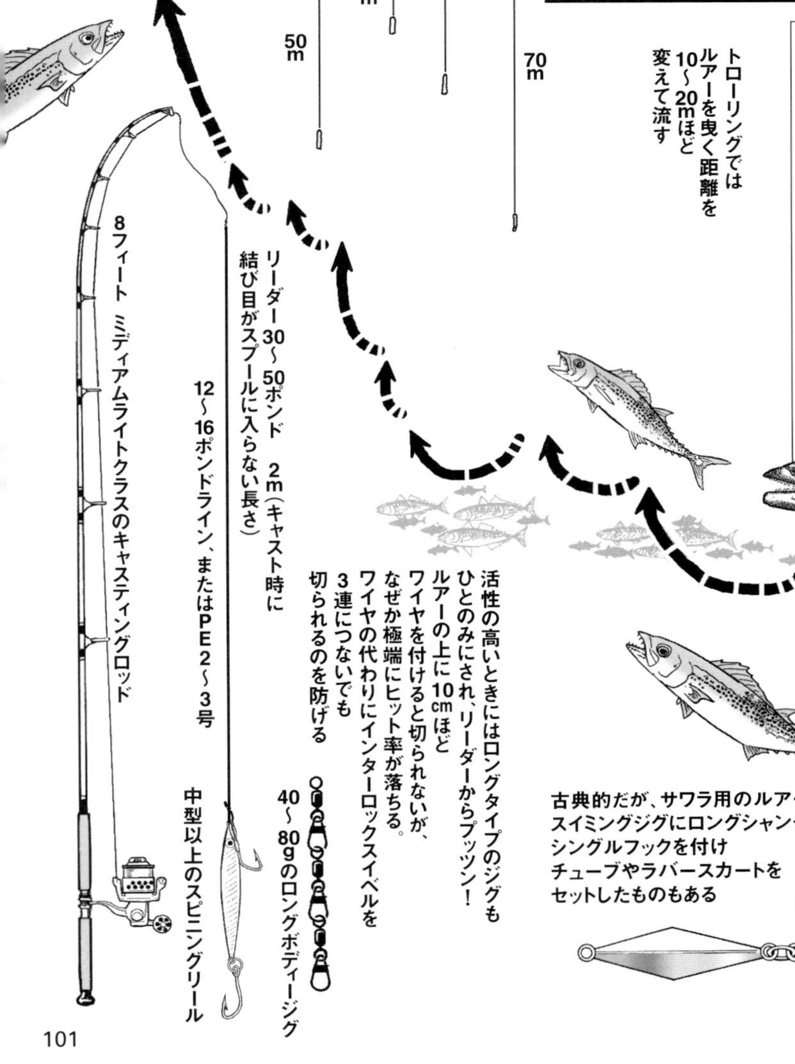
30m
40m
50m
70m
トローリングではルアーを曳く距離を10〜20mほど変えて流す
8フィート ミディアムライトクラスのキャスティングロッド
リーダー30〜50ポンド 2m（キャスト時に結び目がスプールに入らない長さ）
12〜16ポンドライン、またはPE2〜3号
中型以上のスピニグリール
40〜80gのロングボディージグ
活性の高いときにはロングタイプのジグもひとのみにされ、リーダーからプッツン！
ルアーの上に10cmほどワイヤを付けると切られないが、なぜか極端にヒット率が落ちる。
ワイヤの代わりにインターロックスイベルを3連につないでも切られるのを防げる

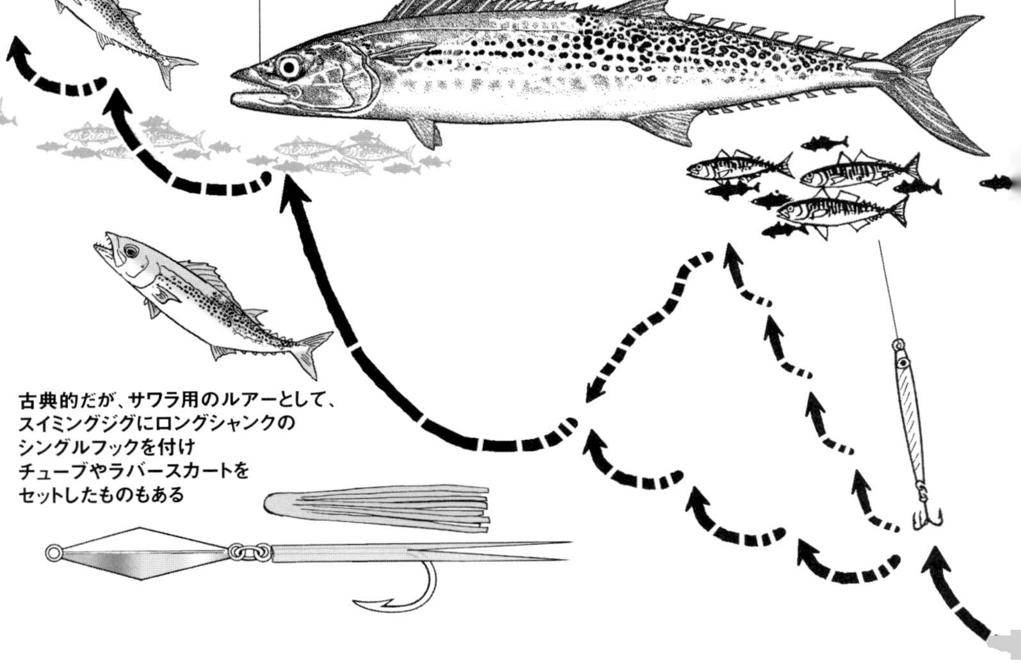
古典的だが、サワラ用のルアーとして、スイミングジグにロングシャンクのシングルフックを付けチューブやラバースカートをセットしたものもある

じいじ何を見てるニャ？
昔々その昔海には魚という生き物がいたんだそうじゃよどんな姿をしておったんじゃろね

# 周辺知識

釣りを専門的な趣味とするようになって、はや30年以上過ぎた。その間の釣り具の進歩にはすごいものがあったが、残念ながら環境というテーマについては、それに反比例する状況にある。

一例を挙げれば、かつては都心の近くでも3～5キロのマダイ釣りが楽しめて、年に何尾かは8キロというサイズが釣れていた。それがダメになるや、触手を伸ばすがごとく伊豆半島の下田沖まで足を延ばし、そこも大ダイは幻となるや、上信越や鹿児島といった具合に各地を徘徊することとなった。

ふと立ち止まって反省の時を過ごすうちに、自然が持つ復原能力を上回る量を釣らないことではないかと気づき、20センチの板切れや定規を持ち歩くようになった。例えばアイナメなど、それ以下の魚は血を出していない限りリリース。釣れた魚を自慢げに近所に配ることをやめ、必要以上を持ち帰らない。マアジなら20センチ以上20尾という具合に、バッグリミットを決めて楽しんでいる。今ごろ遅いかもしれないが、楽しませてくれて癒してくれる自然を少しでもいたわって、せめて何代か先の子孫も釣りを楽しめるように、などと思うのは年老いた釣り人の感傷だろうか?

結びは、もっとたくさん知っているときもあったが、使わないものはみんな忘れてしまった。でも、それで不自由なければ大丈夫。全部覚える必要はない。

せっかく鮮度がいい魚をいただいたのだから、おいしく食べたいものだ。保存法のプロにならって加筆すると、マダイなど大きいのが一尾釣れた場合、大きいビニール袋に入れて、魚に氷がじかに当たらないようにすることで、氷焼けも防げる。ただ、何日も店頭に並ぶ魚ではないし、すぐに食べてしまうから、それほど神経質にならなくても大丈夫だ。

北欧には、酸性雨のために魚の棲んでいない湖がたくさんあるという。日本の近海を、〝死の水溜まり〟にしないためにも、できることから始めようかな。

釣りって……
サオ1本で何でも釣れるんじゃないんですか！
ゴルフだってドライバーや
パターまでいろいろあるでしょ
釣りのターゲットもたくさんいるのよ！
おお！

## ボートで使えるサオやリールをどれだけ用意すべきか

# 「タックルの選択」

ボートに乗るようになると、釣りに手を染めるのは自然の成り行きだ。最初はシロギスやサビキ釣りから始まっても、やがて海の中にはたくさんのターゲットがいることに気づき、いろいろねらいたくなる。

しかも、釣りはエサを使うものから、疑似エサやルアーを使うものまでさまざまで、道具がターゲットに合わないと、満足な釣りはできない。1本のサオですべてを……とはいかないのだ。

ダンゴ用のイカダザオや、ハマると専用のハゼザオなども欲しくなり、吾作の釣り専用の部屋には、和ザオからルアー、トローリングロッドまでと、いったい何本あるかわからないぐらい（数えたことがない）、そろってしまうことになる。

POWER PLUS
吾作所有のタックル。
2部屋の四方の天井にロッドホルダーを手作りして置いている

でも、こんなのは例外で、近ごろは気に入ったサオを、けっこう使い回して楽しんでいる。同じターゲットでも海底の状態と仕掛け（釣り方）でサオは変わるが、かなり流用しても使えるからだ。

その目安となるのが左ページのイラスト。要はそのサオに慣れ親しむことなのだ。対象魚が決まった場合、①予算は？②どの方面に行きたいか？これだけで大手の釣具店なら、その人にピタリと合ったタックルを選んでくれるはず。

問題なのは、釣りに誘ってくれた人が対象魚に明るくないとき。間違ったものを選んでしまうケースがある。

量販店で買い求めるときは、アルバイト店員ではなく、釣りのわかる店長クラスにしっかりと尋ねること。

店長

このときの注意は、恥ずかしがらずにビギナーであることをキチンと伝えること。釣れる魚はなんでも釣りたい人は、オモリ負荷が10号、20～30号、30～50号、50～80号と、最低この4本で各地の釣りに対応できる。

替え穂付きのサオなら10～20号と、40～80号の2本でもまかなえる。

ただ安価なものだとPEラインで削れてしまうガイドだったり、ガイドの数が少なく、サオにミチイトが擦れたりするものもある。予算の都合もあるが、先のことを考え、少しでもよいものを買うと飽きもこない。

リールはちょっと奮発してほしい。安物は、大きい魚が掛かったとき、イトが切れないように働くはずのドラグがスムースに動かなかったり、動き出したら滑って止まらなくなったり、なかにはクラッチがすぐ壊れるものもある。

スピニングリールは、替えスプールを手に入れておくと用途が広がる。今は軽いリチウム電池のバッテリーも出ているので、小型電動リールなどもあれば、操船しながら巻き取りができる。

そのほかの備品で重宝なのはキッチンバサミ。揺れるボートのなかで魚の血抜きをするときなど、ナイフでは手を切る危険があるが、これなら安全にエラ下を切ることもできるし、海水を入れたバケツのなかでもできる。メゴチバサミは、招かれざるハオコゼなど、外道をつかむときの必需品。レンゲは忘れがちだがコマセを入れるのに必要。

マダイやワラサなどの専用タックルの購入は、慣れてきてからでも遅くない。

まずフィールドに出て、一尾の魚の手応えと、マーケットでは手に入らない新鮮さを味わってみよう。

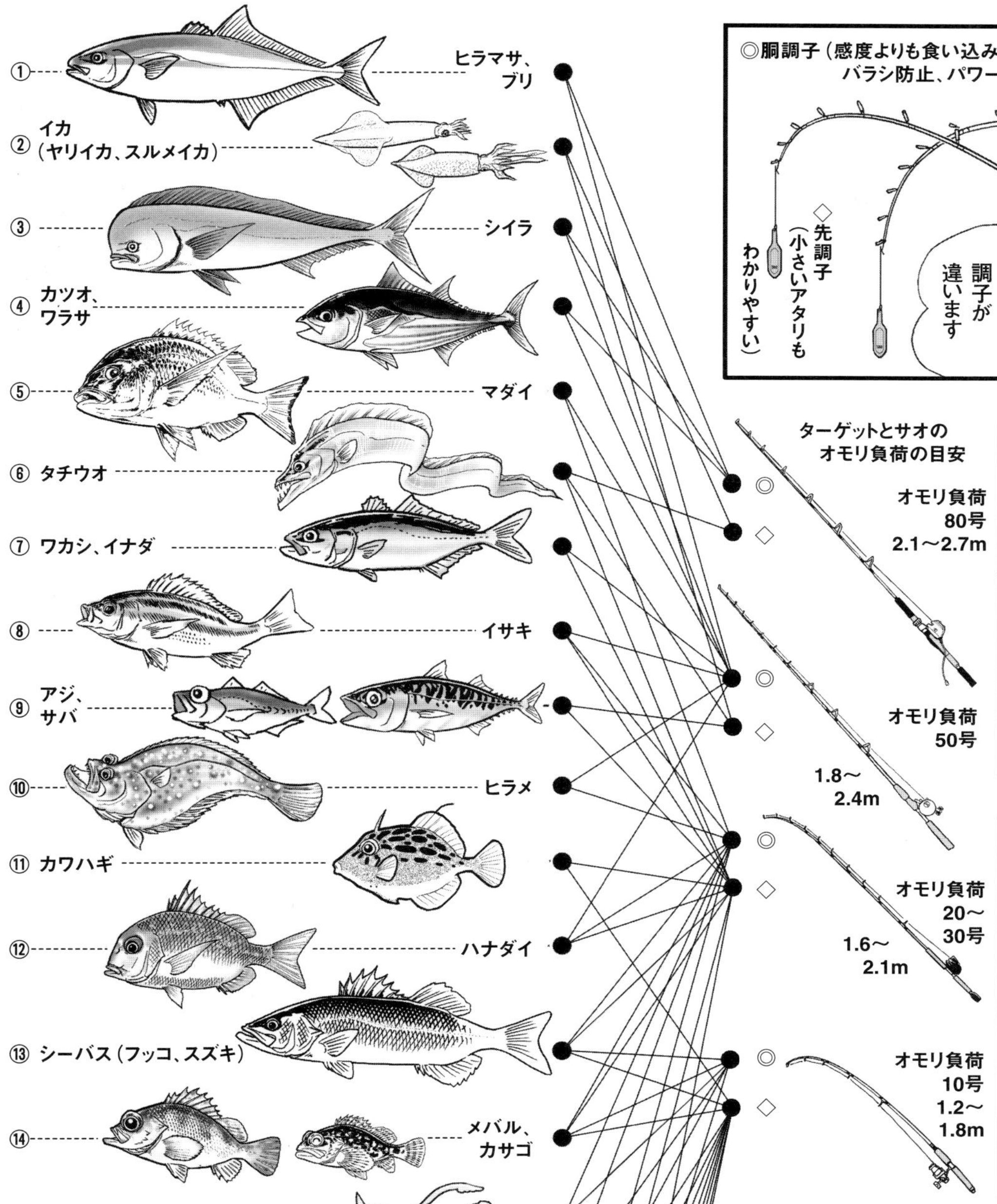
① ヒラマサ、ブリ
② イカ（ヤリイカ、スルメイカ）
③ シイラ
④ カツオ、ワラサ
⑤ マダイ
⑥ タチウオ
⑦ ワカシ、イナダ
⑧ イサキ
⑨ アジ、サバ
⑩ ヒラメ
⑪ カワハギ
⑫ ハナダイ
⑬ シーバス（フッコ、スズキ）
⑭ メバル、カサゴ
⑮ マルイカ
⑯ イシモチ
⑰ マゴチ
⑱ アイナメ
⑲ カレイ
⑳ アオリイカ、スミイカ
㉑ シロギス
㉒ アナゴ
㉓ ハゼ
㉔ イイダコ
ターゲットとサオのオモリ負荷の目安
◎ ◇ オモリ負荷 80号 2.1～2.7m
◎ ◇ オモリ負荷 50号 1.8～2.4m
◎ ◇ オモリ負荷 20～30号 1.6～2.1m
◎ ◇ オモリ負荷 10号 1.2～1.8m

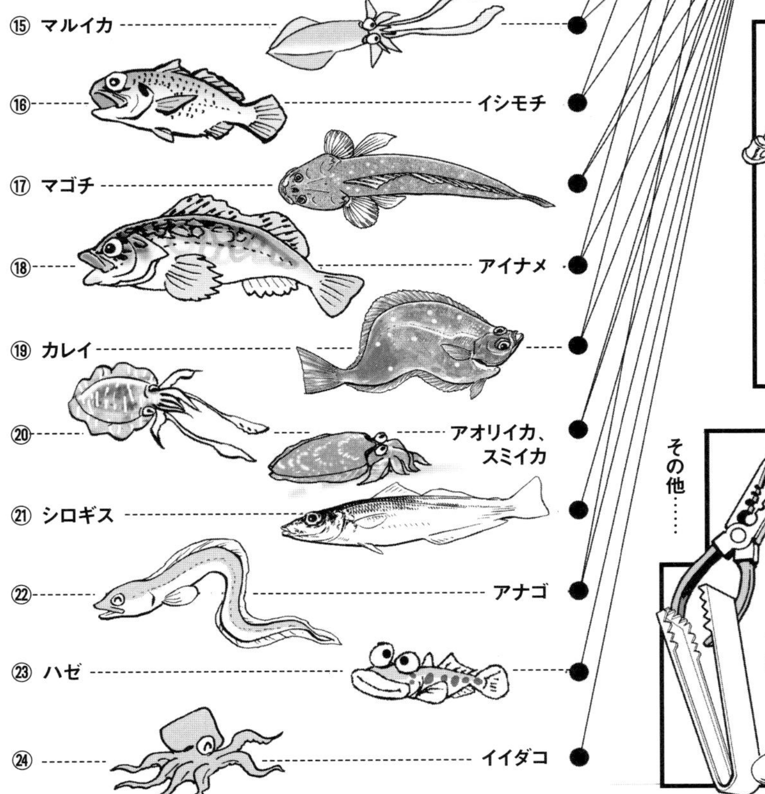

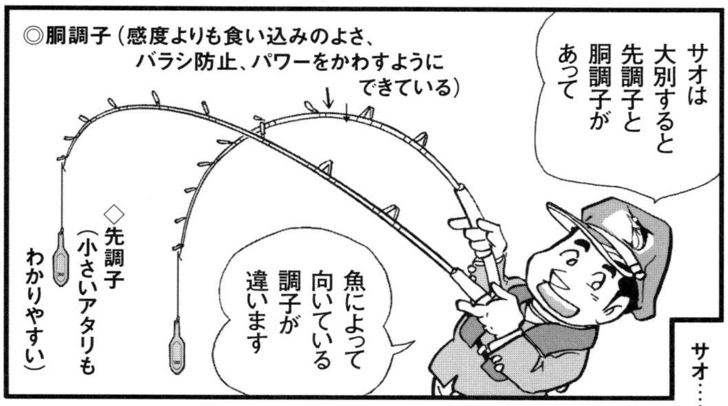
サオ……
サオは大別すると先調子と胴調子があって
◎胴調子（感度よりも食い込みのよさ、バラシ防止、パワーをかわすようにできている）
◇先調子（小さいアタリもわかりやすい）
魚によって向いている調子が違います

ルアーロッドもたいていの魚に使えるよ
ウルトラライトはイイダコによいし、海用のライトはイシモチ、アオリイカ、シーバスまで遊べちゃう

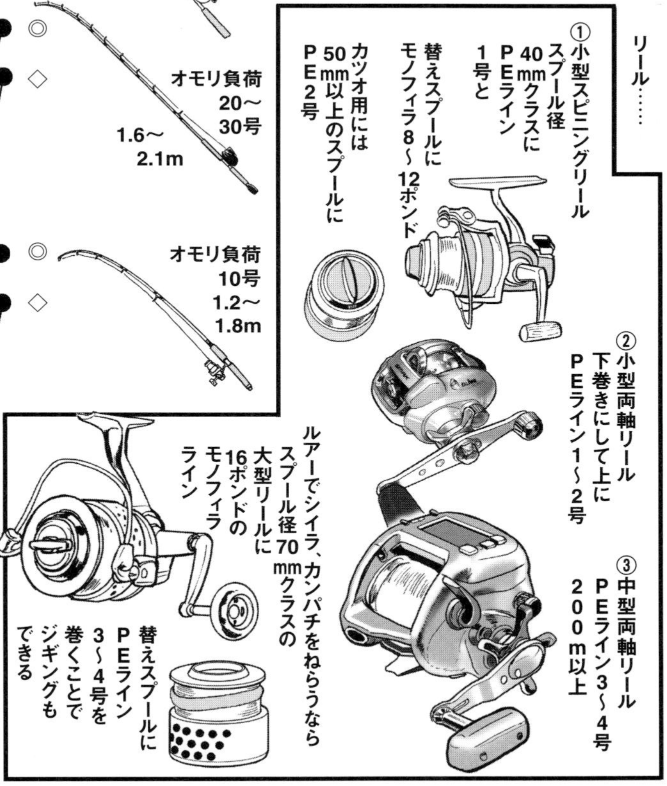
リール……
①小型スピニングリール スプール径40㎜クラスにPEライン1号と替えスプールにモノフィラ8～12ポンド カツオ用には50㎜以上のスプールにPE2号
②小型両軸リール 下巻きにして上にPEライン1～2号
③中型両軸リール PEライン3～4号 200m以上
ルアーでシイラ、カンパチをねらうならスプール径70㎜クラスの大型リールに16ポンドのモノフィラライン
替えスプールにPEライン3～4号を巻くことでジギングもできる

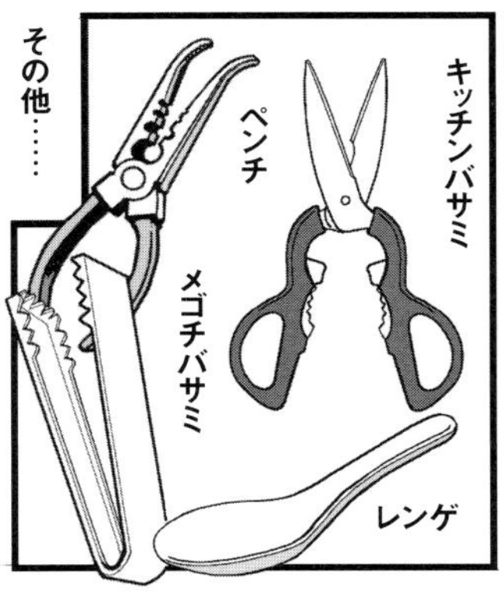
その他……
キッチンバサミ
ペンチ
メゴチバサミ
レンゲ

ライン……
PEラインは各メーカーともムラはないけど……
モノフィラ（通称ナイロン）は格安すぎるものは伸びがありすぎるときもあるから、ある程度有名ブランドの製品を使用しましょう

面倒くせ～な
パパやっといてよ～
ダメ～
仕掛けなんて
市販品で十分でしょ
売ってないものもあるよ

# 地味なテーマだけど できるとできないとでは 釣りの“深さ”が違ってくる 「ノット❶」ハリ結び編

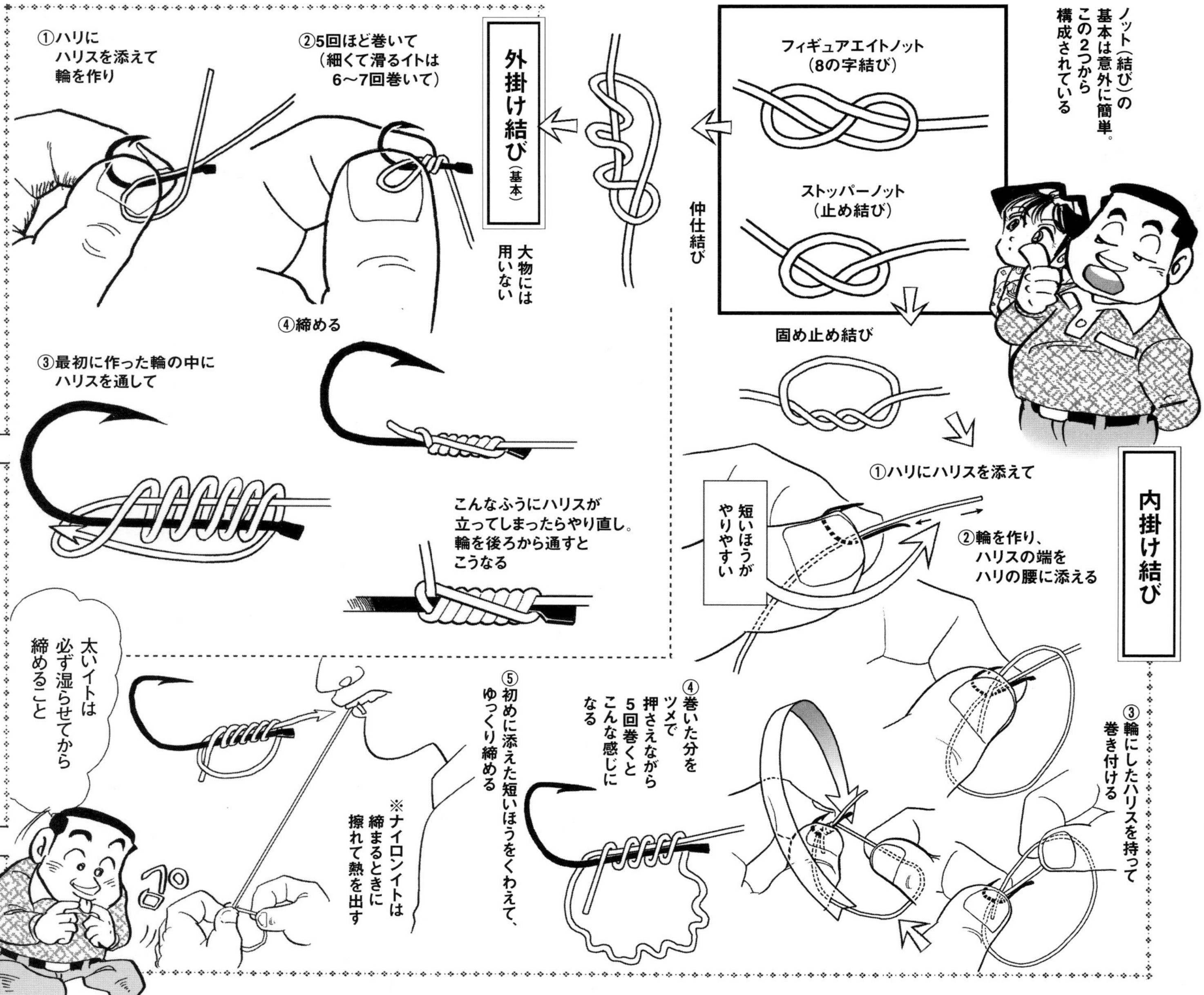
①ハリにハリスを添えて輪を作り
②5回ほど巻いて（細くて滑るイトは6～7回巻いて）
外掛け結び（基本）
大物には用いない
仲仕結び
フィギュアエイトノット（8の字結び）
ストッパーノット（止め結び）
ノット（結び）の基本は意外に簡単。この2つから構成されている
固め止め結び
③最初に作った輪の中にハリスを通して
④締める
こんなふうにハリスが立ってしまったらやり直し。輪を後ろから通すとこうなる
①ハリにハリスを添えて
短いほうがやりやすい
②輪を作り、ハリスの端をハリの腰に添える
内掛け結び
③輪にしたハリスを持って巻き付ける
④巻いた分をツメで押さえながら5回巻くとこんな感じになる
⑤初めに添えた短いほうをくわえて、ゆっくり締める
※ナイロンイトは締まるときに擦れて熱を出す
太いイトは必ず湿らせてから締めること

## 外掛け結び（遠矢式）

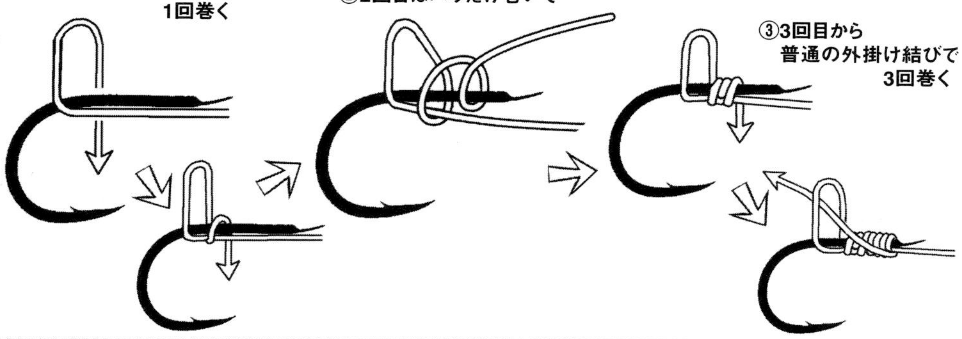

①普通の外掛け結びで 1回巻く
②2回目はハリだけ巻いて
③3回目から 普通の外掛け結びで 3回巻く


1～2号の細いハリスを結ぶときは、どうしても結び目が極端に弱くなるが、「クロダイ釣り・遠矢ウキ」で高名な遠矢国利氏が考案したこの方法だと、細いハリスでも、なぜか驚異的な強度が得られる。

## 土佐縛り

ショックアブソーバーになるハリスを添えて結ぶことで、ハリスがハリのチモトに擦れることもなく、ハリ上の編み付け部分が、魚の歯でハリスを擦って切られることを防ぐため、同じ太さのハリス使用時の1・5～2倍の強度を実感できる結び方。細いハリスでねらうときのマダイや、パワーのあるワラサなどをねらうときによい。

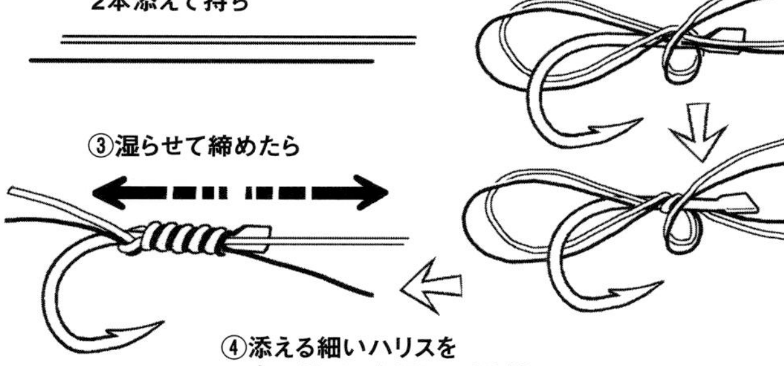

①本ハリスと20cmほどの やや細いハリスと 2本添えて持ち
②外掛け結びと同じように 5回巻き
③湿らせて締めたら


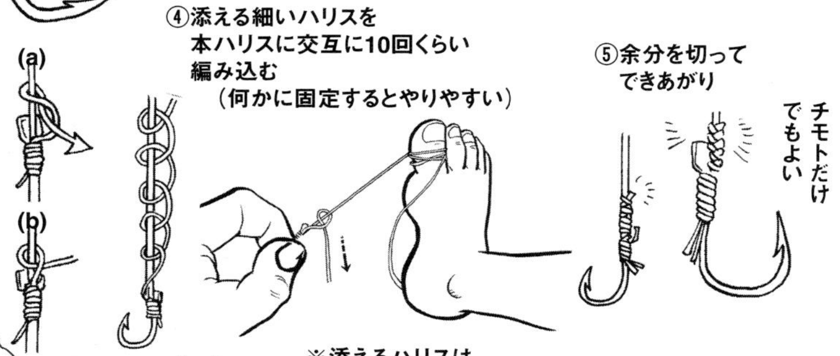

④添える細いハリスを 本ハリスに交互に10回くらい 編み込む （何かに固定するとやりやすい）
(a)
(b)
⑤余分を切って できあがり
チモトだけ でもよい


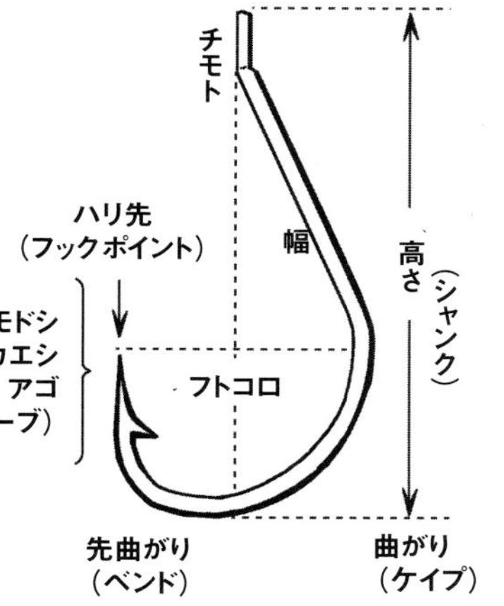

チモト
ハリ先 （フックポイント）
幅
高さ（シャンク）
モドシ カエシ アゴ （バーブ）
フトコロ
先曲がり （ベンド）
曲がり （ケイプ）


※（　）はルアーなどでの呼び方

※添えるハリスは、わかりやすいようにピンクなどの色付きで、本ハリスよりやや細めにすること。太いハリスや、折り返した太いハリスでは、どちらも締まらずブタのしっぽ（解けてパーマ状）になる。

釣り人として これは恥よ


## 南方延縄結び

30年前に沖縄のマグロ漁師に教えてもらった、太いハリス用の結び方。外掛けと内掛けをミックスした結びのため、ゆるむこともなく最強だが、本来50～１００号のハリス用なので、10号以下では結び目が締まりすぎて、かえって弱くなってしまう。

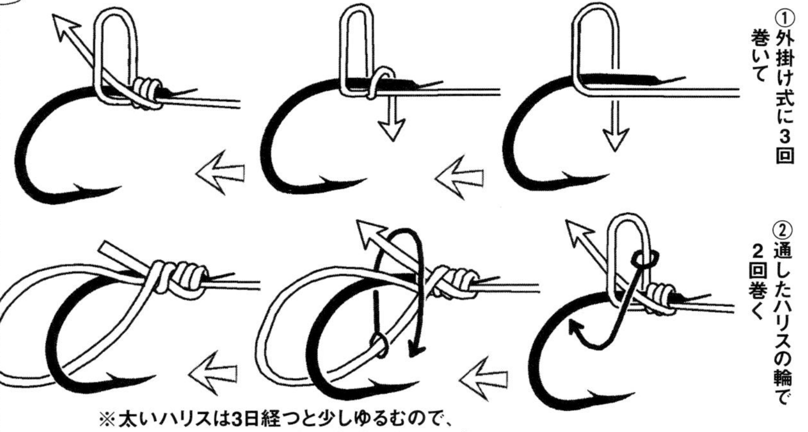

①外掛け式に3回 巻いて
②通したハリスの輪で 2回巻く
③こんな結び目になるから 手で詰めて、 ある程度整え、 グローブをはめた手と ペンチで両側から 引いて締める


※太いハリスは3日経つと少しゆるむので、使うときにペンチでもう一度締められるように少し残しておく

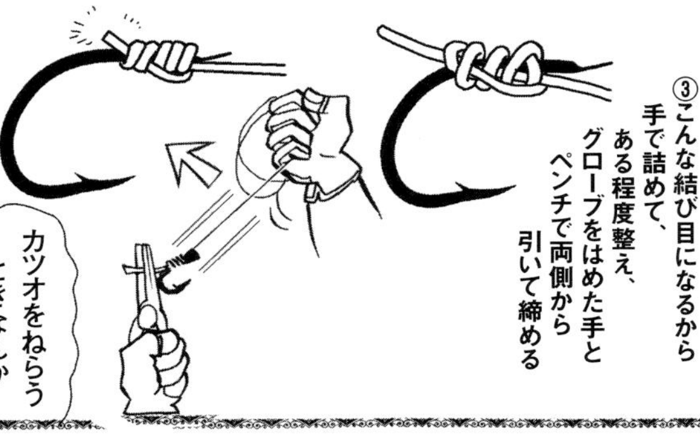

でも この結びは 歯なんかでは 締まらない からね
カツオをねらう ときなんか いいよ


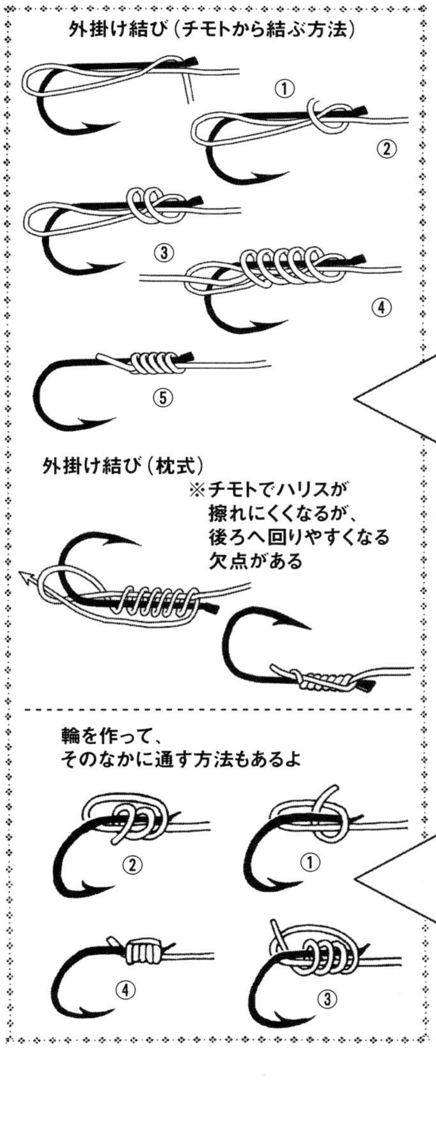

外掛け結び（チモトから結ぶ方法）
①
②
③
④
⑤
外掛け結び（枕式）
※チモトでハリスが 擦れにくくなるが、 後ろへ回りやすくなる 欠点がある
輪を作って、 そのなかに通す方法もあるよ
①
②
③
④

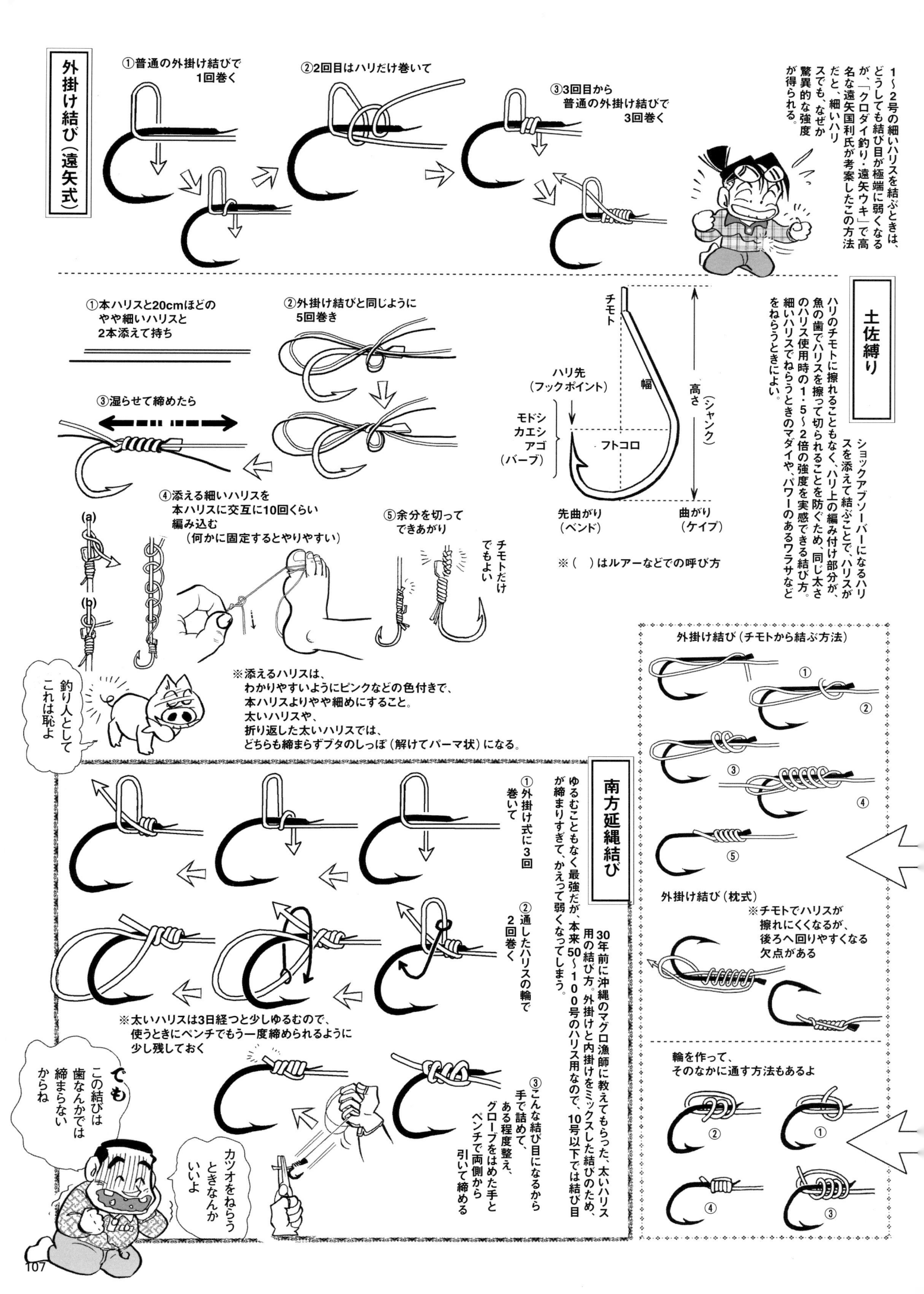

## 漁師結び

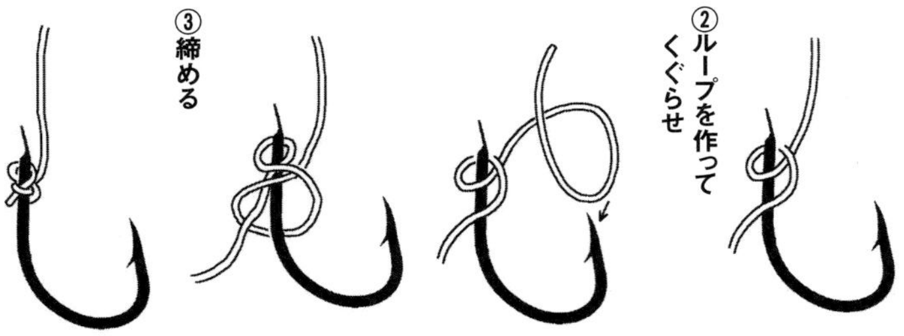

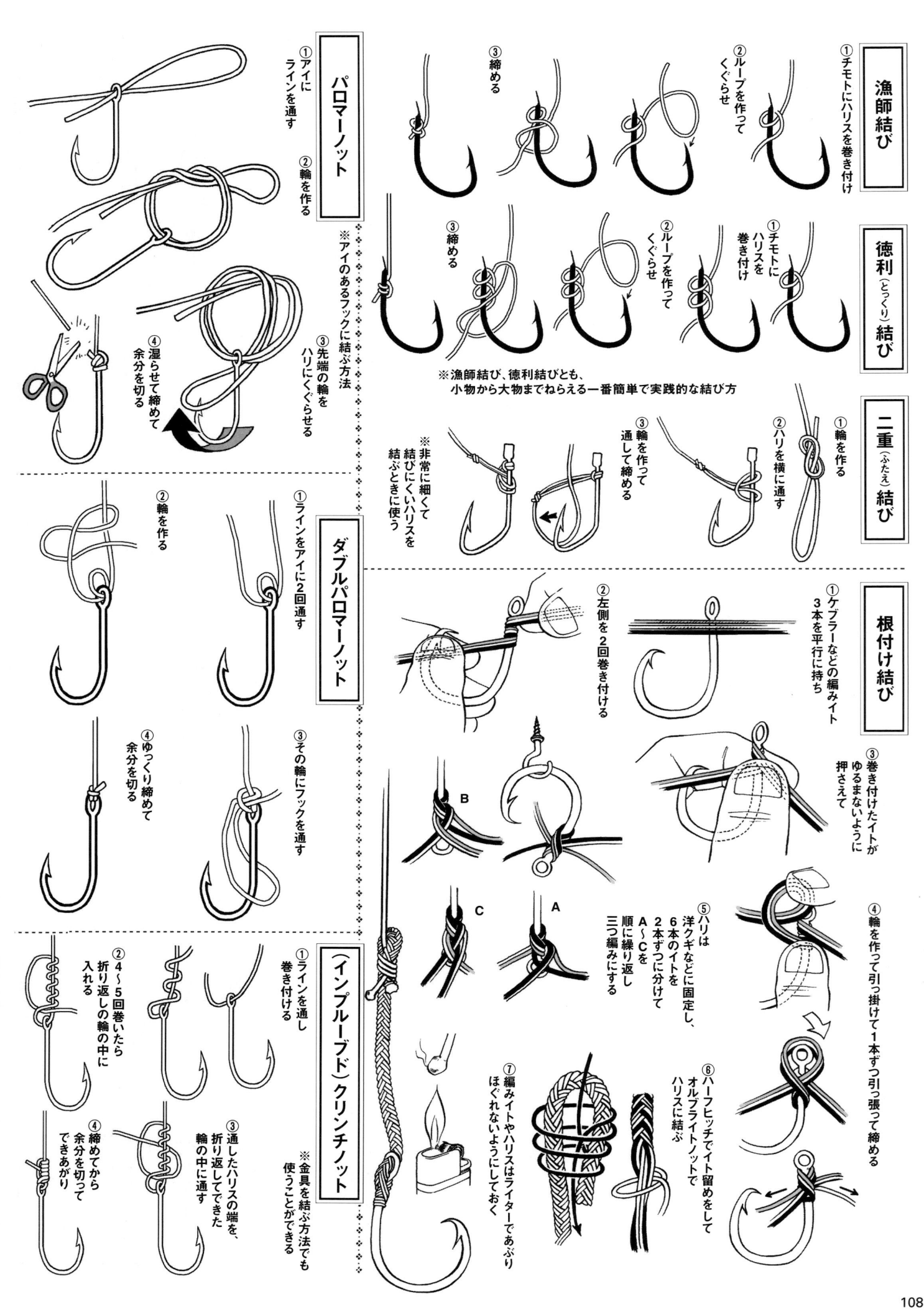

①チモトにハリスを巻き付け
②ループを作ってくぐらせ
③締める

## 徳利（とっくり）結び

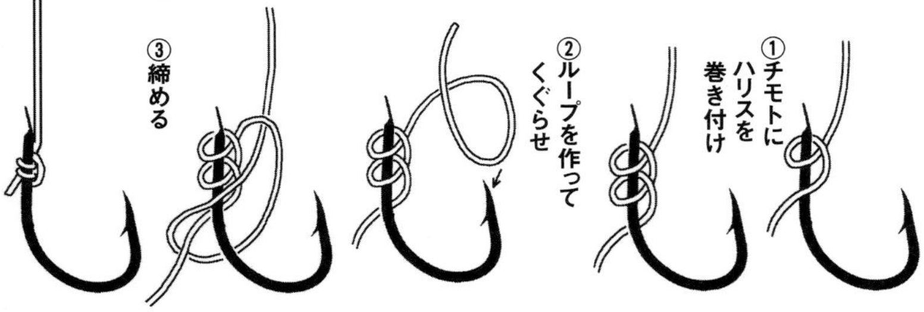

①チモトにハリスを巻き付け
②ループを作ってくぐらせ
③締める

※漁師結び、徳利結びとも、小物から大物までねらえる一番簡単で実践的な結び方

## 二重（ふたえ）結び

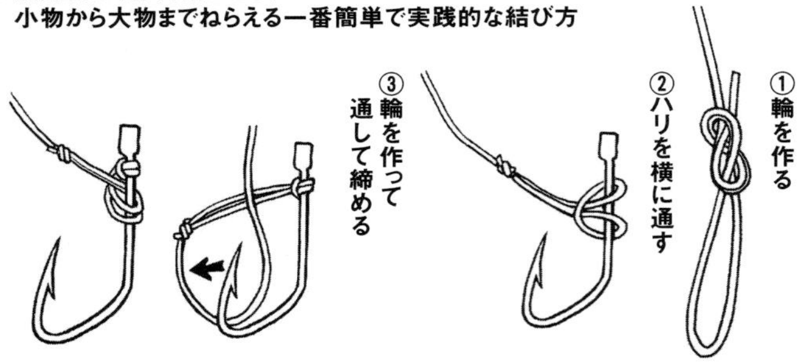

①輪を作る
②ハリを横に通す
③輪を作って通して締める

※非常に細くて結びにくいハリスを結ぶときに使う

## 根付け結び

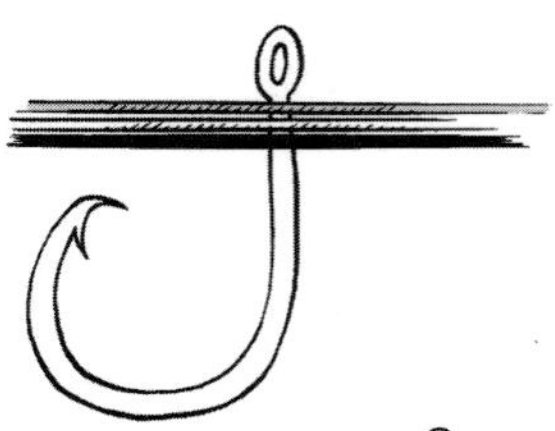

①ケブラーなどの編みイト3本を平行に持ち

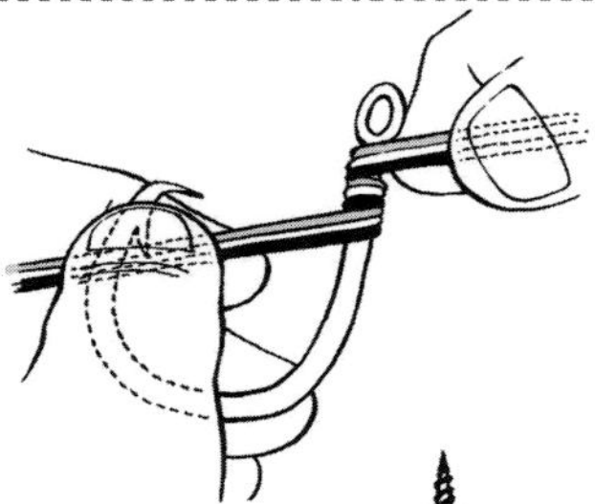

②左側を2回巻き付ける

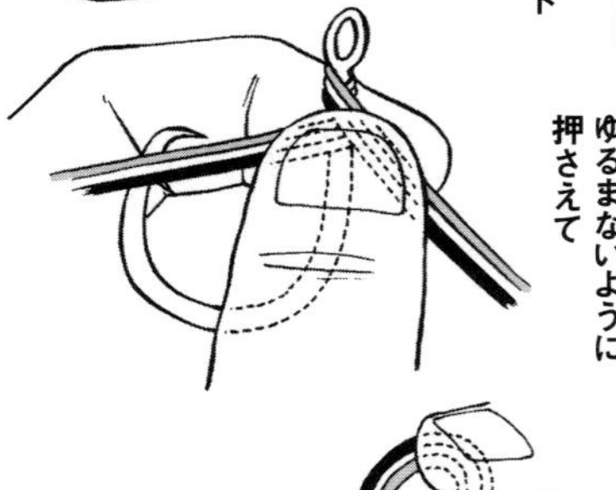

③巻き付けたイトがゆるまないように押さえて

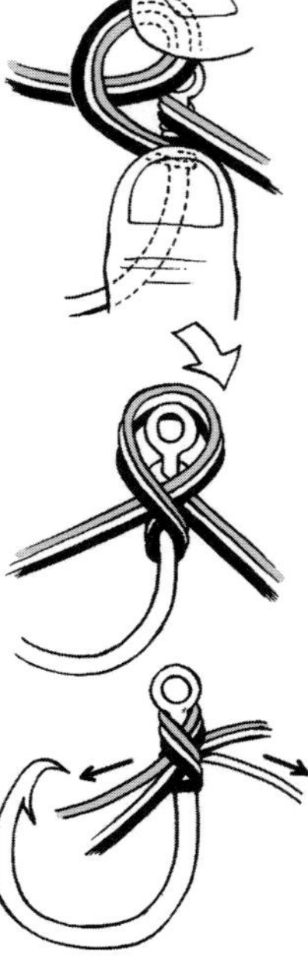

④輪を作って引っ掛けて1本ずつ引っ張って締める

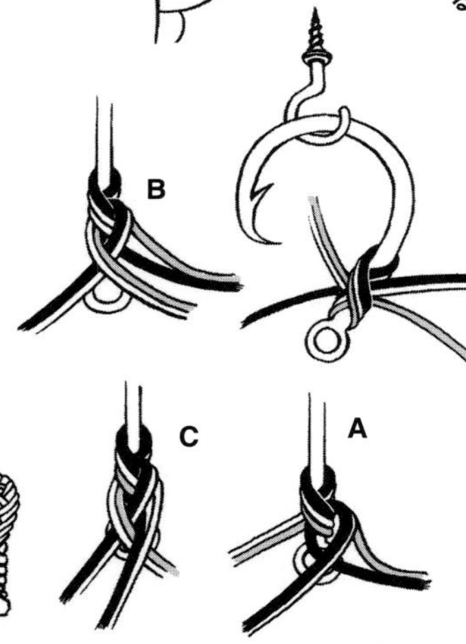


⑤ハリは洋クギなどに固定し、6本のイトを2本ずつに分けてA～Cを順に繰り返し三つ編みにする

⑥ハーフヒッチでイト留めをしてオルブライトノットでハリスに結ぶ

⑦編みイトやハリスはライターであぶりほぐれないようにしておく

## パロマーノット

※アイのあるフックに結ぶ方法

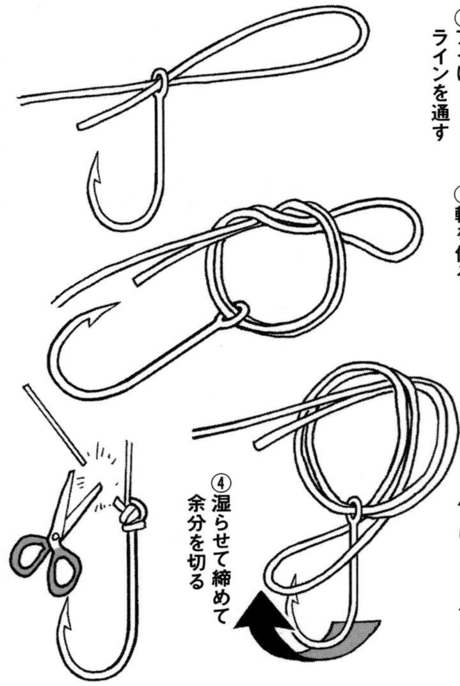

①アイにラインを通す
②輪を作る
③先端の輪をハリにくぐらせる
④湿らせて締めて余分を切る

## ダブルパロマーノット

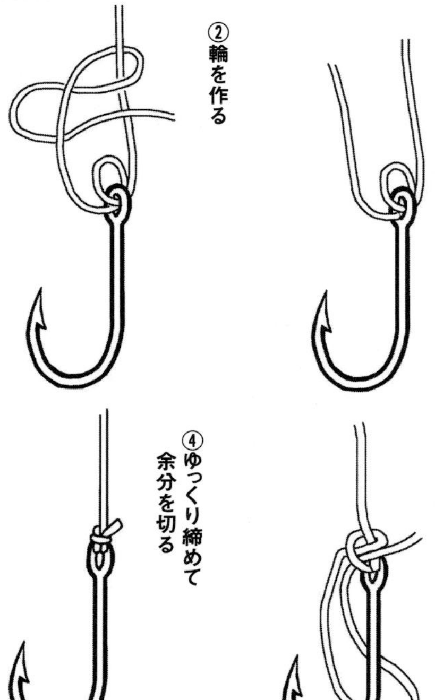

①ラインをアイに2回通す
②輪を作る
③その輪にフックを通す
④ゆっくり締めて余分を切る

## （インプルーブド）クリンチノット

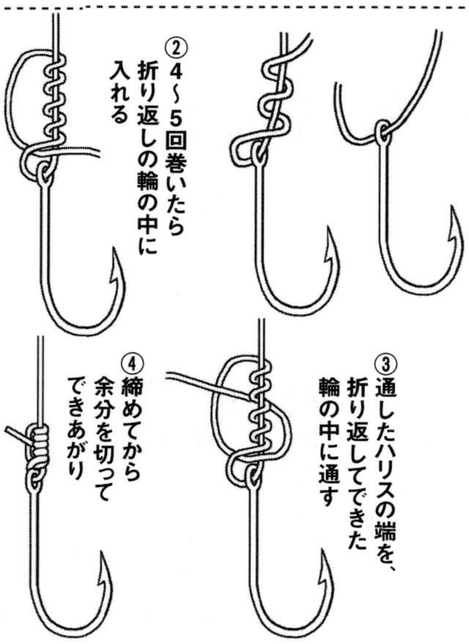

①ラインを通し巻き付ける
②4～5回巻いたら折り返しの輪の中に入れる
③通したハリスの端を、折り返してできた輪の中に通す
④締めてから余分を切ってできあがり

※金具を結ぶ方法でも使うことができる

# ノット❷
## 金具、ルアーなどの結び編

### チチワを作って結ぶ

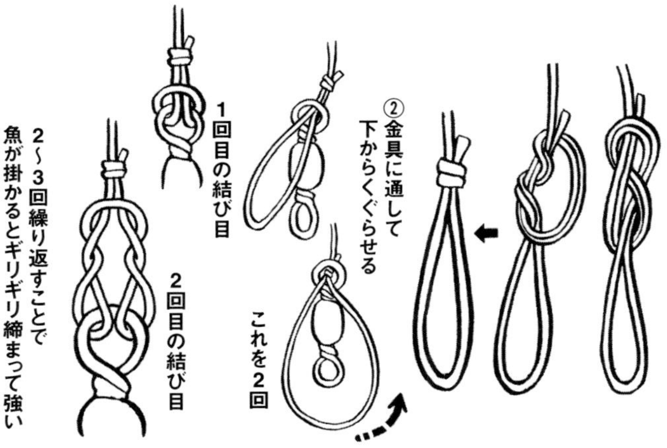

①8の字結びか二重結びで輪を作る

②金具に通して下からくぐらせる

これを2回

1回目の結び目

2回目の結び目

2～3回繰り返すことで魚が掛かるとギリギリ締まって強い

### フリーノット（ループノット）

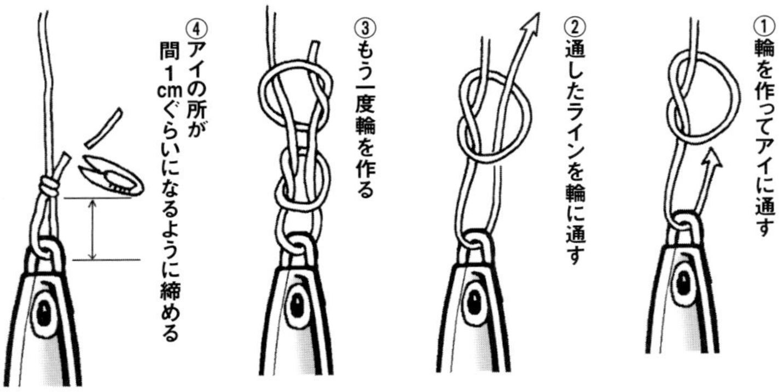

①輪を作ってアイに通す

②通したラインを輪に通す

③もう一度輪を作る

④アイの所が間1cmぐらいになるように締める

### 深海結び

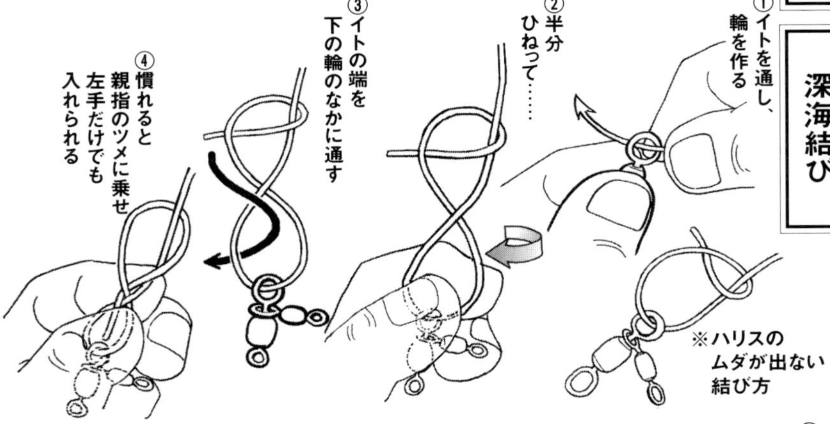

①イトを通し、輪を作る

②半分ひねって……

③イトの端を下の輪のなかに通す

④慣れると親指のツメに乗せ左手だけでも入れられる

※ハリスのムダが出ない結び方

⑤こんな形ができたら端をつかみ、長いほうのハリスを引いて

できるだけ小さく持つとあとでハサミで切る必要もなく同じ長さの仕掛けが作れる

### ダブルクリンチノット

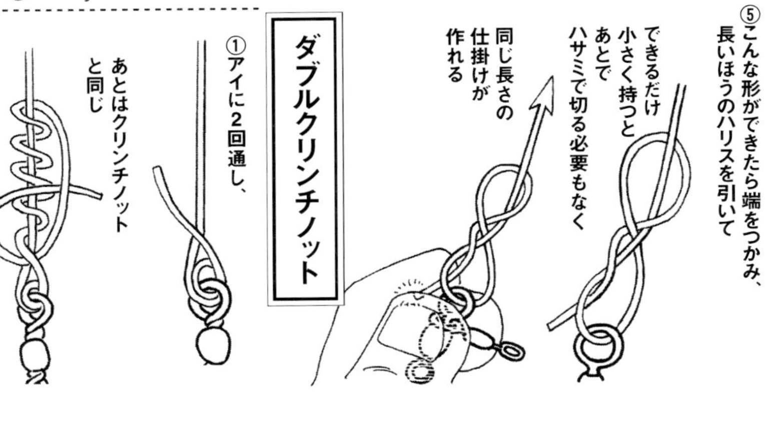

①アイに2回通し、

あとはクリンチノットと同じ

### ケブラーノット

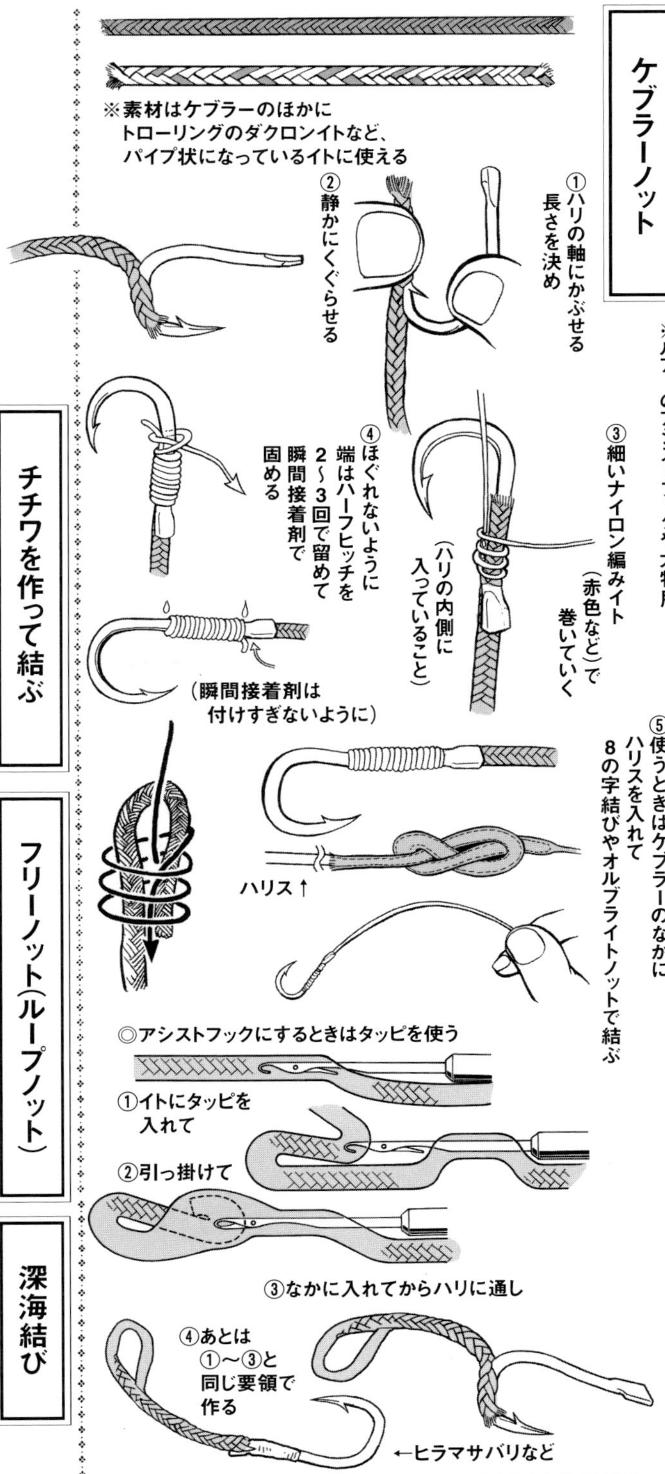

※素材はケブラーのほかにトローリングのダクロンイトなど、パイプ状になっているイトに使える

※ルアーのアシストフックや大物用

①ハリの軸にかぶせる長さを決め

②静かにくぐらせる

③細いナイロン編みイト（赤色など）で巻いていく

（ハリの内側に入っていること）

④ほぐれないように端はハーフヒッチを2～3回で留めて瞬間接着剤で固める

（瞬間接着剤は付けすぎないように）

⑤使うときはケブラーのなかにハリスを入れて8の字結びやオルブライトノットで結ぶ

ハリス↑

◎アシストフックにするときはタッピを使う

①イトにタッピを入れて

②引っ掛けて

③なかに入れてからハリに通し

④あとは①～③と同じ要領で作る

←ヒラマサバリなど

### ハリの雑学「耳の形」

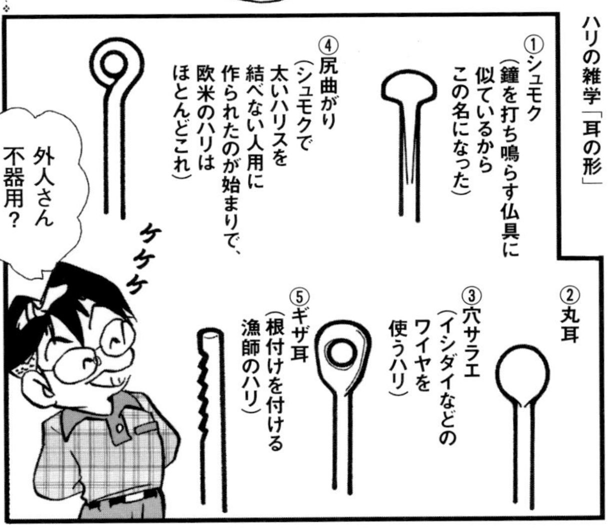


①シュモク（鐘を打ち鳴らす仏具に似ているからこの名になった）

②丸耳

③穴サラエ（イシダイなどのワイヤを使うハリ）

④尻曲がり（シュモクで太いハリスを結べない人用に作られたのが始まりで、欧米のハリはほとんどこれ）

⑤ギザ耳（根付けを付ける漁師のハリ）

## 遠矢式結び

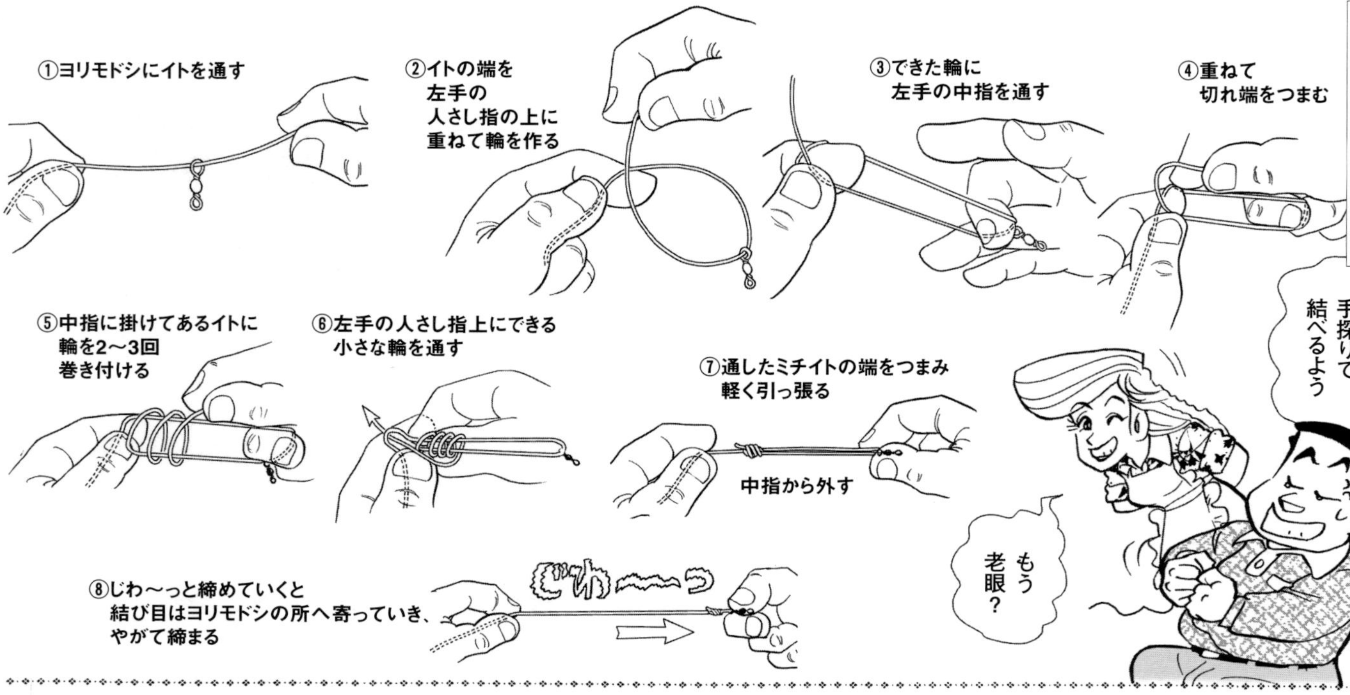

①ヨリモドシにイトを通す
②イトの端を左手の人さし指の上に重ねて輪を作る
③できた輪に左手の中指を通す
④重ねて切れ端をつまむ
⑤中指に掛けてあるイトに輪を2〜3回巻き付ける
⑥左手の人さし指上にできる小さな輪を通す
⑦通したミチイトの端をつまみ軽く引っ張る
中指から外す
⑧じわ〜っと締めていくと結び目はヨリモドシの所へ寄っていき、やがて締まる
じわ〜っ
ひとつぐらいは、薄暗くても手探りで結べるよう
もう老眼？


## チチワ結び

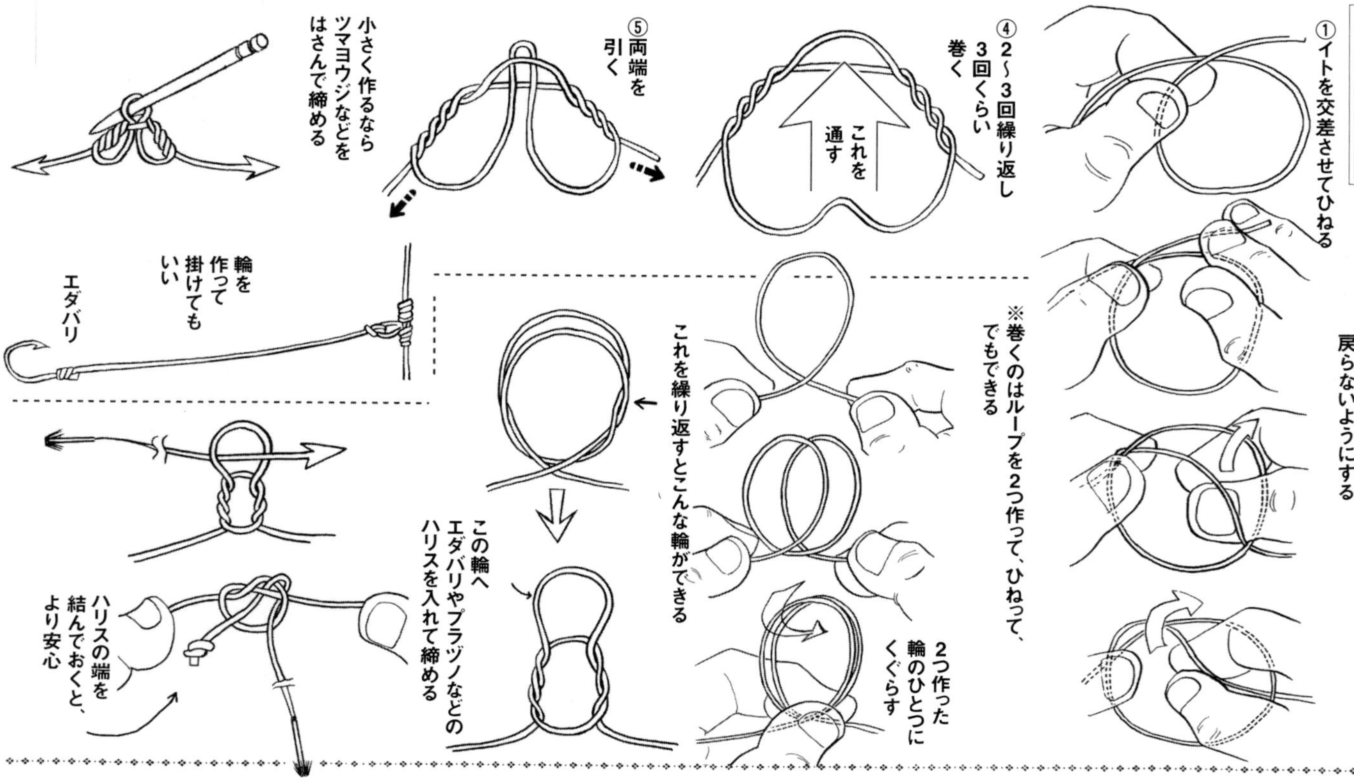

①イトを交差させてひねる
②親指のツメに引っ掛け、戻らないようにする
③通したイトをつまんで
④2〜3回繰り返し3回くらい巻く
これを通す
※巻くのはループを2つ作って、ひねって、でもできる
2つ作った輪のひとつにくぐらす
これを繰り返すとこんな輪ができる
⑤両端を引く
この輪へエダバリやプラヅノなどのハリスを入れて締める
小さく作るならツマヨウジなどをはさんで締める
輪を作って掛けてもいい
エダバリ
ハリスの端を結んでおくと、より安心


## エダバリの作り方

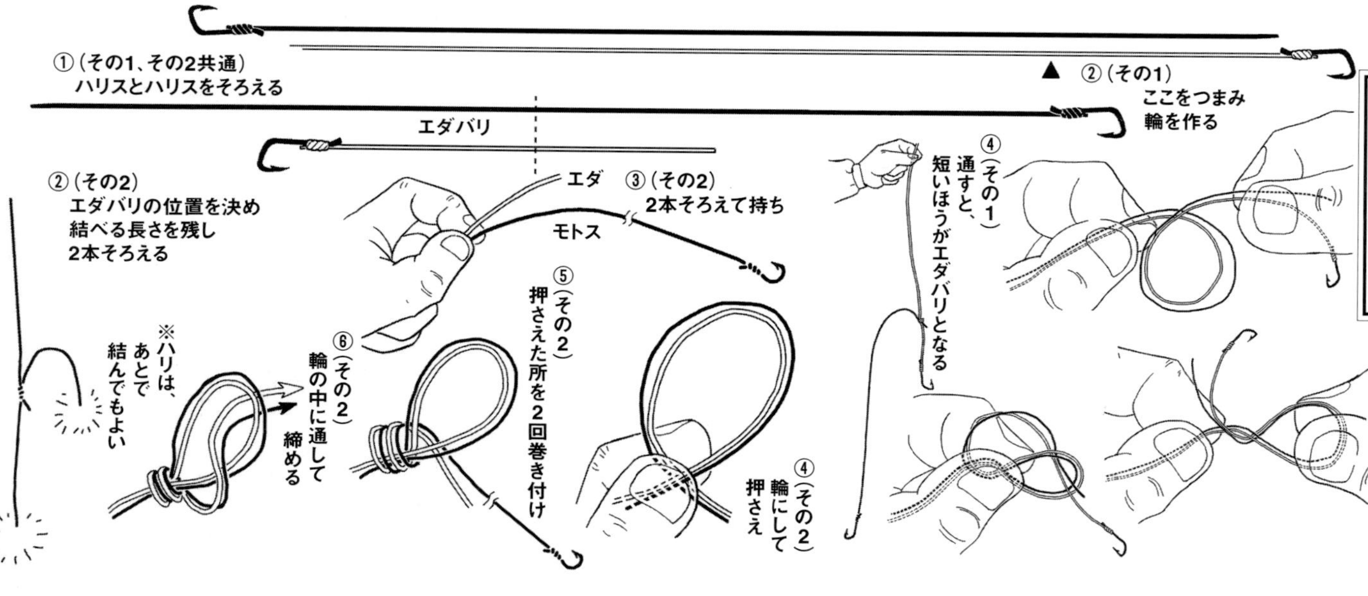

①（その1、その2共通）ハリスとハリスをそろえる
②（その1）ここをつまみ輪を作る
エダバリ
②（その2）エダバリの位置を決め結べる長さを残し2本そろえる
エダ
③（その2）2本そろえて持ち
モトス
③（その1）1回ひねって
④（その1）通すと、短いほうがエダバリとなる
④（その2）輪にして押さえ
⑤（その2）押さえた所を2回巻き付け
⑥（その2）輪の中に通して締める
※ハリは、あとで結んでもよい

# ノット③

## イトとイト&ダブルライン編

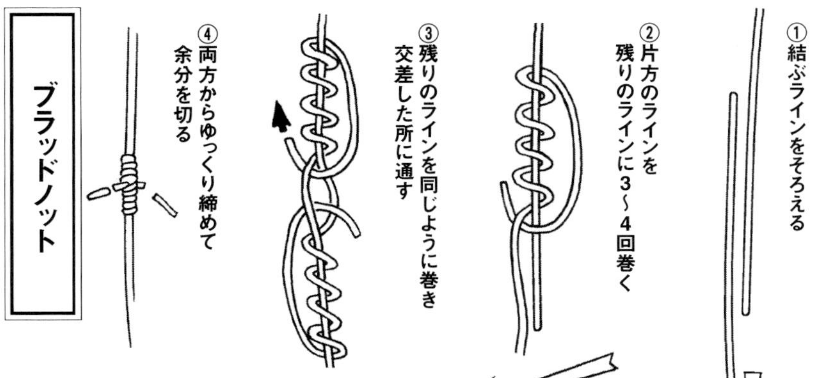
ブラッドノット
①結ぶラインをそろえる
②片方のラインを残りのラインに3～4回巻く
③残りのラインを同じように巻き交差した所に通す
④両方からゆっくり締めて余分を切る

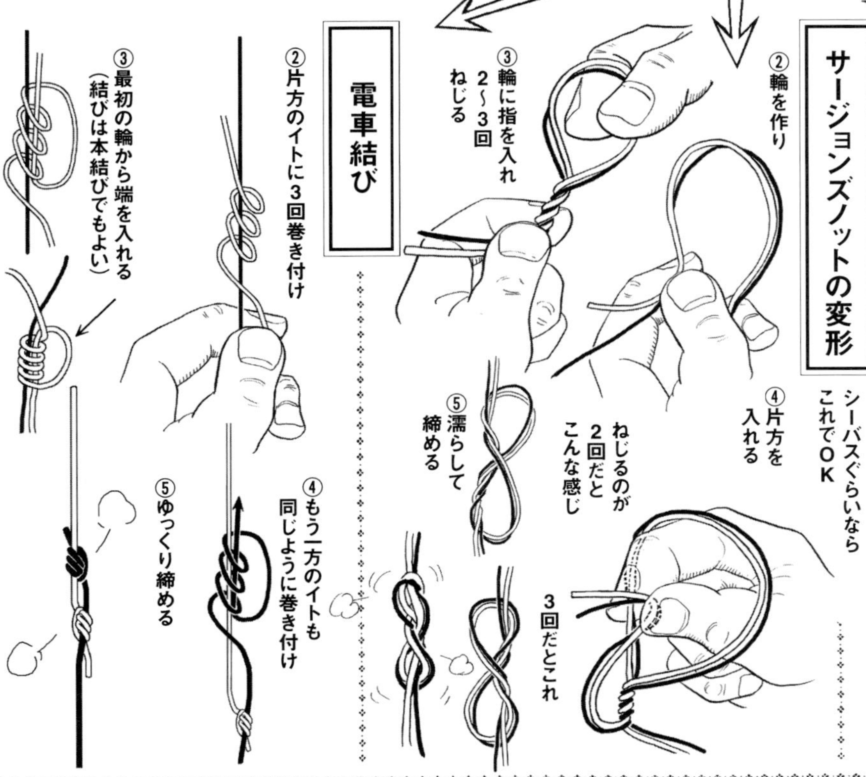
サージョンズノットの変形
②輪を作り
③輪に指を入れ2～3回ねじる
④片方を入れる
ねじるのが2回だとこんな感じ
3回だとこれ
⑤濡らして締める
シーバスぐらいならこれでOK
電車結び
②片方のイトに3回巻き付け
③最初の輪から端を入れる（結びは本結びでもよい）
④もう一方のイトも同じように巻き付け
⑤ゆっくり締める

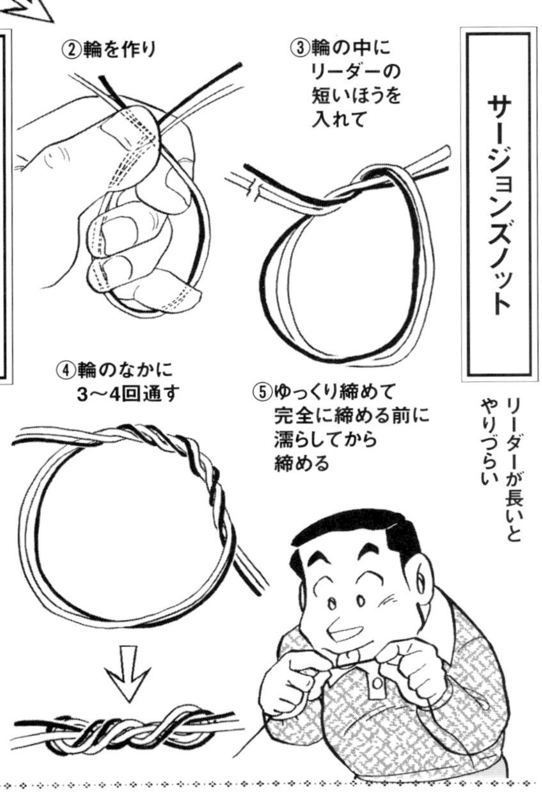
サージョンズノット
②輪を作り
③輪の中にリーダーの短いほうを入れて
④輪のなかに3～4回通す
⑤ゆっくり締めて完全に締める前に濡らしてから締める
リーダーが長いとやりづらい

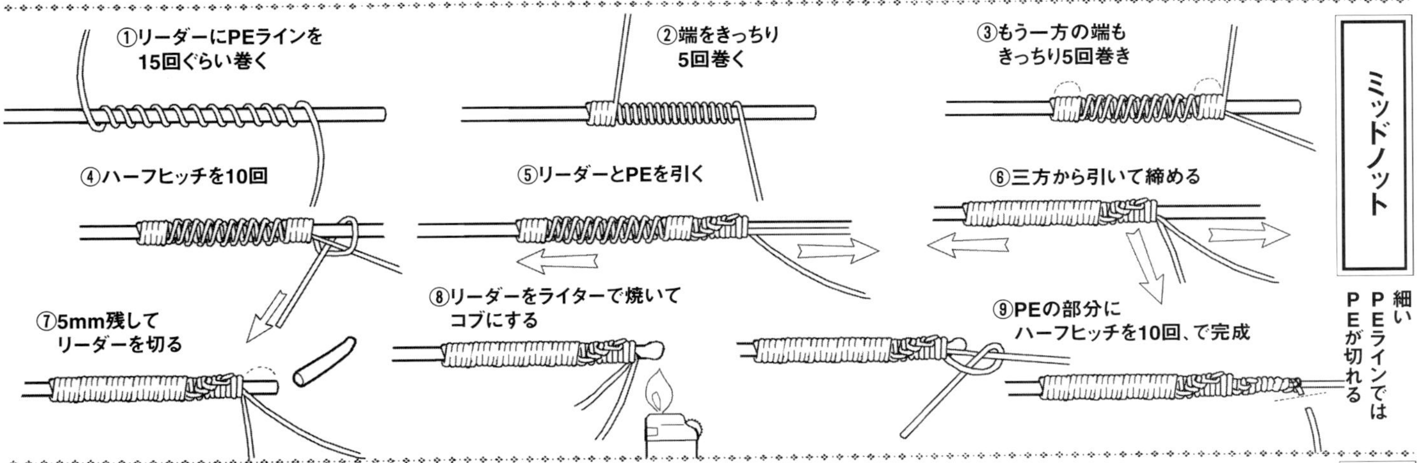
ミッドノット
①リーダーにPEラインを15回ぐらい巻く
②端をきっちり5回巻く
③もう一方の端もきっちり5回巻き
④ハーフヒッチを10回
⑤リーダーとPEを引く
⑥三方から引いて締める
⑦5mm残してリーダーを切る
⑧リーダーをライターで焼いてコブにする
⑨PEの部分にハーフヒッチを10回、で完成
細いPEラインではPEが切れる

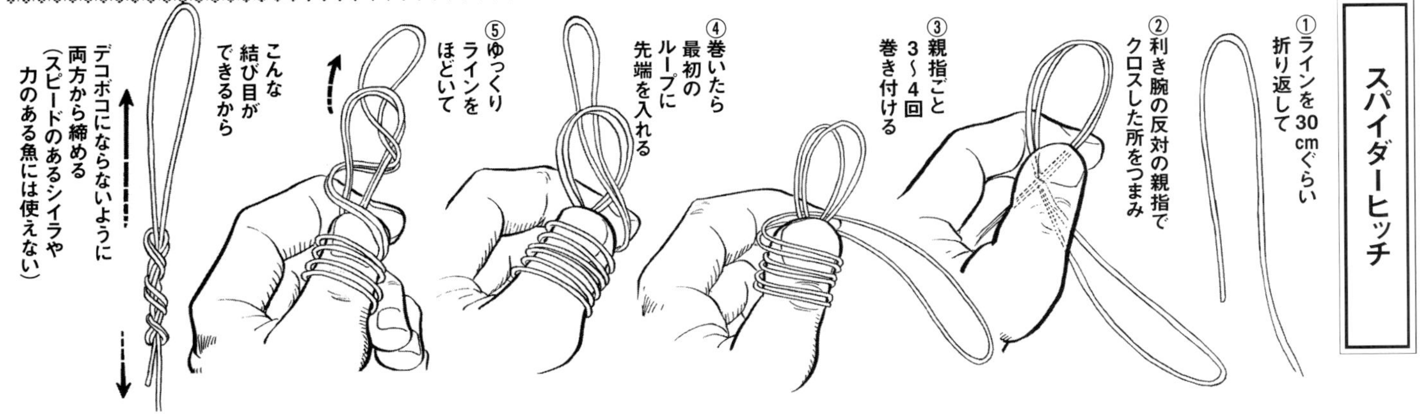
スパイダーヒッチ
①ラインを30cmぐらい折り返して
②利き腕の反対の親指でクロスした所をつまみ
③親指ごと3～4回巻き付ける
④巻いたら最初のループに先端を入れる
⑤ゆっくりラインをほどいて
こんな結び目ができるから
デコボコにならないように両方から締める（スピードのあるシイラや力のある魚には使えない）

## ビミニツイスト

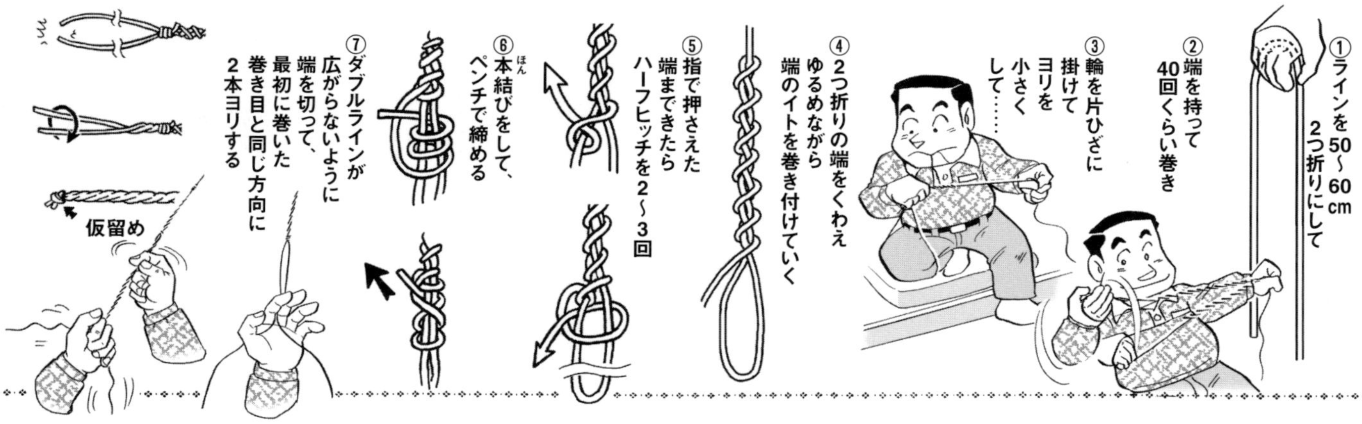
①ラインを50～60cm 2つ折りにして
②端を持って40回くらい巻き
③輪を片ひざに掛けてヨリを小さくして……
④2つ折りの端をくわえゆるめながら端のイトを巻き付けていく
⑤指で押さえた端まできたらハーフヒッチを2～3回
⑥本《ほん》結びをして、ペンチで締める
⑦ダブルラインが広がらないように端を切って、最初に巻いた巻き目と同じ方向に2本ヨリする
仮留め

# ノット④

## ロープ編

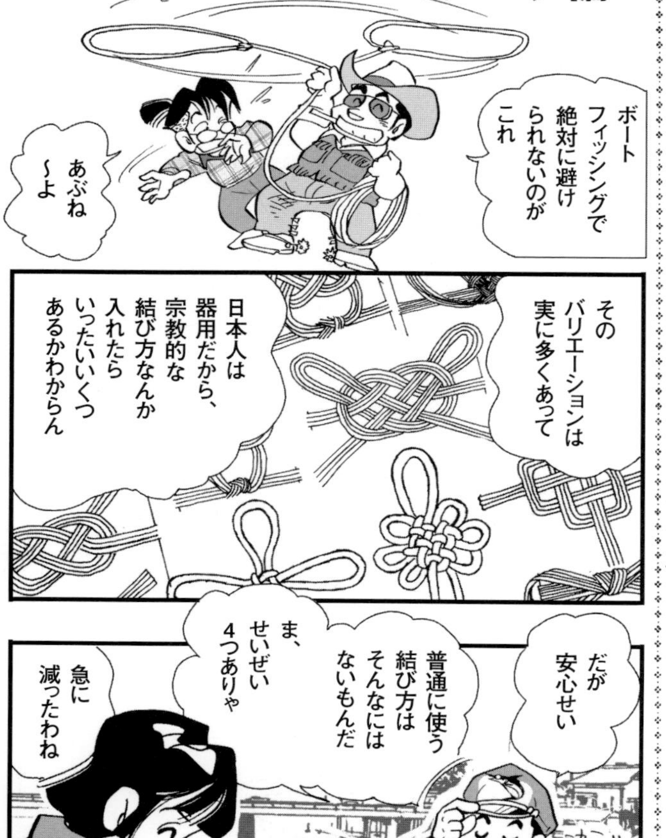
ボートフィッシングで絶対に避けられないのがこれ
あぶねー～よ
その バリエーションは実に多くあって
日本人は器用だから、宗教的な結び方なんか入れたらいったいいくつあるかわからん
だが安心せい
普通に使う結び方はそんなにはないもんだ
ま、せいぜい4つありゃ
急に減ったわね
やっぱりこっちの方が決まる

## オルブライトノット

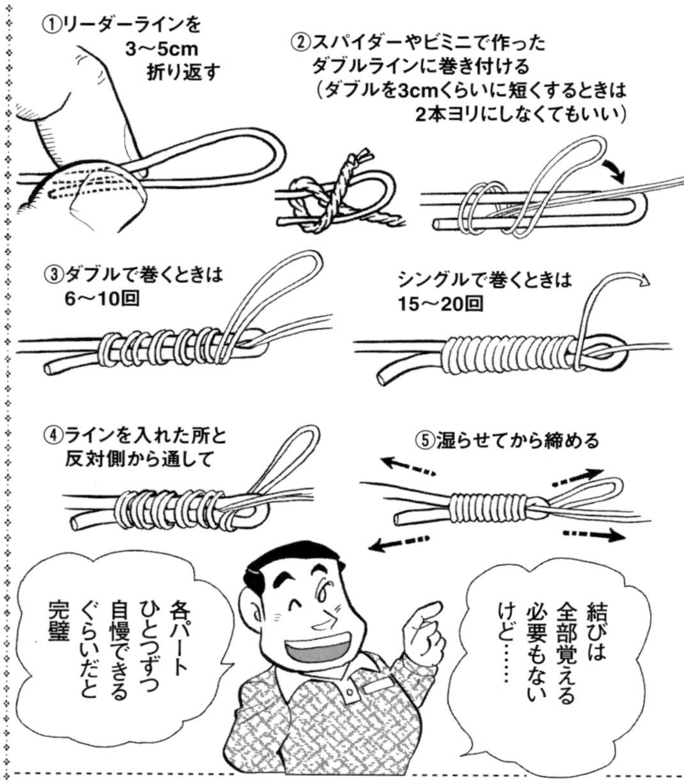
①リーダーラインを3～5cm折り返す
②スパイダーやビミニで作ったダブルラインに巻き付ける（ダブルを3cmくらいに短くするときは2本ヨリにしなくてもいい）
③ダブルで巻くときは6～10回
シングルで巻くときは15～20回
④ラインを入れた所と反対側から通して
⑤湿らせてから締める
結びは全部覚える必要もないけど……
各パートひとつずつ自慢できるぐらいだと完璧

ルアーのリーダー結びで有名になったけど、昔から漁師がやっていた「根付け結び」のこと

## エンディングノット

⑥ダブルラインの残りでリーダー側に本結び
⑦輪を移動させ、湿らせてから締める
※抜いたラインに直に本結びでもいいし、ハーフヒッチを5～6回でもいい
⑧ペンチなどでキッチリ締めて余分はラインカッターできれいに切る

## ロープワークの基本形

①仕掛け（バイト）
②一《ひと》巻き（ターン）
③二《ふた》巻き（ラウンドターン）
④一重《ひとえ》結び（ハーフノット）
⑤掛け結び（シングルヒッチ）
⑥一《ひと》結び（ハーフヒッチ）
⑦返し結び（バックハンドヒッチ）

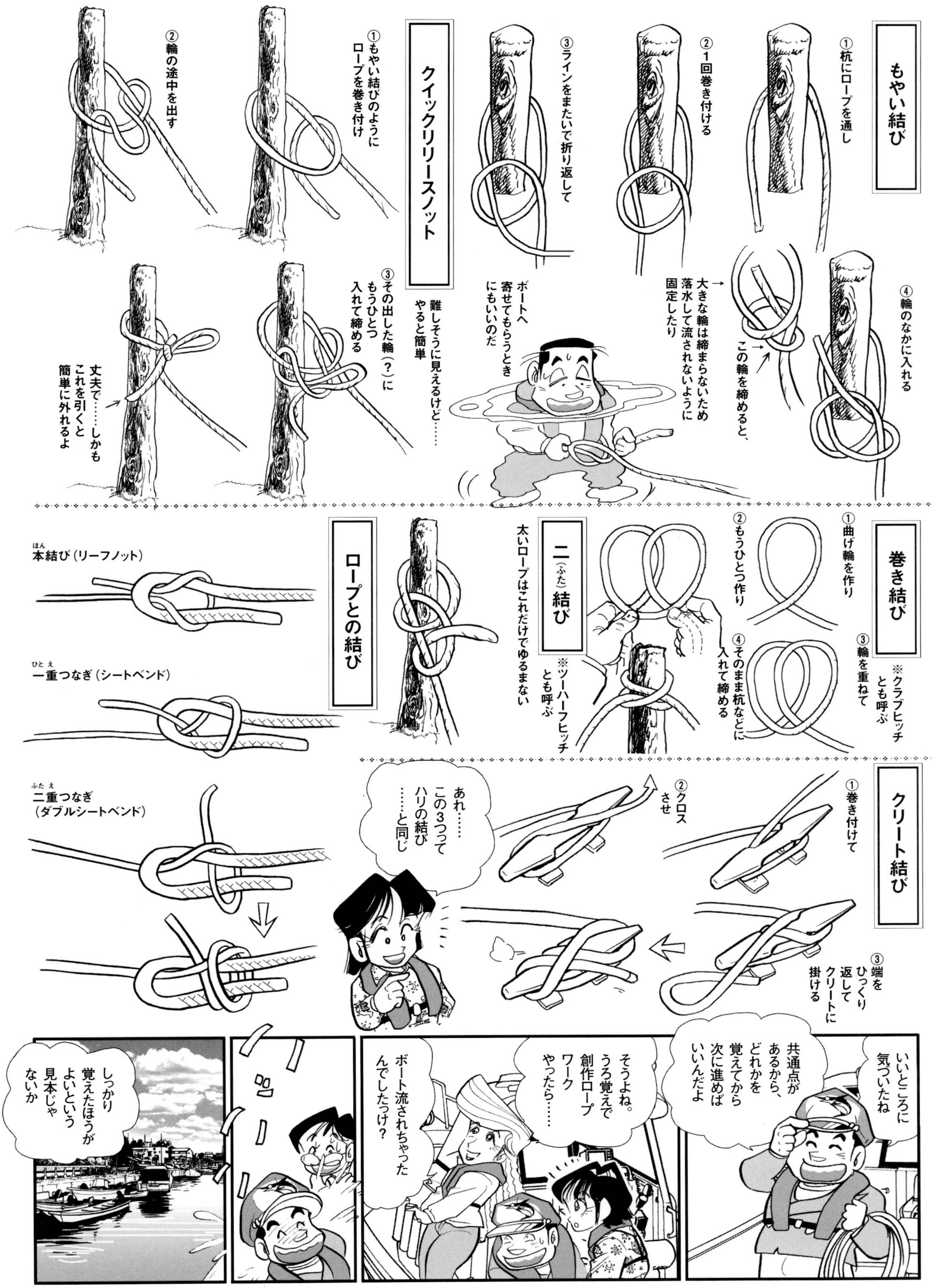

もやい結び
①杭にロープを通し
②1回巻き付ける
③ラインをまたいで折り返して
④輪のなかに入れる
この輪を締めると、
大きな輪は締まらないため落水して流されないように固定したり
ボートへ寄せてもらうときにもいいのだ
クイックリリースノット
①もやい結びのようにロープを巻き付け
②輪の途中を出す
③その出した輪(?)にもうひとつ入れて締める
難しそうに見えるけど……やると簡単
丈夫で……しかもこれを引くと簡単に外れるよ
巻き結び
①曲げ輪を作り
②もうひとつ作り
③輪を重ねて
④そのまま杭などに入れて締める
※クラブヒッチとも呼ぶ
二(ふた)結び
太いロープはこれだけでゆるまない
※ツーハーフヒッチとも呼ぶ
ロープとの結び
本《ほん》結び(リーフノット)
一重《ひとえ》つなぎ(シートベンド)
二重《ふたえ》つなぎ(ダブルシートベンド)
クリート結び
①巻き付けて
②クロスさせ
③端をひっくり返してクリートに掛ける
あれ……この3つってハリの結び……と同じ
いいところに気づいたね
共通点があるから、どれかを覚えてから次に進めばいいんだよ
そうよね。うろ覚えで創作ロープワークやったら……
ボート流されちゃったんでしたっけ?
しっかり覚えたほうがよいという見本じゃないか

「釣った魚はおいしく食べる」
が基本

# 「締めと保存」

せっかく釣りたてのおいしく食べられる魚も……
最悪〜
これじゃ刺身はムリね

釣りに忙しいのはわかるけど
釣られたお魚さんも成仏できないよ
うまいんだから……
うまく食ってよ……ね
ぞぞ
生殺しにしてたら筋肉内の糖質は燃え尽きて甘みもなくなってしまうだろうし
時間が経つと血が魚体中に回り始め下身が赤くまずそうになるよ
?
あっ たまにマーケットなんかであるわね
ワッセ
ウンセ
ワッセ
大量に獲れる魚はイチイチ血抜きをしてないからだよ
よ、釣れたぞ
ちょうどよかった
刺身で食べる魚はやっぱり締めなくちゃ
ちなみに……釣ってすぐ締めることを「野締め」、
イケスに生かされている魚を締めるには「生け締め」と区別して言うんだ
締めるときに注意すればいいこと……って……わかる?
で
わっかりませ〜ん
見てくれを気にする姿造りなんかに使う魚には傷をつけないようにするってこと
じゃおろせれないじゃない
裏に刃を入れればいい〜ってこと
な〜んだ
①中骨の山高骨の間に刃を当てて、
押し切って

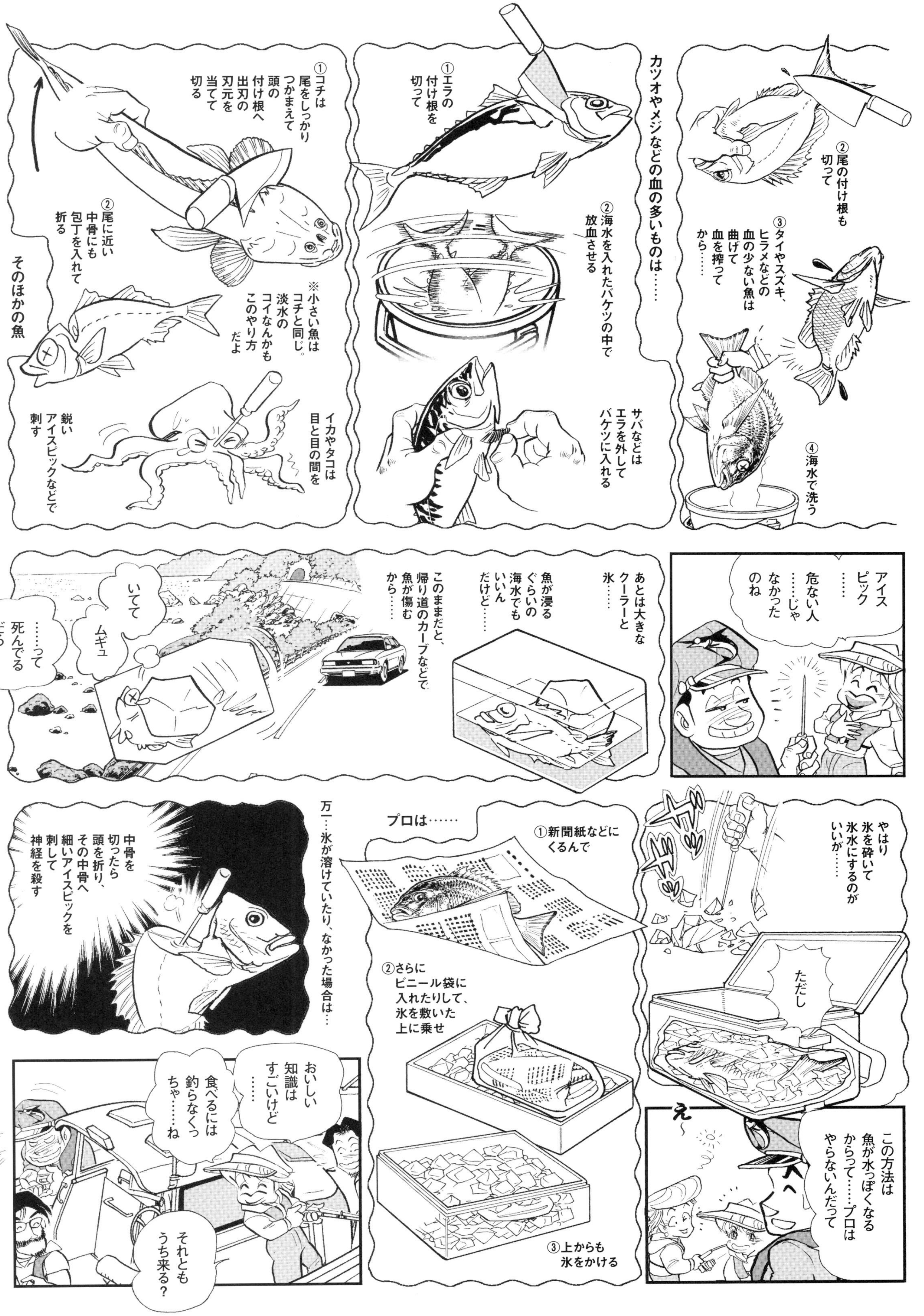
カツオやメジなどの血の多いものは……
①エラの付け根を切って
②海水を入れたバケツの中で放血させる
サバなどはエラを外してバケツに入れる
②尾の付け根も切って
③タイやスズキ、ヒラメなどの血の少ない魚は曲げて血を搾ってから……
④海水で洗う
①コチは尾をしっかりつかまえて頭の付け根へ出刃の刃元を当てて切る
②尾に近い中骨にも包丁を入れて折る
そのほかの魚
※小さい魚はコチと同じ。淡水のコイなんかもこのやり方だよ
イカやタコは目と目の間を鋭いアイスピックなどで刺す
アイスピック……
危ない人……じゃなかったのね
あとは大きなクーラーと氷……
魚が浸るぐらいの海水でもいいんだけど……
このままだと、帰り道のカーブなどで魚が傷むから……
いてて
ムギュ
……って死んでるだろ
やはり氷を砕いて氷水にするのがいいが……
ただし
この方法は魚が水っぽくなるからって……プロはやらないんだって
え～
へ
プロは……
①新聞紙などにくるんで
②さらにビニール袋に入れたりして、氷を敷いた上に乗せ
③上からも氷をかける
万一……氷が溶けていたり、なかった場合は……
中骨を切ったら頭を折り、その中骨へ細いアイスピックを刺して神経を殺す
おいしい知識はすごいけど……
食べるには釣らなくっちゃ……ね
それともうち来る?

漫画 マイボートフィッシング入門

**ボート釣り大百科**

---

2008年4月30日　第2版第1刷発行

著者　桜多 吾作

発行者　大田川茂樹

発行　株式会社 舵社

〒105-0013

東京都港区浜松町1-2-17

ストークベル浜松町

TEL：03-3434-5181（代）

FAX：03-3434-2640

装丁　池田 聡子

印刷　大日本印刷（株）

---

定価はカバーに表示してあります





ISBN978-4-8072-5114-8 C2075